中央财经大学
“十四五”本科规划教材

高等学校财政学、税收学专业主要课程教材

税收筹划

王怡璞 梁俊娇 主编

中国教育出版传媒集团
高等教育出版社·北京

内容简介

本书为中央财经大学“十四五”本科规划教材建设项目。

本书以习近平新时代中国特色社会主义思想为指导，系统梳理了税收筹划的理论基础、方案设计、实践操作及风险防范等内容，贯穿企业发展的全流程，体现了税收筹划的“全税种、全流程、全环节”。本书在结构上分为七章，主要包括以下内容：税收筹划的理论分析、增值税的税收筹划、消费税的税收筹划、企业所得税的税收筹划、个人所得税的税收筹划、其他税种的税收筹划以及国际税收筹划等。各个章节设有导言、重点、难点、思维导图、课后思考与即测即评，旨在引导读者深入理解税收筹划的核心概念与应用技巧。本书将税收筹划从税种与流程维度进行了重新建构，力求从筹划关键点、操作手段、风险防范等环节对税收筹划方案进行全面评析，构建一个从理论到实践的综合性框架。

本书不仅适合作为高等学校税收专业的高年级本科生与研究生教材，也适合作为税收筹划工作者的参考读物，还可作为政策研究者的参考资料。

图书在版编目（CIP）数据

税收筹划 / 王怡璞，梁俊娇主编．-- 北京：高等教育出版社，2025.4．-- ISBN 978-7-04-063959-9

Ⅰ. F810.42

中国国家版本馆 CIP 数据核字第 2025E4Y018 号

SHUISHOU CHOUHUA

策划编辑　奚　玮　　责任编辑　奚　玮　　封面设计　马天驰　　版式设计　杜微言
责任绘图　马天驰　　责任校对　高　歌　　责任印制　刘弘远

出版发行　高等教育出版社
社　　址　北京市西城区德外大街 4 号
邮政编码　100120
印　　刷　北京宏伟双华印刷有限公司
开　　本　787mm×1092mm　1/16
印　　张　17.75
字　　数　340 千字
购书热线　010-58581118
咨询电话　400-810-0598
网　　址　http://www.hep.edu.cn
　　　　　http://www.hep.com.cn
网上订购　http://www.hepmall.com.cn
　　　　　http://www.hepmall.com
　　　　　http://www.hepmall.cn
版　　次　2025 年 4 月第 1 版
印　　次　2025 年 4 月第 1 次印刷
定　　价　46.00 元

物 料 号　63959-00

前言

税收是影响企业经营成本的重要因素。随着资本市场不断发展与完善，税收也成为调节资源配置的重要手段之一。以习近平同志为核心的党中央多次强调，要发挥税收在国家治理中的基础性、支柱性、保障性作用。近年来，我国政府不断深化减税降费政策的改革，加快多项税收优惠政策的落地。企业如何更好地运用税收政策，享受政策红利，降低税负，成为企业成功经营的关键要素之一。同时需要注意的是，随着税收征管过程的不断规范及“以数治税”的推进，企业也不可避免地面临税收风险的挑战。越来越多的企业成立了独立的税务部门，对税收专业人才的需求也越来越多。

在这样的背景下，本书应运而生。税收筹划课程的学习，不仅可以巩固学生对税收基础理论知识的灵活运用，加深学生对经济学、会计学、法学、管理学等知识系统的学习，更是进入职场的有力工具。

相较于其他税收筹划教材，本书具有以下特点：

第一，采用按税种划分与按业务划分相结合的模式，将企业的全流程运营管理与税收筹划相结合，分为企业设立、生产运营（采购—生产—销售）、成果分配、资本运营（投资—融资—资产重组）四大流程。这种全新的分类方式，不仅更加贴合现实，还能体现企业每个阶段不同税种税收筹划的差异化侧重点；不仅符合初级阶段的学习特征，有助于读者快速理解税收筹划的内涵，还可以加强税收筹划理论与现实经济生活的联系，极大地增强读者的学习兴趣。

第二，书中的案例从筹划思路、筹划方案与结论分析三个层面入手，更加强调理论与实践相结合。其中，筹划思路侧重于理论分析，筹划方案强调实践手段的应用，结论分析给学生带来筹划效果的直观展示。一些重点案例还增加了筹划拓展内容，筹划拓展从两个维度进行：筹划方案落地需要考量的现实因素；类似行业或者经营情境中筹划方案的实施效果。

第三，在每一阶段的税收筹划分析后，都增加相关的税收筹划风险防范的论述。在实际税收征管过程中，企业缴税过程不规范、税收筹划风险不控制的实际情况较多。通过加入风险控制与防范这一内容，引导学生深入理解控制税收筹划风险的必要性，也加强学生思辨的能力，塑造良好的职业道德操守。

同时，为适应国际环境的变化，本书把税收筹划放到一个更为开阔的空间里，从更普遍的意义上探讨税收筹划的理论体系、操作技术及实践应用。越来越多的国际组织开始将注意力集中到税收筹划行为上。引起全球范围共同关注的税基侵蚀与利润转移的行动计划（BEPS），重点提出要解决恶意税收筹划的行为，这势必会引起跨国公司税收筹划方案的重大改革。此外，经济合作与发展组织（OECD）每两年还会召开一次税收征管论坛（FTA），每次税收筹划都是其中热议的主题之一。面对更加开放、公平的国际国内市场环境，内资企业和外资企业将面临更多的同台竞争。

综上所述，本书试图从更普遍的意义上探讨税收筹划的理论体系、操作技术及实践应用，以及如何在税收筹划领域培养学生正确的世界观、人生观、价值观与职业观，旨在从更深层次上构建一个理解税收筹划与战略规划、经营模式、资本交易、财务决策之间彼此影响的分析框架，引导学生学会如何正确、合理地用足、用好国内、国际税收政策资源，有效控制筹划风险，将税收筹划置于法律的框架下。

本教材的编写要感谢中央财经大学和高等教育出版社的大力支持。教材的编写人员还包括王文静、张玄、王慧、刘梦瑶、谭昕池、杨颖安、杨子琪。

本书尚有许多不足之处，恳请读者予以指正。

编 者

2024 年 12 月

目录

第一章

税收筹划的理论分析

导　　言　本章主要进行税收筹划的理论内涵分析，包括税收筹划的概念、目的与意义、类型、思路。

重　　点　税收筹划的定义与特征；税收筹划的目的与意义。

难　　点　不同税种的税收筹划思路；企业全流程运营管理的税收筹划思路。

思维导图

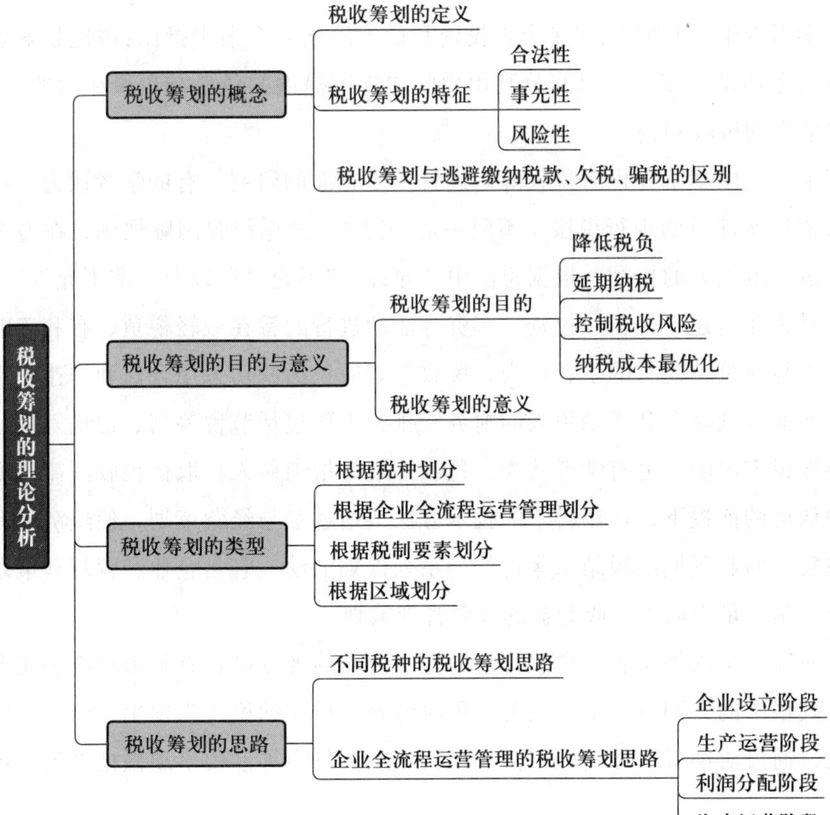

第一节 税收筹划的概念

一、税收筹划的定义

税收筹划活动由来已久，目前已被越来越多的个人、企业和政府认知和接受。税收筹划形成较完整体系的标志是1959年在欧洲由美国、法国、德国、意大利等22个国家的专业税务人员及团体组成税务联合会。从发展历史上来看，西方发达国家对税收筹划的研究较为深入，各个国家对税收筹划的定义也有着不尽相同的描述。

美国南加利福尼亚大学的W.B.梅格斯博士在其《会计学》中对税收筹划做了如下阐述："人们合理而又合法地安排自己的经营活动，缴纳可能最低的税收。他们使用的方法可被称为税收筹划……少纳税和递延缴纳税款是税收筹划的目标所在。"此外，他还认为："在纳税发生之前，有系统地对企业的经营或投资行为做出事先安排，以达到尽量少缴纳所得税的目的，这个过程就是税收筹划。税收筹划主要是选择企业的组织形式和资本结构、投资采用租用还是购入的方式以及交易的时间等。"

荷兰国际财政文献局编写的《国际税收词典》将税收筹划描述为："税收筹划是指纳税人通过对经营活动或对个人事务活动的安排，以达到缴纳最低税收之目的。"

印度学者N.J.雅萨斯威在《个人投资和税收筹划》一书中指出："税收筹划是纳税人通过对财务活动的安排，以充分利用税收法规所提供的包括减免税在内的一切优惠，从而获得最大的税收利益。"

近年来，我国学术界也对税收筹划进行了多方面的研究。有的学者认为，税务筹划是纳税人依据所涉及的现行税法（不限一地一国），遵循税收国际惯例，在遵守税法的前提下，运用纳税人的权利，根据税法中"允许""不允许"以及"非不允许"的项目、内容等，对企业组建、经营、投资、筹资等活动进行的旨在减轻税负、有利于财务目标实现的谋划与对策。还有的学者认为，税收筹划应包括一切采用合法和非违法手段进行的纳税方面的策划及有利于纳税人的财务安排，主要包括节税筹划、避税筹划、转退筹划和实现涉税零风险。另有学者认为，税收筹划是指纳税人在取得税收法律制度支持和税务机关认可的前提下，运用科学的技术方法，通过参与经营策划，使经济活动能够沿着最低税负方向和延期纳税结果运行的一系列谋划活动。它是企业经营管理策划的重要组成部分，是立足于取得税收利益的经营管理策划。

综上所述，国内外学者在税收筹划的定义方面的观点虽各有侧重点或表述形式上不同，但究其根本的共同点，本书认为：税收筹划是指在纳税行为发生之前，在税法允许的范围内，通过对纳税主体的经营活动或资本运营行为等涉税事项做出事先安排，以达到少缴纳或递延缴纳税款，并控制税收风险，最终实现企业价值最大化目的的一系列谋划活动。税收筹划方案的制定，与企业的战略规划、经营模式、资本交易、财务决策息息相关，是企业全流程运营管理的关键要素之一。

二、税收筹划的特征

（一）合法性

税收筹划的合法性是指税收筹划必须在税收法律许可的框架内。税收筹划并不包括违反法律规定逃避纳税责任的行为，而是指依法对各种纳税方案进行选择。在有多种纳税方案可供选择时，纳税人做出采用较低税负方案的决策是纳税人的正当权利。用道德的名义要求纳税人选择高税负，不是税收法律的本义。

（二）事先性

税收筹划的事先性是指税收筹划是在纳税义务发生之前对涉税事项所做的规划和安排。在经济活动中，企业在交易行为发生之后才产生流转税纳税义务，在收益实现或分配之后才产生所得税纳税义务，在财产取得之后才产生财产税纳税义务等，这就为纳税人在纳税义务发生之前进行筹划提供了可能性。如果纳税义务已经发生，纳税人再通过种种手段减少应纳税款，则被认定是违法行为。

（三）风险性

税收筹划的风险性是指税收筹划的具体实施效果带有一定的不确定性。宏观经济环境的变化，会给纳税人的经营行为带来难以预计的效果；税收政策的不断调整，也存在将最优方案变成次优方案的可能性。另外，纳税人可能在筹划时由于对税收政策理解不透彻而面临违法及纳税调整的风险等。

三、税收筹划与逃避缴纳税款、欠税、骗税的区别

（一）税收筹划与逃避缴纳税款

1. 逃避缴纳税款的法律界定

纳税人采取欺骗、隐匿手段进行虚假纳税申报或者不申报，逃避纳税款数额较大并且占应纳税额 70% 以上的，处三年以下有期徒刑或者拘役，并处罚金；数额较大并且占应纳税额 30% 以上的，处三年以上七年以下有期徒刑，并处罚金。

2. 税收筹划与逃避缴纳税款的区别

税收筹划与逃避缴纳税款之间最本质的区别在于是否违法。逃避缴纳税款是触犯了国家相关税收法律的行为，将构成违法甚至犯罪，纳税人要承担相应的法律责任；税收筹划则是在不触犯国家法律情况下的一种涉税行为，纳税人在进行税收筹划时所涉及的各项安排，都是在税法未禁止的框架下进行的。

收税筹划与逃避缴纳税款的另一个区别在于，税收筹划是具有前瞻性的，逃避缴纳税款则具有事后补救性。税收筹划是纳税行为发生之前，对纳税主体的涉税事项做出事先安排，以达到少缴纳和递延缴纳税款的目的，并降低税收风险的行为，具有前瞻性。而逃避缴纳税款则是在纳税义务发生之后，采取非法行为来进行“规避”，具有事后补救性。

（二）税收筹划与欠税

1. 欠税的法律界定

欠税是指纳税人、扣缴义务人超过税收法律、法规规定或税务机关依照税收法律、法规规定的纳税期限，未缴或少缴税款的行为。纳税人、扣缴义务人欠缴应纳税款，采取转移或者隐匿财产的手段，妨碍税务机关追缴欠缴的税款的，由税务机关追缴欠缴的税款，并处罚款；构成犯罪的，依法追究刑事责任。

如果单位犯有以下规定之罪的，对单位判处罚金，并对其直接负责的主管人员和其他直接责任人员依照规定进行处罚。

《中华人民共和国刑法》（简称《刑法》）第 203 条规定：“纳税人欠缴应纳税款，采取转移或者隐匿财产的手段，致使税务机关无法追缴欠缴的税款，数额在一万元以上不满十万元的，处三年以下有期徒刑或者拘役，并处或者单处欠缴税款一倍以上五倍以下罚金；数额在十万元以上的，处三年以上七年以下有期徒刑，并处欠缴税款一倍以上五倍以下罚金。”

《中华人民共和国税收征收管理法实施细则》第 77 条规定：“税收征管法第四十九条所称欠缴税款数额较大，是指欠缴税款 5 万元以上。”

《中华人民共和国税收征收管理法》（简称《税收征收管理法》）第 50 条规定：“欠缴税款的纳税人因怠于行使到期债权，或者放弃到期债权，或者无偿转让财产，或者以明显不合理的低价转让财产而受让人知道该情形，对国家税收造成损害的，税务机关可以依照合同法第七十三条、第七十四条的规定行使代位权、撤销权。税务机关依照前款规定行使代位权、撤销权的，不免除欠缴税款的纳税人尚未履行的纳税义务和应承担的法律责任。”

《中华人民共和国税收征收管理法实施细则》第 74 条明确指出：“欠缴税款的纳税人或者其法定代表人在出境前未按照规定结清应纳税款、滞纳金或者提供纳税担保的，税务机关可以通知出入境管理机关阻止其出境。阻止出境的具体办法，由国家税务总局会同公安部制定。”

《中华人民共和国税收征收管理法实施细则》第 76 条第 1 款规定：“县级以上各级税务机关应当将纳税人的欠税情况，在办税场所或者广播、电视、报纸、期刊、网络等新闻媒体上定期公告。”

2. 税收筹划与欠款的区别

欠税是指纳税人超过税务机关核定的纳税期限而发生的拖欠税款行为，而税收筹划是指通过不违法的税收筹划手段实现少缴税款或递延缴纳税款的行为。

（三）税收筹划与骗税

1. 骗税的法律界定

《刑法》第 201 条规定："纳税人采取欺骗、隐瞒手段进行虚假纳税申报或者不申报，逃避缴纳税款数额较大并且占应纳税额百分之十以上的，处三年以下有期徒刑或者拘役，并处罚金；数额巨大并且占应纳税额百分之三十以上的，处三年以上七年以下有期徒刑，并处罚金。扣缴义务人采取前款所列手段，不缴或者少缴已扣、已收税款，数额较大的，依照前款的规定处罚。对多次实施前两款行为，未经处理的，按照累计数额计算。有第一款行为，经税务机关依法下达追缴通知后，补缴应纳税款，缴纳滞纳金，已受行政处罚的，不予追究刑事责任；但是，五年内因逃避缴纳税款受过刑事处罚或者被税务机关给予二次以上行政处罚的除外。"

《刑法》第 204 条规定："以假报出口或者其他欺骗手段，骗取国家出口退税款，数额较大的，处五年以下有期徒刑或者拘役，并处骗取税款一倍以上五倍以下罚金；数额巨大或者有其他严重情节的，处五年以上十年以下有期徒刑，并处骗取税款一倍以上五倍以下罚金；数额特别巨大或者有其他特别严重情节的，处十年以上有期徒刑或者无期徒刑，并处骗取税款一倍以上五倍以下罚金或者没收财产。纳税人缴纳税款后，采取前款规定的欺骗方法，骗取所缴纳的税款的，依照本法第二百零一条的规定定罪处罚；骗取税款超过所缴纳的税款部分，依照前款的规定处罚。"

2. 税收筹划与骗税的区别

骗税是采取弄虚作假和欺骗手段，虚构本来没有发生的应退（免）税行为，以骗取国家的退（免）税款，而税收筹划是通过实施税收筹划方案，可使某项涉税行为免于应税义务。

第二节　税收筹划的目的与意义

一、税收筹划的目的

（一）降低税负

税收筹划的根本目的是降低企业的税收负担，以实现纳税人的财务最大化。降低税负的本质是回避企业在经营过程中的部分纳税义务，有些涉税事项可通过税收筹划完全回避，有些则可通过合理安排进行规避。对于企业而言，由于税收存在着强制性和无偿性，税收成为企业在运营过程中无法避免的成本，且这部分成本无法像其他经营成本一样得到利润回报。因此，企业需要在税法允许的范围内，对其涉税事项做出事先安排，以降低税负。

（二）延期纳税

延期纳税指纳税人延期或分期缴纳应纳税款。纳税人的不同应税行为和结算方式直接影响税款的缴纳时间，在合法的范围内推迟缴纳可使应纳税款在延期期间获得其他价值。换而言之，延期纳税相当于政府为企业提供了无息贷款，可以使纳税人在本期有更多的资金用于产生收益，获得更多的所得，也相当于节减了税款。在通货膨胀的环境下，收入推迟实现的效果更为明显，能够降低未来支付税款的购买力。需要注意的是，延期纳税本质上并没有降低企业的绝对税额，而是通过递延纳税达到相对节税的目的。

（三）控制税收风险

税收风险是指纳税人在采取各种纳税行为时可能涉及的风险，主要包括：

（1）经济风险，即纳税人多缴税的风险。该风险主要形成因素有信息不对称、财务人员素质较低、企业缺乏相关的涉税管理机制等。

（2）政策风险，即纳税人由于对税法理解不足造成的风险。其主要形成因素有故意偷税风险、政策理解偏差风险等。

（四）纳税成本最优化

纳税成本包括直接成本和间接成本。直接成本是纳税人履行纳税行为时付出的人力、物力和财力。间接成本是纳税人在履行纳税义务时所承受的心理压力等。

纳税成本的降低不单单增加了企业利润，也增加了政府的税收收入，因此纳税成本的最优化是税收筹划的一大基本目标。

专栏

有效税收筹划

有效税收筹划（effective tax planning）框架是由1997年诺贝尔经济学奖得主斯科尔斯（Scholes）和美国税务专家沃尔夫森（Wlofson）共同提出的。他们认为，传统的税收筹划思路过于关注税负最小化的目标，而企业的交易成本无处不在，并且与企业规模呈正相关关系。以税负最小化作为税收筹划的目标，有可能导致企业交易成本规模大幅上升，反而超过了税收筹划的收益。因此，税收筹划应成为企业战略的一部分，需要从交易各方、显性税收和隐性税收、税收成本和非税收成本这三个角度来考察企业的投融资决策。

有效税收筹划的框架具体包括：

（1）有效税收筹划要求筹划者从交易各方的角度来考虑交易的税收意义。

（2）有效税收筹划要求筹划者在投资和融资决策时，不仅考虑显性税收（直接支付给税收管理当局的税收），而且要考虑隐性税收（有税收优惠的投资以较低税前回报率的形式间接支付的税收）。

（3）有效税收筹划要求筹划者认识到税收仅仅是企业成本的一种，在税收筹划过程中必须考虑所有的成本，一些被提议的税收筹划方案的实施可能带来大量的企业重组成本。

二、税收筹划的意义

（一）税收筹划对政府的意义

1. 有利于社会资源配置

税收是国家取得财政收入的主要手段之一，也是政府进行宏观调控的重要工具。各国政府会通过制定符合本国的税收政策来达到调节社会资源的目的。例如，政府适当地对不同产业、不同地区进行不同的规定；为了鼓励高新产业和偏远地区的发展，国家发布的鼓励和扶持性文件；为了鼓励西部地区的发展，对设在西部地区从事鼓励类产业的企业规定 15% 的企业所得税优惠税率。

纳税人顺应国家的政策导向，合理地进行税收筹划，改变投资方向或投资地域，不但能降低纳税人本人的税负，实现效益最大化，同时国家也能实现对资源进行合理调控的政策目标。

2. 有利于促进国家税收收入持续增长

从短期看，纳税人进行税收筹划可能减少了国家的税收收入。但从长期来看，税收筹划有利于国家实现对税收的优化管理，有利于国家对税源的配置，增加税收收入。一方面，纳税人受国家政策的引导，对企业自身进行合理的调整和规划，有利于实现国家的产业政策。另一方面，纳税人对税收进行合理的税收筹划，减轻了企业自身的税收负担，有利于企业的生存和长期发展。因此，合理的税收筹划能促进国家经济的持续发展，进而保证国家税收收入持续增长。

国家为了扶持高新技术产业的发展，对国家重点扶持的高新技术企业做出了一系列的税收优惠规定。例如，对国家重点扶持的高新技术企业减按 15% 的税率征收企业所得税、高新技术企业职工教育经费税前扣除、技术先进型服务企业享受低税率企业所得税优惠、技术先进型服务企业职工教育经费税前扣除等。

3. 有利于调节收入分配

税法作为一种分配工具，在调节收入分配方面具有重要的作用。其主要方式为政府通过对税收政策的引导，将社会相关的利益由高收入者向低收入者倾斜，减少收入差距，实现相对公平。较为典型的如所得税、消费税、遗产税等。纳税人顺应国家政策导向，通过合理的税收筹划，实现个人与国家的双赢。

以遗产税为例。目前世界上大部分国家征收遗产税，遗产税的主要作用除了保证财政收入外，也是实现社会财富再分配的重要手段。在美国的遗产税制度中，对慈善事业的捐赠部分给予了适当的优惠，使得高收入阶层的纳税人大量地将遗产作为公益捐赠，使社会资源自发地向低收入阶层转移，调节收入分配。

4. 有利于促进税制不断完善

税收筹划是在合法或不违法的框架下寻求低税负，而这种低税负的产生很可能是由税收法律法规不健全造成的。税收筹划是纳税人对国家税法及有关税收经济政策的反馈行为，国家可以利用这种反馈信息，修改并完善现行税法，进而促进税制不断完善。

（二）税收筹划对纳税人的意义

1. 有利于提高企业的财务管理水平

在企业的经营和管理中，税收成本是其支出的主要组成部分。因此企业在进行财务管理时，需要将纳税成本作为管理的主要目标之一。在企业进行税收筹划时，以税收相关政策作为导向，紧跟国家政策引导，对企业的经营管理、利润分配等财务活动进行筹划，有利于企业抓住机遇，提高财务管理水平。

2. 有利于维护纳税人的合法权益

税收筹划是纳税人的一项基本权利。追求税后利益最大化是市场经济条件下企业生存与发展的客观要求，在法律允许的前提下，纳税人有从事经济活动、获取收益的权利。税收筹划是纳税人对其资产、收益的正当维护，属于纳税人应有的经济权利。

税法漏洞给纳税人提供了避税的机会，纳税人一旦落入税法陷阱，就要缴纳更多的税款，从而影响纳税人正常的收益。而税收筹划可防止纳税人陷入税法陷阱，从而维护其正当权益。

3. 有利于提高公民的纳税意识

税收筹划要求纳税人必须熟知税法，并且在法律许可的范围内进行涉税事项的事先安排，从而提高纳税人的纳税意识。税收筹划与纳税意识的增强一般具有客观一致性和同步性的关系。这种一致性关系体现在以下几个方面：

（1）税收筹划与经济体制改革发展到一定水平相适应，是企业纳税意识提高到一定阶段的表现。只有在税制改革与税收征管改革成效显著的情况下，税收的权威性才能得到实现。否则，如果对偷逃税等违法行为的查处率较低，无疑会助长偷逃税等违法行为。

（2）企业提高纳税意识与企业进行税收筹划具有共同的要求。税收筹划所安排的经济行为要求合乎税法规定或不违反税法规定，而依法纳税是企业提高纳税意识的必然要求。

（3）依法设立完整、规范的财务会计账表和正确进行会计处理是企业进行税收筹划的基本前提，也是企业依法纳税的基本要求。

第三节　税收筹划的类型

一、根据税种划分

根据税种划分，税收筹划可分为增值税筹划、消费税筹划、企业所得税筹划、个人所得税筹划及其他税种筹划等。如图 1-1 所示。

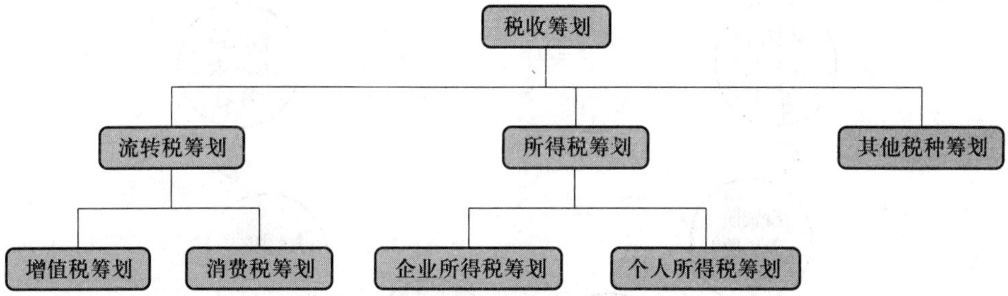

图 1-1　税收筹划根据税种划分

在分税种税收筹划中，应针对每一税种的计税特点及特殊的减免税规定，寻求各自的税收筹划空间，进而做出相应的税收筹划方案。在税收筹划的税种划分中，流转税与所得税的税收筹划是重中之重，也存在着不同的特点。

流转税是指以纳税人商品生产、流通环节的流转额为征税对象的税收的总称。流转税与商品的生产和流通有着密切的关系，税额与价格密切相关。在税率既定的条件下，流转税额的大小直接依赖于商品劳务的价格高低和流转环节的多少，而与成本、费用水平无关。因此对于流转税来说，流转环节的价格操控是其筹划的关键，纳税人通常可以通过税负转嫁以及递延纳税时间来实现筹划目的。例如，对于增值税来说，由于该税种的特点是普遍征收、多环节征收，只要产品的最后售价相同，无论中间经过多少环节，该产品所纳的增值税都是相同的。因此，关联企业之间转让定价的税收筹划方案只会实现相对节税，而绝对税额是保持不变的。对于消费税来说，针对其选择性征收及一次性征收的特点，通过降低出厂销售环节的价格便可以实现绝对节税。

所得税一般以纳税人的净所得额为征税对象，属于直接税，税收收入富有弹性。由于所得税的计税基础是扣除相应成本、费用的应纳税所得额，因此所得税筹划的关键之一是通过调节扣除项目降低应纳税所得额。对于适用累进税率的个人所得税来说，筹划的另一个关键点则是通过调整相关收入项目使其所得适用低档税率。

二、根据企业全流程运营管理划分

根据企业全流程运营管理划分，税收筹划可分为企业设立阶段税收筹划、生产运营阶段税收筹划（采购—研发—生产—销售）、利润分配阶段税收筹划、资本运营阶段税收筹划（投资—融资—重组）四大流程。如图 1-2 所示。

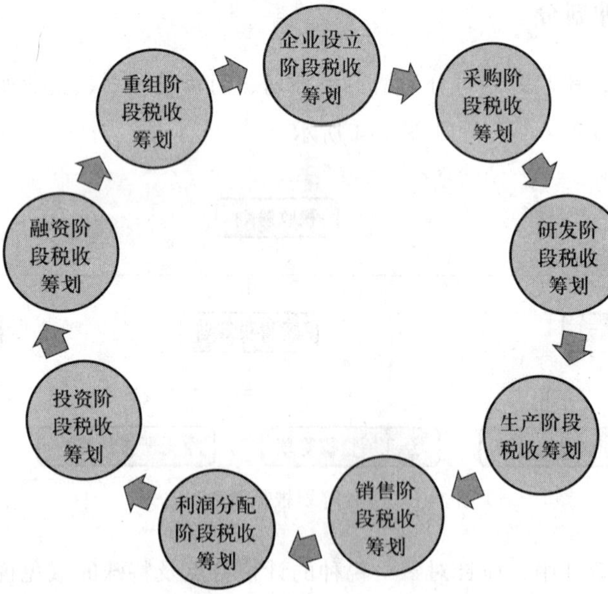

图 1-2 企业全流程的税收筹划

企业在设立阶段可通过选择其产业、组织形式、注册地点、分支机构等方式进行税收筹划。

企业在采购阶段可通过采购渠道、采购规模、采购结构、采购时间、结算方式等方式进行税收筹划。

企业在研发阶段可通过研发项目的选择、研发费用的归集与分配、研发成果的知识产权归属及申报、研发活动的地域布局等方式进行税收筹划。

企业在生产阶段可通过生产成本的控制、生产设备的折旧方法、存货计价方法等方式进行税收筹划。

企业在销售阶段可结合销售价格及其适用税率、销售方式及其核算方式等手段进行税收筹划。

企业在利润分配阶段可通过利润的分配顺序、股利形式等方式进行税收筹划。

企业在投资阶段可通过对投资时间、方式、过程、结构的合理选择对初始投资、投资持有、投资退出等环节进行税收筹划。

企业在融资阶段可通过选择负债规模、选择发行债券方式、关联企业合理拆借资金等方式进行税收筹划。

企业在重组阶段可通过资产计税基础、适用税率、税收优惠政策等进行税收筹划。

三、根据税制要素划分

根据税制要素划分，税收筹划可分为纳税义务的税收筹划、纳税人的税收筹划、计税依据的税收筹划、税率的税收筹划、纳税义务发生时间的税收筹划、税收优惠政策的税收筹划。

纳税义务的税收筹划是指设法避免成为某税种的纳税人或避免将经营行为纳入该税种的征税对象范围。

纳税人的税收筹划是指当纳税义务难以规避时，可考虑通过税负转嫁的方式达到减轻税收负担的目的。

计税依据的税收筹划是指纳税人可通过缩小税基减少应纳税款，进而减轻税收负担。

税率的税收筹划是指纳税人通过适用低税率的方法减轻税收负担。

纳税义务发生时间的税收筹划是指企业通过考虑何时进行纳税申报即何时缴纳税款的因素，延迟缴纳时间，进而达到相对节税的效果。

税收优惠政策的税收筹划是指纳税人利用国家在税收方面给予纳税人和征税对象的各种优待，改变经营策略，减轻税收负担。

四、根据区域划分

根据区域划分，税收筹划可分为国内税收筹划和跨国税收筹划。

国内税收筹划是指国内企业在本国范围内，通过对投资、生产、经营等的安排，来降低企业税收负担的税收筹划行为。国内税收筹划主要立足于国内税制，通过对不同经营方式、组织方式、投资方式所带来的税收差异进行比较，尽可能寻求纳税最低、税后利益最大化的方案。

跨国税收筹划是指跨国纳税人利用各国之间的税收差异，对跨国经营活动所做的税收筹划安排。跨国投资者在进行跨国投资的可行性研究或选择最优投资方案时，通常要把有关国家（地区）的税负作为确定其资本投向的一个重要因素。因此，各国（地区）在征税范围、税率以及征管水平上的差异就有可能为跨国投资者进行国际性的税收筹划提供机会。

第四节 税收筹划的思路

本节根据税收筹划的不同类型，主要从不同税种的税收筹划和企业全流程运营的税收筹划两方面对税收筹划的思路进行论述。

一、不同税种的税收筹划思路

（一）增值税

增值税是以交易活动中的新增价值额为征税对象的一种税，征税范围广，具有多环节征收、层层抵扣的特点。增值税纳税人分为一般纳税人与小规模纳税人两种。当前，增值税的税率有13%、9%、6%、0%四档，简易计税的征收率主要为3%。[①]

增值税的税收筹划主要从纳税人身份、纳税义务发生时间、计税依据、税率选择、计税基础及税收优惠政策六个方面来进行。

（1）纳税人身份。基于一般纳税人与小规模纳税人计税方式的不同，企业应当根据自身情况合理选择自己的纳税人身份以及上下游的交易伙伴，从而使自己承担较低的税负水平。例如，如果某生产企业的客户位于其生产链条下游，则选择作为一般纳税人的话可以为下游开具增值税专用发票，更有合作竞争力，同时也有利于抵扣上游企业的进项，从而减轻税收负担；如果某服务企业的客户为个人消费者，则其获得的进项发票很少，其客户也没有抵扣进项税的要求，因此作为小规模纳税人可能节省更多的增值税税款。如果因企业规模等原因不能实现纳税人身份的选择，可以采取合并分立的方法使企业规模满足要求。另外，由于一般纳税人可以开具用于抵扣进项的增值税专用发票且抵扣税率较高，因此占有一定的税收优势，小规模纳税人通常通过低价销售等让利行为来弥补这一部分的缺陷，除此之外，处于税收劣势的小规模纳税人可以采用委托代购的方法吸引合作者。

（2）纳税义务发生时间。企业的结算方式包括直接收款、赊销、分期收款、预收货款、委托代销等，不同的结算方式的增值税纳税义务发生时间不同。例如，纳税人采取直接收款方式销售货物，不论货物是否发出，纳税义务发生时间均为收到销售款或者取得索取销售款凭据的当天；纳税人采取分期收款方式销售货物，签订了书面合同的，纳税义务发生时间为书面合同约定的收款日期的当天。因此，可以通过结算方式的税收筹划，推迟纳税义务的发生时间，从而实现递延纳税，获得货币时间价值。另外，对包装物的处理方法的合理筹划也可以使企业获得递延纳税的税收利益。

---

① 截至2027年12月31日，增值税小规模纳税人3%减按1%征收率征收增值税。

（3）计税依据。税法对折扣销售、折让销售、销售折扣等常见的销售方式有明确的规定，发票的填写方式不同会带来差异化的税收待遇。因此，企业在采取以上销售方式时，应当考虑税收政策的影响，尽量采取折扣销售的办法，严格按要求填写发票，从而减轻增值税税负。另外，纳税人应当尽量避免被认定为视同销售行为。例如，在进行交易时应防止使用自身的资产作为交易的对价支付。除此之外，增值税较为特殊的一点便是其征税对象为增值额。因此，合理扩大增值税进项的抵扣也是增值税税收筹划中至关重要的环节。

（4）税率选择。由于增值税多档税率的存在，企业在进行生产经营时应尽量使自身适用的低档税率。例如，通过转化服务性质将适用9%税率的服务转变为适用6%税率的服务。另外，企业还应注意，税法对兼营与混合销售是否分开核算的处理办法也进行了明确的界定，因此，企业应注意这两种模式的核算方式，避免因业务无法分割而导致统一适用高税率。

（5）计税基础。企业通过关联企业之间的转让定价可以灵活操控产品各环节的价格。转让定价虽然不能从根本上减轻增值税的整体税负，但仍然有一定的操作空间——将增值额向后转移从而实现递延纳税，获得一部分货币时间价值。

（6）税收优惠政策。增值税相关法律制度中规定了大量的增值税税收优惠。对于为企业规模提供的优惠，企业可以采取分立等方式满足优惠条件，从而减轻税负。另外，增值税还对股权支付、股息收入、农产品、高新技术产品等设立了税收优惠，企业可以调整自身的经营活动，争取优惠资格，从而适用优惠政策，减轻税负。

（二）消费税

消费税是以特定消费品为课税对象所征收的一种税，通常为单一环节征收，卷烟等特定税目实行双环节征收。消费税实行从价计税、从量计税，或者从价和从量复合计税的办法计算应纳税额。现行消费税的征收范围主要包括烟、酒、鞭炮及焰火、高档化妆品、成品油、贵重首饰及珠宝玉石、高尔夫球及球具、高档手表、游艇、木制一次性筷子、实木地板、摩托车、小汽车、电池、涂料15类税目，有的税目还进一步划分若干子目。不同的消费税税目适用的税率不同，有的税目内部根据价格档次也划分了不同的税率梯度。开征消费税的目的是调节产品结构，引导消费方向，保证国家财政收入。

消费税可以从纳税环节、销售方式、销售价格、加工方式及纳税义务发生时间等角度进行筹划。

（1）纳税环节。由于消费税实行单一环节征税，所以税收筹划的关键之一便是降低纳税环节的消费税计税依据。部分消费税税目在生产销售环节征收消费税，流通环节无须再纳税，因此，降低出厂环节的计税价格成为筹划的重点。企业可以通过关联企业转让定价以及设置独立核算的销售部门等方式降低消费税的计税依据。另外，部分税目的上下游的消费税可以在领用时予以抵扣，而白酒等应税消费品不能抵扣之前环节的消费税。在面对不能抵扣先前环节已缴纳税额的这部分税目时，企业可以采取合并等方式减少其纳税环节从而减轻消费税负担。

（2）销售方式。从应税消费品的销售方式来说，消费税的税收筹划应当注意以下两点：① 企业应当权衡成套销售所带来的利益与其增加的税收负担之间的关系，做出合理的决策。② 消费税相关法规对纳税人的某些特定行为规定了特殊条款：对于纳税人用于换取生产资料和消费资料、投资入股和抵偿债务等方面的应税消费品，应当以纳税人同类应税消费品的最高销售价格为依据计算消费税。因此在进行以上项目时，纳税人应尽量选择先销售后进行此类活动的方案。

（3）销售价格。对于销售价格的税收筹划主要是基于不同价位档次的消费品的税率不同，因此，纳税人应当合理定价，权衡高价所带来的收益与高消费税税负之间的关系，从而使企业利益最大化。除了定价之外，企业在用外币进行交易时还要注意汇率折算率的选择。

（4）加工方式及纳税义务发生时间。委托加工是企业常用的生产方式，税法对委托加工应税消费品的相关事项有明确的规定。因此，是否选择委托加工的方式以及选择的委托方的类型、地点都存在较大的税收筹划空间。至于对消费税纳税义务发生时间的税收筹划，则与增值税基本相同。

（三）企业所得税

企业所得税是对我国境内的企业和其他取得收入的组织的生产经营所得和其他所得征收的一种所得税。

企业所得税可以从纳税人身份、扣除项目及亏损弥补、税收优惠及税收协定等角度进行税收筹划。

（1）纳税人身份。企业可以选择居民企业或非居民企业，个人独资企业、合伙企业或公司制企业，子公司或分公司。不同的选择所承担的纳税责任不同，享受税收优惠的资格不同，因此企业应当对自己的身份以及办事处的形式进行慎重的选择安排。另外，税法规定，对小型微利企业年应纳税所得额不超过300万元的部分，减按25%计入应纳税所得额，按20%的税率缴纳企业所得税。因此，企业可以采用分立等形式满足小微企业的规模要求，从而适用这一优惠政策。

（2）扣除项目及亏损弥补。税前扣除项目是计算企业所得税的关键一步，因此也是企业所得税筹划的重中之重。其中，企业筹办费、广告宣传费、业务招待费以及利息费用等几个项目存在较大的税收筹划空间。企业应设法扩大当期扣除项目金额，并将相关成本费用等尽早扣除，从而获得一部分货币时间价值。除此之外，企业应当对自身的盈亏状态做出合理安排，从而充分利用亏损弥补政策降低自身的应纳税所得额。

（3）税收优惠。我国的企业所得税法中包含了大量的税收优惠政策，因此，筹划过程中企业应尽量对自己的经营活动做出合理的安排，从而满足优惠条件，减轻所得税税负。其筹划关键有以下几点：① 充分利用行业、地域的税收优惠，尽量使自己满足相关资格条件，从而获得税收减免。② 在投融资以及利润分配的过程中企业应充分利用居民企业之间股权转让以及股息收入等税收优惠政策。③ 符合条件的企业应当尽量获得高新技术的相关认证，从而享受有关科学技术的一系列税收优惠。④ 在企业重组中应创造条件使得股权支付金额占总支付金额的比例大于85%，从而适用企业所得税特殊性税务重组规定的方法，既可实现股权支付部分递延纳税，使企业获得货币时间价值，又能够以资产评估后的公允价值作为计提折旧的基础，使折旧额增加，应税所得额减少，企业所得税的负担减轻。

（4）税收协定。对于跨国企业来说，企业所得税的税收筹划还应当注意东道国的所得税税率与预提税税率的高低。同时，跨国企业还应当仔细研究国际税法，避免成为这些国家的税收居民以及防止某办事处被认定为常设机构，并善于利用税收协定，享受相关税收优惠。

（四）个人所得税

目前，我国个人所得税实行综合与分类相结合的征收模式。其中，个人综合所得的税收筹划关键包括纳税人身份、所得规模、所得形式以及扣除项目四个部分，同时，纳税人还应当注意期权、公积金等特殊所得项目的税收筹划。① 纳税人身份的税收筹划与企业所得税类似，重点在于居民纳税人与非居民纳税人的税收筹划。② 对于所得规模的税收筹划，纳税人应当了解所得的构成，并注意个人所得税累进的特点，与用人单位做好沟通，合理安排自身的所得（尤其是年终奖），同时善于利用“费抵收入”的方法，减轻自身税负。③ 所得形式的税收筹划方法在于将工资薪金类的所得转化为其他形式的所得。④ 纳税人应当妥善安排自身扣除项目，及时认证扣除资格，尽量扩大税前扣除额。

实行分类征收的个人所得项目包括利息、股息、红利所得，财产租赁所得，财产转让所得，偶然所得。筹划的重点是利息、股息、红利所得以及财产转让所得。其中，利息、股息、红利所得的税收筹划关键在于投资时间和投资方式的选择；财产转让所得的税收筹划关键在于限售股等特殊项目的转让筹划。

另外，由于个体工商户与合伙企业取得的所得适用个人所得税法而非企业所得税法，因此本书在第五章“个人所得税的税收筹划”中对以上两种形式的所得的税收筹划方法也进行了相关介绍。

（五）其他税种

其他税种的税收筹划主要包括对关税、土地增值税、资源税、房产税、城镇土地使用税、印花税以及车船税的税收筹划。

关税是一国海关根据该国法律规定，对通过其关境的进出口货物征收的一种税。关税的税收筹划主要包括择优选择关税完税价格，调整业务流程以适用低税率，合理利用税收优惠，以及转让定价等。

土地增值税是转让国有土地使用权、地上的建筑物及其附着物并取得收入的单位和个人，以转让所取得的收入包括货币收入、实物收入和其他收入减去法定扣除项目金额后的增值额为计税依据向国家缴纳的一种税赋。土地增值税的税收筹划主要包括控制增值额以及合理利用税收优惠。

资源税是对在我国境内开采应税矿产品和生产盐的单位和个人，就其应税资源税数量征收的一种税。资源税的税收筹划主要包括利用综合回收率和选矿比以及分开核算。

房产税是以房屋为征税对象，按房屋的计税余值或租金收入为计税依据，向产权所有人征收的一种财产税。房产税的税收筹划主要包括通过合理划分降低房产原值和租金收入以及对投资联营房产的税收筹划。

城镇土地使用税是国家在城市、县城、建制镇、工矿区范围内，对使用土地的单位和个人，以其实际占用的土地面积为计税依据，按照规定的税额计算征收的一种税。城镇土地使用税的税收筹划关键在于合理选地以及利用税收优惠。

印花税是对经济活动和经济交往中订立、领受具有法律效力的凭证的行为所征收的一种税。印花税的税收筹划主要包括合理利用税收优惠、减少合同参与人数、利用保守金额、分开记载经济事项以及选择合理的借款方式。

车船税是在中华人民共和国境内的车辆、船舶的所有人或者管理人按照《中华人民共和国车船税法》应缴纳的一种税。车船税的税收筹划关键在于利用税率临界点以及税收优惠政策。

二、企业全流程运营管理的税收筹划思路

（一）企业设立阶段

首先，合理选择自己的纳税人身份，这是企业设立阶段税收筹划的第一步。纳税人身份包括一般纳税人和小规模纳税人、居民企业和非居民企业，公司制度可以选择个人独资企业、合伙企业以及公司制企业，办事处可以选择子公司还是分公司。另外，企业还应充分考虑税收优惠政策，判断自己是否属于小微企业以及是否可以取得高新技术企业和技术先进型服务企业的认证资格，从而充分利用国家的税收优惠。如果企业因规模限制不能自由选择合理的纳税人身份或出现重复纳税的情形，则可以选择企业分立、合并、设立独立核算的门市部等方法予以解决。

其次，我国不同地方、不同行业的税收政策存在差异，主要体现在各类税收优惠政策上。因此，纳税人可以对自己的生产和经营做出合理安排，合理选择企业注册地以及

经营所在地，通过享受税收优惠降低税负水平。例如，西部地区近年来设立了较多的医药产业园，园区内提供了大量的地方优惠政策，形成“税收洼地”，因此医药行业可以选择这些产业园入驻，从而降低自身税负水平。

最后，企业通常应对设立阶段的筹办费等做出提前摊销的安排，并合理安排企业亏损。

（二）生产运营阶段

1. 采购阶段

首先，企业要对供货商进行选择。由于一般纳税人通常占有一定的交易优势，处于劣势的小规模纳税人可以通过低价销售等让利行为来弥补这一部分的缺陷，或者采用委托代购的方法吸引合作者。

其次，企业可以基于不同业务所适用的税率不同这一点，采取委托代购的手段，将增值税税率较高的业务委托第三方进行。另外，税法规定，适用一般计税方法的纳税人兼营简易计税方法计税项目、免征增值税项目而无法划分不得抵扣的进项税额，应按项目金额比例进行划分，从而确认不得抵扣的进项税额。因此，可以合理利用这一点进行计算和筹划，从而达到节税的目的。

再次，在结算方面，企业应当注意提前计提成本以及折旧等费用，购进货物时尽早取得发票，从而实现早抵扣，获得递延纳税的税收利益。

最后，企业应当善于利用税收优惠，对其采购活动进行合理安排。

2. 研发阶段

我国实施的鼓励企业研发的税收优惠包括税额减免、税率优惠、税费退还、加计扣除、加速折旧等，涉及企业所得税、个人所得税以及增值税、关税等各个税种，给予了企业一定的税收筹划空间。较为常见的税收筹划要点包括企业对研发费用加计扣除政策的利用以及对技术转让免税限额的安排。

3. 生产阶段

生产阶段的税收筹划重点在于生产成本的税收筹划，包括存货成本、固定资产折旧与企业职工薪酬等。具体来说，存货成本可以通过采用不同的计价方法（如先进先出法、加权平均法等）来影响企业的税前利润；固定资产的折旧可以通过选择适当的折旧方法（如直线法、加速折旧法等）来调节企业的应税所得；职工工资薪酬方面，则可以通过合理的薪酬结构设计（如福利、奖金、股权激励等）进行调节，既保证员工的积极性，又能在一定程度上达到节税的效果。通过这些策略的综合运用，企业可以在合法合规的前提下，有效降低生产环节的税收负担。

4. 销售阶段

在销售阶段，税收筹划大致可以分为销售方式、结算方式、计税方式、成本费用以及销售价格五个方面。

第一，对于销售方式，有以下几个筹划点：首先，由于特殊税收政策的存在，公司采取兼营、混合方法进行销售的，应分开核算，避免增加税收负担。其次，折扣、成套销售是常见的企业销售方式。税法对于不同的折扣方式以及企业采取折扣方式销售货物发票的开具方式进行了差别对待，也对套装销售做出了明确的安排。因此选择以上销售方式时，不仅应当注意促销方式的选择，还应当注意发票的填写。最后，流转税与所得税中都有视同销售的相关规定，因此在企业销售环节应当注意自身的视同销售行为，避免为自己带来额外的税收负担。

第二，结算方式的选择影响企业纳税义务发生时间的确认，对企业争取货币时间价值具有重要意义。企业选择不同的结算方式可以使企业合理地推迟纳税义务发生时间，递延税款缴纳。

第三，在销售环节，企业应根据自身经营项目以及经营对象合理选择自身的计税方式，并对上下游经营主体类型进行规划，尽量避免小规模纳税人从一般纳税人处购进货物等导致额外税收负担的情况。同时，企业也可以合理变更合同，降低交易适用税率档次，降低税收成本。

第四，在成本费用扣除方面，企业应当尽早取得进项发票，实现成本费用早抵扣，享受递延收益。同时，企业也应当对存在扣除限额的几个扣除项目以及企业亏损的弥补做出合理安排，从而实现企业利益最大化。

第五，企业在销售过程中可以合理地通过关联企业之间的转让定价实现降低税负水平或延期纳税的目的。

（三）利润分配阶段

在利润分配阶段，首先，企业应对企业盈亏状态做出合理安排从而充分利用亏损弥补政策降低应纳税所得额。其次，我国实施对股息收入的免税政策，因此企业应当合理安排股利分配，避免双重征税。最后，对于跨国企业来说，企业还应当根据汇回利润的政策限制、预提税的高低对办事处的类型及当年利润分配的决策进行进一步筹划。

（四）资本运营阶段

1. 投资阶段

依据企业投资的生命周期，投资阶段可以分为初始投资阶段、投资持有阶段与投资退出阶段。在初始投资阶段，税收筹划可以从投资地点、投资方向、投资方式三个方面入手。首先，投资地点可以考虑地区性税收优惠所产生的税收洼地。其次，投资方向的税收筹划点在于投资一些特定的理财产品（国债）不需要缴纳企业所得税，而且投资农业、公共基础设施以及中小高新技术产业等一些特定行业可以享受相关税收优惠。最后，投资方式的税收筹划关键在于将资产转让尽量变为股权转让。另外，在对价支付环节，企业在现金流充足时，应尽量避免使用非货币资产作为投资的支付对价，防止因视同销售规定增加企业税负。

在投资持有阶段，企业可以考量取得的收益是否满足税收优惠的规定，并在适当的条件下转换收益的性质，以达到投资方与被投资方总体税负水平的降低。

在投资退出阶段，筹划思路包括两方面：一方面，充分利用居民企业之间权益性投资收益免税的优惠条件，先分红，降低股权转让的收入；另一方面，将被投资企业的盈余公积转增股本，提高股权转让的成本，从而降低股权转让的净收益，减轻税负。如果是上市企业的股权转让，需要注意增值税的缴纳。

2. 融资阶段

融资阶段的税收筹划主要集中于融资的渠道、标的以及合同签订方式的税收筹划。企业的融资渠道包括财政拨款、企业自我积累、债务融资、发行股票等。其中，债务融资是企业最常用的融资手段之一，融资速度较快，融资费用低，而且利息允许税前扣除。发行股票的方式则不能实现股利的税前分配。因此，在选择融资渠道时应优先选择债务融资，并注意利息扣除的限额，充分发挥“利息税盾”的作用。另外，合理利用融资租赁也可以产生较强的节税效应。

3. 重组阶段

随着资本市场的发展与日益完善，并购重组作为配置资源的重要方式之一，对企业的成长也扮演着越来越重要的角色。根据增值税的相关规定，在资产重组过程中，通过合并、分立、出售、置换等方式，将全部或者部分实物资产以及与其相关联的债权、负债和劳动力一并转让给其他单位和个人，其中涉及的不动产、土地使用权转让行为，属于不征收增值税的项目。因此企业重组时应注意运用这一优惠政策，并选择合理的出资方式。

《财政部 国家税务总局关于企业重组业务企业所得税处理若干问题的通知》（财税〔2009〕59号）对企业重组的所得税处理方式进行了一系列规定。59号文中规定企业重组，是指企业在日常经营活动以外发生的法律结构或经济结构重大改变的交易，包括企业法律形式改变、债务重组、股权收购、资产收购、合并、分立等。企业发生重组事项的所得税处理可分为一般性税务处理和特殊性税务处理，其中特殊性税务处理的税收负担总体较小，且可以实现股权支付部分抵押纳税。因此，企业应当创造条件使得股权支付金额的比重符合递延纳税的规定，从而适用企业所得税特殊性税务重组规定的方法。

《关于继续实施企业改制重组有关土地增值税政策的公告》（财政部 税务总局公告2023年第51号）规定：“企业按照《中华人民共和国公司法》有关规定整体改制，包括非公司制企业改制为有限责任公司或股份有限公司，有限责任公司变更为股份有限公司，股份有限公司变更为有限责任公司，对改制前的企业将国有土地使用权、地上的建筑物及其附着物（以下称房地产）转移、变更到改制后的企业，暂不征土地增值税。”①因此，企业进行重组时也应当考虑此项土地增值税优惠政策，对自身重组安排做出合理规划。

《关于继续实施企业、事业单位改制重组有关契税政策的公告》（财政部 税务总局公告 2023 年第 49 号）对企业改制、事业单位改制、公司合并与分立、企业破产、资产划转、债权转股权、划拨用地出让或作价出资、公司股权（股份）转让等方面进行了相应的税收优惠规定。②企业可以根据这些规定进行相应调整，尽可能满足税收优惠的条件。

课后思考

1. 什么是税收筹划？它有哪些类型？
2. 如何理解税收筹划的意义？
3. 税收筹划的思路包括哪些内容？

即测即评

扫描二维码，进行本章在线测试。

① 此公告执行至 2027 年 12 月 31 日。
② 此公告执行至 2027 年 12 月 31 日。

第二章

增值税的税收筹划①

导　　言　本章主要介绍了增值税全流程运营管理中的税收筹划思路、方法与风险防范，包括企业设立阶段、采购阶段、销售阶段、投融资阶段、出口退税阶段与重组阶段。通过本章的学习，应熟悉相关法律规定；熟悉并掌握增值税的税收筹划思路，且能结合企业实际情况，熟练运用各种税收筹划方法，同时防范税收风险。

重　　点　企业设立与销售阶段的增值税筹划与风险防范。

难　　点　企业投融资阶段的增值税筹划与风险防范。

思维导图

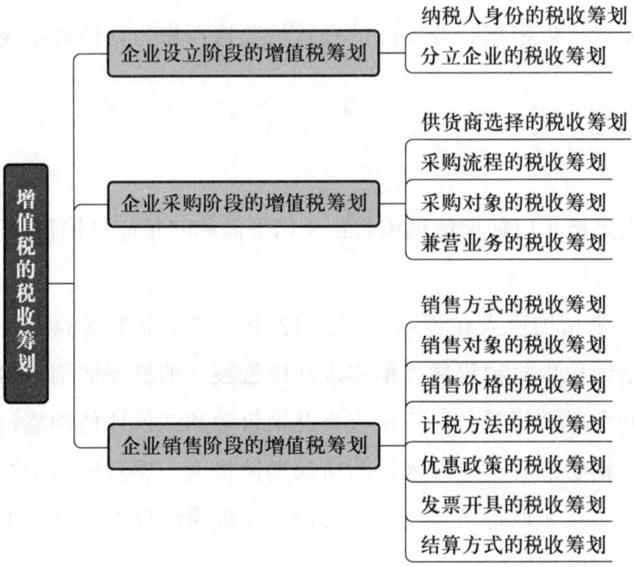

① 本章根据 2024 年 12 月 25 日十四届全国人大常委会第十三次会议审议通过的《中华人民共和国增值税法》（简称《增值税法》）以及现行相关增值税规定进行修订。

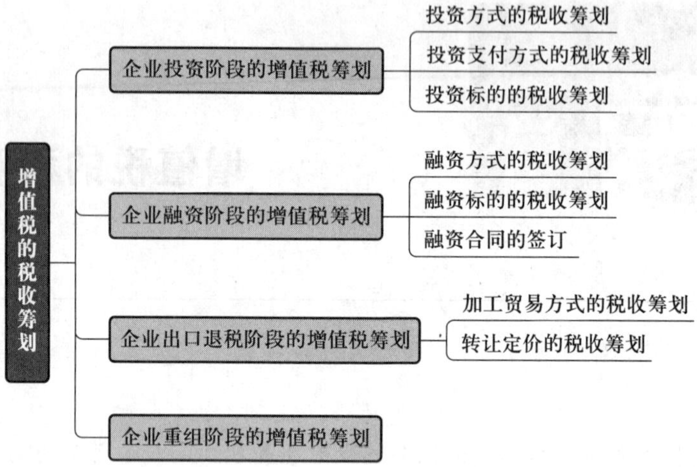

第一节 企业设立阶段的增值税筹划

一、相关税收政策

（一）增值税纳税人身份

在中华人民共和国境内（简称境内）销售货物、服务、无形资产、不动产（以下称应税交易），以及进口货物的单位和个人（包括个体工商户），为增值税的纳税人。增值税纳税人设立阶段可以根据企业实际的经营情况选择作为增值税小规模纳税人或者增值税一般纳税人。

1. 小规模纳税人

（1）标准。

小规模纳税人是指年应征增值税销售额（以下简称“年应税销售额”）未超过五百万元的纳税人。

年应税销售额是指纳税人在连续不超过 12 个月或 4 个季度的经营期内累计应征增值税销售额，包括纳税申报销售额、稽查查补销售额、纳税评估调整销售额、税务机关代开发票销售额和免税销售额。对于稽查查补销售额和纳税评估调整销售额，应计入查补税款申报当月的销售额，不应计入税款所属期销售额。经营期是指在纳税人存续期内的连续经营期间，包括未取得销售收入的月份。小规模纳税人偶然发生的转让不动产的销售额，不计入年应税销售额。

根据国民经济和社会发展的需要，国务院可以对小规模纳税人的标准做出调整，报全国人民代表大会常务委员会备案。

（2）税收优惠。

根据现行规定，对月销售额10万元以下（含本数）的增值税小规模纳税人，免征增值税。[①]在销售额的计算上，以所有增值税应税销售行为（包括销售货物、劳务、服务、无形资产和不动产）合并计算销售额，判断是否达到免税标准。小规模纳税人合计月销售额超过10万元（以1个季度为1个纳税期的，季度销售额未超过30万元，下同），但在扣除本期发生的销售不动产的销售额后仍未超过10万元的，其销售货物、劳务、服务、无形资产取得的销售额，也可享受小规模纳税人免税政策。纳税人如果适用增值税差额征税政策的，则以差额后的余额为销售额，确定其是否可享受小规模纳税人免税政策。

2. 一般纳税人

（1）标准。

一般纳税人是指年应税销售额超过五百万元的企业和企业性单位。小规模纳税人会计核算健全，能够提供准确税务资料的，可以向主管税务机关办理登记，按照增值税法规定的一般计税方法计算缴纳增值税。

（2）不需办理一般纳税人登记的纳税人。

① 按照政策规定，选择按照小规模纳税人纳税的。

② 年应税销售额超过规定标准的自然人。

（二）增值税计税方法

增值税的计税方法包括一般计税方法与简易计税方法。

1. 一般计税方法

除特殊情形，纳税人发生应税交易，应当按照一般计税方法，通过销项税额抵扣进项税额计算应纳税额的方式，计算缴纳增值税。一般计税方法的计算公式是：

当期应纳增值税税额 = 当期销项税额 - 当期进项税额

在增值税缴纳环节，一般纳税人可凭借其采购环节取得的增值税专用发票、海关进口增值税专用缴款书、机动车销售统一发票、通行费发票等合法扣税凭证进行增值税的进项税额抵扣。

2. 简易计税方法

小规模纳税人可以按照销售额和征收率计算应纳税额的简易计税方法，计算缴纳增值税。简易计税方法的公式是：

当期应纳增值税税额 = 当期销售额（不含增值税）× 征收率

① 该政策执行至2027年12月31日。

一般纳税人发生财政部和国家税务总局规定的特定应税销售行为，也可以适用简易计税方法计税，但是不得抵扣进项税额。

二、筹划关键点与案例解析

（一）纳税人身份的税收筹划

我国的增值税纳税人分为两类：一般纳税人和小规模纳税人。一般纳税人与小规模纳税人的区别如表 2–1 所示。

表 2–1 一般纳税人与小规模纳税人的区别

项目	一般纳税人	小规模纳税人
经营规模	年应征增值税销售额超过 500 万元	年应征增值税销售额 500 万元及以下
会计核算水平	会计核算健全	会计核算不健全，不能按规定报送有关税务资料
税率	0%、6%、9%、13%	征收率 3%①
进项税额	符合条件可以抵扣进项	不能抵扣进项
核算方法	购进扣税法： 应纳税额 = 销项税额 – 进项税额 （特殊情况下简易征收）	简易征收法： 应纳税额 = 销售额 × 征收率
发票使用	自行开具增值税专用发票	自 2020 年 2 月 1 日起，增值税小规模纳税人（其他个人除外）发生增值税应税行为，需要开具增值税专用发票的，可以自愿使用增值税发票管理系统自行开具；选择自行开具增值税专用发票的小规模纳税人，税务机关不再为其代开增值税专用发票

增值税纳税人类别的选择对企业有着重要的财务影响，可以通过分析无差别平衡点增值率来进行决策。目前，我国增值税一般纳税人适用的税率有 13%、9%、6%、0%；小规模纳税人征收率一般为 3%。对于一般纳税人而言，实际税收负担率取决于其具体的购销情况，即销项税额与进项税额之间的差额。在销售规模不变的情况下，企业的进项税额越多，增值率越低，应交的增值税就会越少；反之进项税额越少，增值率越高，企业的实际税收负担率就会越高。也就是说，一般纳税人企业应缴纳的增值税取决于其销售额的增值率，而小规模纳税人的税负水平只与征收率有关。

① 目前还有一档征收率 5%，但是增值税法中并未规定有 5% 征收率。

无差别平衡点增值率就是指当企业选择作为一般纳税人与选择作为小规模纳税人在应纳增值税税收规模上达到均衡状态时，所对应的企业增值率。在这个特定的增值率水平上，不论企业选择成为一般纳税人还是小规模纳税人，其实际承担的税负是相同的。这个平衡点增值率可以帮助企业判断，在给定的税率和征收率下，选择哪种纳税人身份会承担较低的税负。当企业的增值率低于这个平衡点时，选择成为一般纳税人可能更有利，因为可以享受进项税额的抵扣；当增值率高于平衡点时，成为小规模纳税人则可能因为较低的固定征收率而减轻税负。也应注意到，如果企业的增值率等于无差别平衡点的增值率，尽管两种身份税负无差别，但从实际情况看企业应选择一般纳税人身份，因为可以领购并使用增值税专用发票，同时有利于纳税人将来业务的开展。

1. 销售额（不含税）的无差别平衡点增值率计算

假定纳税人不含税销售额为 S，适用的增值税税率为 T_1，可抵扣的货物不含税购进额为 P，适用税率为 T_2。具体分析如下：

企业销售额（不含税）的增值率

$$V=\frac{\text{不含税销售额}-\text{不含税购进额}}{\text{不含税销售额}}=\frac{S-P}{S}$$

企业选择成为一般纳税人，则应纳税额 $=S\times T_1-P\times T_2$

企业选择成为小规模纳税人，则应纳税额 $=S\times 3\%$

当增值率处于平衡点时，有

$$S\times T_1-P\times T_2=S\times 3\%$$

即

$$V=\frac{S-P}{S}=1-\frac{T_1-3\%}{T_2}$$

令 $T_1=13\%$，$T_2=3\%$，得：

$$V=\frac{S-P}{S}=1-\frac{13\%-3\%}{13\%}=23.08\%$$

即 23.08% 为不含税销售额的平衡点增值率。通过对纳税人不含税销售额增值率的分析，就可以比较不同类别纳税人的税负：

当实际增值率等于平衡点增值率 23.08% 时，两类纳税人的税负相等；

当实际增值率大于平衡点增值率 23.08% 时，一般纳税人的税负重于小规模纳税人，即作为小规模纳税人可以节税；

当实际增值率小于平衡点增值率 23.08% 时，一般纳税人的税负轻于小规模纳税人，即作为一般纳税人可以节税。

将征收率 3%、增值税税率 13% 和 9% 分别代入上式，计算出多种情况下无差别平衡点增值率，如表 2-2 所示。

表 2-2 销售额（不含税）的无差别平衡点增值率

一般纳税人销项税额税率	一般纳税人进项税额税率	小规模纳税人征收率	无差别平衡点增值率
13%	13%	3%	23.08%
9%	9%	3%	33.33%
9%	13%	3%	53.85%

2. 销售额（含税）的无差别平衡点增值率

假定纳税人含税销售额为 S，适用的增值税税率为 T_1，可抵扣的货物含税购进额为 P，适用的税率为 T_2。具体分析如下：

企业销售额（含税）的增值率

$$V=\frac{含税销售额-含税购进额}{含税销售额}=\frac{S-P}{S}$$

企业选择成为一般纳税人，则应纳税额 $=\frac{S}{1+T_1}\times T_1-\frac{P}{1+T_2}\times T_2$

企业选择成为小规模纳税人，则应纳税额 $=\frac{S}{1+3\%}\times 3\%$

当增值率处于平衡点时，有

$$\frac{S}{1+T_1}\times T_1-\frac{P}{1+T_2}\times T_2=\frac{S}{1+3\%}\times 3\%$$

即

$$V=\frac{S-P}{S}=1-\frac{P}{S}=1-\left(\frac{T_1}{1+T_1}-\frac{3\%}{1+3\%}\right)\times\frac{1+T_2}{T_2}$$

令 T_1=13%，T_2=3%，得：

$$V=1-\left(\frac{13\%}{1+13\%}-\frac{3\%}{1+3\%}\right)\times\frac{1+13\%}{13\%}=25.32\%$$

即 25.32% 为含税销售额的平衡点增值率。通过对纳税人含税销售额增值率的分析，就可以比较不同类别纳税人的税负：

当实际增值率等于平衡点增值率 25.32% 时，两类纳税人的税负相等；

当实际增值率大于平衡点增值率 25.32% 时，一般纳税人的税负重于小规模纳税人，即作为小规模纳税人可以节税；

当实际增值率小于平衡点增值率 25.32% 时，一般纳税人的税负轻于小规模纳税人，即作为一般纳税人可以节税。

将征收率 3%，增值税税率 13% 和 9% 分别代入上式，计算出多种情况下无差别平衡点增值率，如表 2-3 所示。

表 2-3　无差别平衡点（含税增值率）

一般纳税人销项税额税率	一般纳税人进项税额税率	小规模纳税人征收率	无差别平衡点增值率
13%	13%	3%	25.32%
9%	9%	3%	35.28%
9%	13%	3%	53.55%

通过以上分析可以看出，企业在设立时，纳税人可以依据上述指标，选择有利于自己的纳税人身份。但是，纳税人要有长远的眼光，在身份确认前就要做好税收筹划，以便能够真正达到节税的目的，因为纳税人一经登记为一般纳税人，不得转为小规模纳税人（国家税务总局另有规定的除外）。

案例

某公司是一家商业企业，属于小规模纳税人，但公司会计核算健全，有条件登记成为一般纳税人。公司年应税销售额为 80 万元（含税），年进货金额为 50 万元（含税）。如果是一般纳税人，公司产品的适用税率是 13%；如果是小规模纳税人，征收率为 3%。请对该公司纳税人类别进行税收筹划。

【筹划思路】

根据增值税相关法规，小规模纳税人的标准是：年应征增值税销售额 500 万元及以下。小规模纳税人实行简易办法征收增值税，可自行使用增值税发票管理系统开具增值税专用发票。年应税销售额未超过规定标准的纳税人，会计核算健全，能够提供准确税务资料的，可以向主管税务机关申请一般纳税人资格登记，成为一般纳税人。

如果纳税人销售额的增值率低于无差别平衡点的增值率，作为一般纳税人税负较轻，则公司可登记成为一般纳税人；如果纳税人销售额的增值率高于无差别平衡点的增值率，作为小规模纳税人税负较轻，则公司维持小规模纳税人的身份更为有利。

【筹划方案】

该公司的销售额增值率 $=\dfrac{80-50}{80}=37.5\%$，大于无差别平衡点含税增值率 25.32%（见表 2-3）。因此，公司维持小规模纳税人的身份更为有利，成为一般纳税人后的增值税税负会重于小规模纳税人。

【结论分析】

一般纳税人应纳增值税额 $=\dfrac{80}{1+13\%}\times13\%-\dfrac{50}{1+13\%}\times13\%=3.45$（万元）

小规模纳税人应纳增值税额 $=\dfrac{80}{1+3\%}\times3\%=2.33$（万元）

维持小规模纳税人身份较登记成为一般纳税人节税 1.12（3.45–2.33）万元。

（二）分立企业的税收筹划

1. 考虑进项税额的抵扣

案例

某公司为一家餐饮连锁企业，下设 100 家分公司，各家分公司的年销售额约 500 万元。该公司属于一般纳税人，适用 6% 的税率。由于允许抵扣的进项税额比较少，增值税税收负担率（增值税应纳税额除以销售额）约为 5%。请提出税收筹划方案。

【筹划思路】

由于该公司的可抵扣进项税额较少，且年销售额在 500 万元左右，可以考虑变换增值税纳税人身份。

【筹划方案】

该公司将各家分公司改制为独立的子公司，同时确保各家子公司年销售额不超过 500 万元，这样，该公司的每一个子公司都可以保持小规模纳税人的身份，按照 3% 的征收率缴纳增值税，增值税税收负担率从 5% 降到 3%。

【筹划拓展】

在此案例中还需要考虑以下因素：各家分公司改制为独立的子公司对生产经营产生的影响；考虑顾客对企业从一般纳税人转变为小规模纳税人的敏感程度；测算改制需要的成本和改制之后的节税规模；企业发展之后进项税是否会增多。

2. 考虑税收优惠

根据增值税相关规定，农业生产者销售的自产农产品免征增值税。其中农产品特指初级农产品，具体范围由财政部、国家税务总局确定。因此，如果企业从事的业务为以自产初级农产品生产非初级农产品，可以考虑通过企业分立将初级农产品的生产和非初级农产品的生产与销售分离，从而享受相关税收待遇。

案例

某牛奶公司生产销售奶制品，其主要生产流程为：饲养奶牛生产牛奶，并利用生产的鲜牛奶加工成奶制品销售给各大商业公司。该企业的进项税额主要由两部分组成，分别为向农民个人收购草料获得的 100 万元增值税进项税额以及每年缴纳公司水电费获得的 8 万元增值税进项税额。全年奶制品销售的不含税销售额为 500 万元。由于这两部分增值税进项税额较少，导致企业过高的增值税税负，请你为企业提出减轻增值税税负的税收筹划方案（已知奶制品的增值税税率适用13%）。

【筹划思路】

企业的生产流程主要由饲养奶牛生产牛奶和利用生产的鲜牛奶加工成奶制品进行销售两部分构成。在第一个部分中，进项税额主要在草料的购进环节产生，适用9%的扣除率计算进项税额；在第二个部分中，如果将利用自产鲜奶加工转换为"外购"鲜奶进行加工，即将饲养奶牛和加工奶制品两个环节分立并分别设立公司，后者向前者购买鲜奶原料进行加工，这种情况下在购进鲜奶环节则可以以10%计算"外购"鲜奶的增值税进项税额进行抵扣。

【筹划方案】

将整个生产流程分成饲养和牛奶制品加工两个部分，通过成立子公司经营饲养场生产鲜奶，原公司只负责奶制品加工。税收筹划后，假定饲养场每月以市场价格300万元销售给奶制品加工厂鲜奶，其他条件不变。

【结论分析】

筹划前企业每年应交增值税为：

$500 \times 13\% - 100 \times 9\% - 8 = 48$（万元）

筹划后该公司每年应纳增值税为：

$500 \times 13\% - 300 \times 10\% - 8 = 27$（万元）

由于农业生产者销售的自产农产品免征增值税，饲养场销售鲜奶并不需要缴纳增值税。减轻增值税税收负担为：

$48 - 27 = 21$（万元）

三、税收筹划风险及防范

企业在设立阶段通过选择纳税人身份的方式进行增值税税收筹划时，需要特别注意税收筹划的实现一定要在企业决定设立之前完成方案设计。并且，由于企业选择采用一般纳税人身份后不得转为小规模纳税人，因此企业在设立阶段选择增值税纳税人身份时应更多地关注企业日后的发展状况。除此之外，对增值税纳税人身份进行选择时，企业要考虑如果选择成为小规模纳税人，企业将无法开具增值税专用发票，有可能与客户对增值税专用发票的需求相违背，从而对企业未来销量产生影响。

企业利用分立方式进行税收筹划时，需要关注进行分立改制的条件是否允许，除此之外，应具体测算分立企业后给企业带来的节税收益，并将获得的相关节税收益与分立企业付出的分立成本进行比较，综合判定不同分立方式的税收筹划效果，对相关筹划方案进行选择。

第二节 企业采购阶段的增值税筹划

一、相关税收政策

（一）准予从销项税额中抵扣的进项税额

进项税额，是指纳税人购进货物、服务、无形资产、不动产支付或者负担的增值税税额。根据税法规定，准予从销项税额中抵扣的进项税额，限于下列增值税扣税凭证上注明的增值税税额和按规定的扣除率计算的进项税额。

（1）从销售方或者提供方取得的增值税专用发票（含税控机动车销售统一发票）上注明的增值税税额。

（2）从海关取得的海关进口增值税专用缴款书上注明的增值税税额。

（3）购进农产品，除取得增值税专用发票或者海关进口增值税专用缴款书外，按照农产品收购发票或者销售发票上注明的农产品买价和扣除率计算的进项税额。进项税额的计算公式为：

$$进项税额 = 买价 \times 扣除率$$

（4）从境外单位或者个人购进服务、无形资产或者不动产，从税务机关取得的解缴税款的完税凭证上注明的增值税税额。

2019 年 4 月 1 日后，纳税人购进国内旅客运输服务，相关进项税额允许从销项税额中抵扣，取得增值税电子普通发票的，可予抵扣的增值税进项税额为发票上注明的税额；取得注明旅客身份信息的航空运输电子客票行程单的，进项税额计算公式为：航空旅客运输进项税额 =（票价 + 燃油附加费）÷（1+9%）×9%；取得注明旅客身份信息的铁路车票的，进项税额计算公式为：铁路旅客运输进项税额 = 票面金额 ÷（1+9%）×9%；取得注明旅客身份信息的公路、水路等其他客票的，进项税额计算公式为：公路、水路等其他旅客运输进项税额 = 票面金额 ÷（1+3%）×3%。兼营免税、减税项目的增值税一般纳税人应当分别核算免税、减税项目的销售额；未分别核算销售额的，不得免税、减税。

（二）不得从销项税额中抵扣的进项税额

纳税人的下列进项税额不得从其销项税额中抵扣：

（1）适用简易计税方法计税项目对应的进项税额。

（2）免征增值税项目对应的进项税额。

（3）非正常损失项目对应的进项税额。

（4）购进并用于集体福利或者个人消费的货物、服务、无形资产、不动产对应的进项税额。

（5）购进并直接用于消费的餐饮服务、居民日常服务和娱乐服务对应的进项税额。

（6）国务院规定的其他进项税额。

除此之外，纳税人购进货物、服务、无形资产、不动产，取得的增值税扣税凭证（增值税专用发票、税控机动车销售统一发票、海关进口增值税专用缴款书、农产品收购发票、农产品销售发票和税收完税凭证、解缴税款完税凭证）不符合法律、行政法规或者国务院税务主管部门有关规定的，其进项税额不得从销项税额中抵扣。

（三）农产品加计抵减政策

纳税人购进农产品，取得一般纳税人开具的增值税专用发票或海关进口增值税专用缴款书的，以增值税专用发票或海关进口增值税专用缴款书上注明的增值税税额为进项税额；从按照简易计税方法依照 3% 的征收率计算缴纳增值税的纳税人处取得增值税专用发票的，以增值税专用发票上注明的金额和 9% 的扣除率计算进项税额；取得（开具）农产品销售发票或收购发票的，以农产品销售发票或收购发票上注明的农产品买价和 9% 的扣除率计算进项税额。

纳税人购进用于生产销售或委托（受托）加工 13% 税率货物的农产品的扣除率为 10%，即在购进时依照 9% 的增值税税率计算抵扣进项税额，在领用时再加计 1% 的进项税额。

纳税人从批发、零售环节购进适用免征增值税政策的蔬菜、部分鲜活肉蛋而取得的普通发票，不得作为计算抵扣进项税额的凭证。

（四）增值税加计抵减政策

自 2023 年 1 月 1 日至 2027 年 12 月 31 日，允许先进制造业企业按照当期可抵扣进项税额加计 5% 抵减应纳增值税税额。

二、筹划关键点与案例解析

（一）供货商选择的税收筹划

当采购方为增值税一般纳税人时，供货商的纳税人身份会影响采购方的增值税税收负担。如果供货商是增值税一般纳税人，采购方向供货商购置货物或服务时可以依法获得增值税专用发票并按照规定用以抵扣当期销项税额；如果供货商为增值税小规模纳税人，采购方通常无法获得增值税专用发票，即便供货商通过税务局代开发票，采购方也只能按 3% 征收率抵扣进项税额，导致采购方无法抵扣或者抵扣较少的税额，从而增加采购的隐性成本，影响采购决策。因此，为吸引客户，作为小规模纳税人的供货商通常会制定比一般纳税人身份供货商更低的价格，以弥补税收方面的劣势。采购方在选择供货商时就要综合考虑增值税和价格两方面因素，进行测算和比较。

案例

甲企业为增值税一般纳税人，有两种供货渠道供其选择：第一种是从一般纳税人企业进货，含税价格为15元，并可以开具13%税率的增值税专用发票；第二种是从小规模纳税人企业进货，含税价格为10元，但不能开具增值税专用发票。如果企业对货物加工后的售价定为30元，适用13%税率，那么从净利润角度出发，企业应如何选择？

【筹划思路】

如果企业从一般纳税人企业购货，则可以得到增值税专用发票进行进项税额抵扣，但是购进货物的价格较高；如果选择从小规模纳税人企业购货，虽然购进货物的价格较低，但是进项税额只能按照征收率3%进行抵扣。因此需通过必要的测算进行决策。

【筹划方案】

（1）如果选择一般纳税人：

企业应纳增值税 $=30\times13\%-15\div(1+13\%)\times13\%=2.17$（元）

企业应纳城市维护建设税、教育费附加、地方教育附加 $=2.17\times(7\%+3\%+2\%)=0.26$（元）

企业的净利润 $=30-15\div(1+13\%)-2.17-0.26=14.3$（元）

（2）如果选择小规模纳税人：

企业应纳增值税 $=30\times13\%=3.9$（元）

企业应交城市维护建设税、教育费附加、地方教育附加 $=3.9\times(7\%+3\%+2\%)=0.468$（元）

企业的净利润 $=30-10-3.9-0.468=15.632$（元）

【结论分析】

企业应选择从小规模纳税人供货商处购货。

【筹划拓展】

情况一：假定企业取得税率为3%的增值税普通发票的购货价格为 X，取得税率为13%的增值税专用发票的货物价税合计金额为 Y，企业进行加工后不含税销货价格为 P。请思考企业应从小规模纳税人供货商处还是从一般纳税人供货商处购货。

（1）选择从小规模纳税人企业购货。

企业应交增值税 $=13\%P$

企业应交城市维护建设税、教育费附加、地方教育附加 $=13\%P\times(7\%+3\%+2\%)=1.56\%P$

企业净利润 $=P-13\%P-1.56\%P-X\div(1+3\%)=85.44\%P-97.09\%X$

（2）选择从一般纳税人企业购货。

企业应交增值税 $=13\%P-13\%Y\div(1+13\%)=13\%P-11.50\%Y$

企业应交城市维护建设税、教育费附加、地方教育附加

$=(13\%P-11.50\%Y)\times(7\%+3\%+2\%)=1.56\%P-1.38\%Y$

企业净利润 $=P-(13\%P-11.50\%Y)-(1.56\%P-1.38\%Y)-Y\div(1+13\%)=85.44\%P-75.62\%Y$

当 $85.44\%P-97.09\%X<85.44\%P-75.62\%Y$ 时，企业应选择从一般纳税人供货商处购货，此时 $X>0.778\,9Y$。

当 $85.44\%P-97.09\%X>85.44\%P-75.62\%Y$ 时，企业应选择从小规模纳税人供货商处购货，此时 $X<0.778\,9Y$。

情况二：假定企业取得税率为 3% 的增值税专用发票，购进货物的价税合计为 X，取得税率为 13% 的增值税专用发票的货物价税合计金额为 Y，企业进行加工后不含税销货价格为 P。请思考企业应从小规模纳税人供货商处还是从一般纳税人供货商处购货。

（1）选择从小规模纳税人企业购货。

企业应交增值税 $=13\%P-X\div(1+3\%)\times3\%=13\%P-2.91\%X$

企业应交城市维护建设税、教育费附加、地方教育附加 $=[13\%P-X\div(1+3\%)\times3\%]\times(7\%+3\%+2\%)=1.56\%P-0.35\%X$

企业净利润 $=P-(13\%P-2.91\%X)-(1.56\%P-0.35\%X)-X\div(1+3\%)=85.44\%P-93.83\%X$

（2）选择从一般纳税人企业购货。

企业应交增值税 $=13\%P-13\%Y\div(1+13\%)=13\%P-11.50\%Y$

企业应交城市维护建设税、教育费附加、地方教育附加

$=(13\%P-11.50\%Y)\times(7\%+3\%+2\%)=1.56\%P-1.38\%Y$

企业净利润 $=P-(13\%P-11.50\%Y)-(1.56\%P-1.38\%Y)-Y\div(1+13\%)=85.44\%P-75.62\%Y$

当 $85.44\%P-93.83\%X<85.44\%P-75.62\%Y$ 时，企业应选择从一般纳税人供应商处购货，此时 $X>0.805\,9Y$。

当 $85.44\%P-93.83\%X>85.44\%P-75.62\%Y$ 时，企业应选择从小规模纳税人供应商处购货，此时 $X<0.805\,9Y$。

（二）采购流程的税收筹划

1. 委托代购模式

从税收筹划的角度，在同等采购价格下，从小规模纳税人供货商处采购得到的可抵扣进项税额较少。但是在实践中，从小规模纳税人供应商处采购还可能存在其他一些优势因素。为此，可以优化采购流程，转为委托代购货物的模式。

案例

甲烟草站是一家专门从事批发、零售卷烟的小型商业企业，为小规模纳税人。甲烟草站附近的乙供销社为一般纳税人，乙供销社若从甲烟草站进货，则不能取得增值税专用发票，即使取得当地税务机关代开的专用发票，也只能是注明3%的进项税额。因此，乙供销社只能舍近求远，到丙烟草公司（一般纳税人）进货，采购运费较高。

请对甲烟草站和乙供销社的卷烟销售业务进行税收筹划。

【筹划思路】

可以将流程优化为委托代购，这样既可以避免较高的采购运费，又能保证乙供销社得到13%税率的进项税额。《财政部 国家税务总局关于增值税、营业税若干政策规定的通知》（财税字〔1994〕26号）第5条规定，代购货物行为，凡同时具备以下条件的，不征收增值税，不同时具备以下条件的，无论会计制度规定如何核算，均征收增值税：受托方不垫付资金；销货方将发票开具给委托方，并由受托方将该项发票转交给委托方；受托方按销售方实际收取的销售额和增值税额（如系代理进口货物则为海关代征的增值税额）与委托方结算货款，并另外收取手续费。

【筹划方案】

（1）乙供销社主动与甲烟草站进行友好沟通，签订烟草订购协议。协议上约定：乙供销社委托甲烟草站代购（供货来源也是丙烟草公司）某品牌的卷烟，并向甲烟草站支付代购业务手续费。

（2）乙供销社按丙烟草公司的含税供应价，将购货款预付给甲烟草站，确保甲烟草站不能垫付购货资金。

（3）丙烟草公司凭甲烟草站与乙供销社之间签订的代购协议，将增值税专用发票开具给乙供销社，并由甲烟草站将增值税专用发票原票转交给乙供销社。

（4）乙供销社另向甲烟草站支付约定的代购手续费，取得普通发票。

【结论分析】

该筹划方案对于乙供销社而言，获得增值税专用发票用以抵扣，同时减少了远距离的高额采购运费，降低了供销社的经营成本；对于甲烟草站而言，自己去烟草公司进货时可以顺便为乙供销社代购卷烟，赚取一笔可观的代购手续费。实现乙供销社与甲烟草站双方互赢。

【筹划拓展】

增值税一般纳税人通过委托小规模纳税人代购进行筹划时必须按照有关规定满足代购货物的条件，即：① 受托方不垫付资金。② 销货方将发票开具给委托方。③ 受托方按实际收取的销售额和增值税与委托方结算，再另收取手续费。签订代购合同后，要严格按照代购合同执行，绝不能先为购货方垫付资金再向购货方结算货款，否则就不会被认定为代购货物行为，需缴纳销售货物的增值税。且在筹划过程中，必须区分每一笔购销业务，分别进行操作，不能多笔代购业务及一个月、一个季度或一年的代购业务汇总操作。

2. 优化材料购入与领用

增值税一般纳税人购入材料主要用于增值税应税项目，但是也有一些部分用于集体福利或个人消费。增值税法规定，用于简易计税方法计税项目、免征增值税项目、集体福利或者个人消费的，进项税额不得从销项税额中抵扣。也就是说，材料在领用的时候要转出进项税额，不“用于”时就无须转出。

一般情况下，材料在购入和领用之间都存在一个时间差，企业最容易忽视这个时间差的重要性。如果能充分利用材料购入和领用的时间差，也可以减轻企业税收负担，获得颇为可观的经济效益。

（三）采购对象的税收筹划

企业采购的货物与服务适用不同的税率。从税负角度出发，在同等采购价格下，企业采购的税率越高，可以得到抵扣的进项税额越多，增值税税负越低，缴纳的城市维护建设税和教育费附加也越少，净利润越多。因此，企业可以适当转变采购对象的性质，使其适用更高的税率。这一筹划方案主要运用在采购服务领域。

案例

某公司为推广新产品拟订了宣传计划，计划投入广告费300万元进行大面积的广告投放，其中电视广告150万元、户外墙面广告50万元、公交车车身流动广告60万元、电梯广告40万元。企业可以选择直接委托广告公司进行策划并投放广告，或者部分委托广告公司投放、部分由公司宣传策划部自行投放。请选出税负较轻的广告方案为管理层决策提供参考。

【筹划思路】

全部由广告公司投放，则全部适用6%税率，可抵扣的进项税额较少。税法规定，将建筑物、构筑物等不动产或者飞机、车辆等有形动产的广告位出租给其他单位或者个人用于发布广告，按照经营租赁服务缴纳增值税。所以对于将建筑物、构筑物等不动产的广告位出租给单位或个人用于发布广告，按不动产经营租赁服务，适用一般计税方法计税，按9%缴纳增值税；对于飞机、车辆等有形动产的广告位出租给单位或个人用于发布广告，是按有形动产经营租赁服务，适用一般计税方法计税，按 13% 缴纳增值税。这就为企业提供了税务筹划空间。

【筹划方案】

只将电视广告业务委托给广告公司，其他广告由公司宣传策划部自行投放。

（1）将电视广告投放业务委托给广告公司，可取得 6% 的广告服务增值税发票。

可抵扣进项税额 =150 ÷（1+6%）× 6%=8.49（万元）

（2）户外墙面广告属于不动产租赁服务，可取得 9% 的增值税发票。

可抵扣进项税额 =50 ÷（1+9%）× 9%=4.13（万元）

（3）公交车车身流动广告属于动产租赁服务，可取得 13% 的增值税发票。

可抵扣进项税额 =60 ÷（1+13%）× 13%=6.90（万元）

（4）电梯广告属于不动产租赁服务，可取得 9% 的增值税发票。

可抵扣进项税额 =40 ÷（1+9%）× 9%=3.30（万元）

【结论分析】

筹划之前，将全部广告都直接委托广告公司。

可抵扣进项税额 =300 ÷（1+6%）× 6%=16.98（万元）

现金流出 =300−16.98=283.02（万元）

筹划之后，总进项税额 =8.49+4.13+6.90+3.30=22.82（万元），进项税额多抵扣 5.84 万元。

总的现金流出 =300−22.82=277.18（万元）

因此在不影响广告效果的前提下，企业可以通过合理安排广告投放的方式达到节税的目的。

（四）兼营业务的税收筹划

适用一般计税方法的纳税人兼营简易计税方法计税项目、免征增值税项目而无法划分不得抵扣的进项税额，应按照下列公式计算不得抵扣的进项税额：

不得抵扣的进项税额 = 当期无法划分的全部进项税额 × 当期简易计税方法计税项目销售额免征增值税项目销售额 ÷ 当期全部销售额

纳税人可以按照上述公式计算出不得抵扣的进项税额与实行简易计税方法计税项目、免征增值税项目不得抵扣的进项税额，进行对比。如果前者大于后者，则应准确划分两类不同的进项税额，并按规定转出进项税额；如果前者小于后者，则无须准确划分，而是按照公式计算结果确定不得抵扣的进项税额。

如果单独设立相关科目直接计算该类进项税额，直接计入材料成本，则在原材料购进时未做进项税抵扣，该期缴纳增值税；相反，如果在材料购进时不区分，与当期应税项目的进项税额一并扣除，直到领用原材料用于简易计税方法计税项目、免征增值税项目时再做进项税转出，这样会产生递延纳税的效果，获得资金的时间价值。

案例

某企业为一般纳税人，提供货物运输服务和装卸搬运服务，其中货物运输服务适用一般计税方法，装卸搬运服务选择适用简易计税方法。该纳税人某月缴纳电费 11.3 万元，取得增值税专用发票并于当月抵扣，且该进项税额无法在货物运输服务和装卸搬运服务间划分。该纳税人当月取得货物运输服务收入 6 万元、装卸搬运服务收入 4 万元。

请对企业兼营简易计税方法项目时的增值税进项税额进行税收筹划。

【筹划思路与方案】

纳税人按照兼营简易计税项目无法划分所取得进项税额的有关规定，计算应转出的进项税额。

应转出的进项税额 $=113\,000 \div (1+13\%) \times 13\% \times 40\,000 \div (40\,000+60\,000)=5\,200$（元）

企业若划分兼营简易计税项目的进项税额小于 5 200 元，则应准确划分两类不同的进项税额进行抵扣；若划分兼营简易计税项目的进项税额大于 5 200 元，无须准确划分，而是按照公式计算结果确定不得抵扣的进项税额；若划分兼营简易计税项目的进项税额等于 5 200 元，企业会选择不进行划分，这样不仅可以减少企业的经营成本，也可以获得递延纳税的资金时间价值。

三、税收筹划风险及防范

在采购商品或者接受劳务、服务时，采购方必须向供货商索取合规发票，不符合规定的发票坚决不得入账。同时，采购方在风险可控的情况下应该及时取得发票以做进项税额的抵扣，获取抵扣款的货币时间价值。

根据《国家税务总局关于〈国家税务总局关于纳税人取得虚开的增值税专用发票处理问题的通知〉的补充通知》（国税发〔2000〕182 号）的规定，有下列情形之一的，无论购货方（受票方）与销售方是否进行了实际的交易，增值税专用发票所注明的数量、金额与实际交易是否相符，购货方向税务机关申请抵扣进项税款或者出口退税的，对其均应按偷税或者骗取出口退税处理。

（1）购货方取得的增值税专用发票所注明的销售方名称、印章和与其进行交易的销售方不符。

（2）购货方取得的增值税专用发票为销售方所在省（自治区、直辖市和计划单列市）以外地区的。

（3）其他有证据表明购货方明知取得的增值税专用发票系销售方以非法手段获得的。

纳税人在选择供货商身份进行筹划时，要认真核对取得的增值税专用发票，避免被认定为构成虚开发票的行为。《国家税务总局关于增值税发票综合服务平台等事项的公告》（国家税务总局公告2020年第1号）中提出，税务总局将增值税发票选择确认平台升级为增值税发票综合服务平台，为纳税人提供发票用途确认、风险提示、信息下载等服务。这一改革有利于降低虚开增值税专用发票风险。

第三节 企业销售阶段的增值税筹划

一、相关税收政策

（一）增值税征税范围

增值税征税范围包括在我国境内销售货物、服务、无形资产、不动产，以及进口货物。

1. 销售货物

销售货物是指有偿转让货物的所有权。其中，货物是指有形动产，包括电力、热力、气体。

2. 销售服务

销售服务是指提供加工及修理修配服务、交通运输服务、邮政服务、电信服务、建筑服务、金融服务、现代服务、生活服务。

3. 销售无形资产

销售无形资产是指转让无形资产所有权或者使用权的业务活动。无形资产是指不具有实物形态，但能带来经济利益的资产，包括技术、商标、著作权、商誉、自然资源使用权和其他权益性无形资产。

技术包括专利技术和非专利技术。

自然资源使用权包括土地使用权、海域使用权、探矿权、采矿权、取水权和其他自然资源使用权。

其他权益性无形资产包括基础设施资产经营权、公共事业特许权、配额、经营权（包括特许经营权、连锁经营权、其他经营权）、经销权、分销权、代理权、会员权、席位权、网络游戏虚拟道具、域名、名称权、肖像权、冠名权、转会费等。

4. 销售不动产

销售不动产是指转让不动产所有权的业务活动。不动产是指不能移动或者移动后会引起性质、形状改变的财产，包括建筑物、构筑物等。

建筑物包括住宅、商业营业用房、办公楼等可供居住、工作或者进行其他活动的建造物。

构筑物包括道路、桥梁、隧道、水坝等建造物。

转让建筑物有限产权或者永久使用权的，转让在建的建筑物或者构筑物所有权的，以及在转让建筑物或者构筑物时一并转让其所占土地的使用权的，按照销售不动产缴纳增值税。

5. 销售进口货物

进口货物，是指申报进入中国关境内的货物。

6. 应税范围的其他规定

（1）非应税交易。下列项目视为非应税交易，不征收增值税：

① 员工为受雇单位或者雇主提供取得工资、薪金的服务；

② 收取行政事业性收费、政府性基金；

③ 依照法律规定被征收、征用而取得补偿；

④ 取得存款利息收入。

（2）我国境内的规定。

① 销售货物的，货物的起运地或者所在地在境内；

② 销售或者租赁不动产、转让自然资源使用权的，不动产、自然资源所在地在境内；

③ 销售金融商品的，金融商品在境内发行，或者销售方为境内单位和个人；

④ 除②③外，销售服务、无形资产的，服务、无形资产在境内消费，或者销售方为境内单位和个人。

（二）特殊销售方式

1. 混合应税交易

企业在进行应税交易时，如果一项交易行为既涉及服务又涉及货物，为混合销售。增值税法规定，纳税人发生一项应税交易涉及两个以上税率、征收率的，按照应税交易的主要业务适用税率、征收率。

此外，纳税人销售活动板房、机器设备、钢结构件等自产货物的同时提供建筑、安装服务，应分别核算货物和建筑服务的销售额，适用不同的税率或者征收率。一般纳税人销售自产机器设备的同时提供安装服务，应分别核算机器设备和安装服务的销售额，安装服务可以按照甲供工程选择适用简易计税方法计税。一般纳税人销售外购机器设备的同时提供安装服务，如果已经按照兼营的有关规定，分别核算机器设备和安装服务的销售额，安装服务可以按照甲供工程选择适用简易计税方法计税。

2. 兼营应税交易

纳税人发生两项以上应税交易涉及不同税率、征收率的，应当分别核算适用不同税率、征收率的销售额；未分别核算的，从高适用税率。

3. 视同应税交易

有下列情形之一的，视同应税交易，应当依照规定缴纳增值税：

（1）单位和个体工商户将自产或者委托加工的货物用于集体福利或者个人消费。

（2）单位和个体工商户无偿转让货物。

（3）单位和个人无偿转让无形资产、不动产或者金融商品。

（三）纳税义务发生时间

把握增值税纳税义务发生时间可以实现递延纳税，有利于企业资金运转。税法规定，增值税纳税义务发生时间如下：

（1）发生应税交易，为收讫销售款项或者取得索取销售款项凭据的当天；先开具发票的，为开具发票的当日。按销售结算方式的不同，具体为：

① 采取直接收款方式销售货物，不论货物是否发出，均为收到销售款或者取得索取销售款凭据的当天。

② 采取托收承付和委托银行收款方式销售货物，为发出货物并办妥托收手续的当天。

③ 采取赊销和分期收款方式销售货物，为书面合同约定的收款日期的当天，无书面合同的或者书面合同没有约定收款日期的，为货物发出的当天。

④ 采取预收货款方式销售货物，为货物发出的当天，但生产销售生产工期超过 12 个月的大型机械设备、船舶、飞机等货物，为收到预收款或者书面合同约定的收款日期的当天。

⑤ 委托其他纳税人代销货物，为收到代销单位的代销清单或者收到全部或者部分货款的当天。未收到代销清单及货款的，为发出代销货物满 180 天的当天。

（2）发生视同应税交易，纳税义务发生时间为完成视同应税交易的当日。

（3）进口货物，纳税义务发生时间为货物报关进口的当日。

增值税扣缴义务发生时间为纳税人增值税纳税义务发生的当日。

（四）增值税税率与征收率

1. 税率

（1）13% 税率。纳税人销售货物、加工修理修配、有形动产租赁服务，进口货物，税率为 13%。

（2）9% 税率。纳税人销售交通运输、邮政、基础电信、建筑、不动产租赁服务，销售不动产，转让土地使用权，销售或者进口下列货物，税率为 9%：

① 农产品、食用植物油、食用盐；

② 自来水、暖气、冷气、热水、煤气、石油液化气、天然气、二甲醚、沼气、居

民用煤炭制品；

③ 图书、报纸、杂志、音像制品、电子出版物；

④ 饲料、化肥、农药、农机、农膜。

（3）6% 税率。纳税人销售服务、无形资产，税率为 6%。

（4）零税率。

① 纳税人出口货物，税率为零；国务院另有规定的除外。

② 境内单位和个人跨境销售国务院规定范围内的服务、无形资产，税率为零。

2. 征收率

适用简易计税方法计算缴纳增值税的征收率为 3%。

（五）增值税计税方法

一般纳税人发生应税行为适用一般计税方法计税，发生下列应税行为可以选择适用简易计税方法计税：

（1）公共交通运输服务。

（2）经认定的动漫企业为开发动漫产品提供的动漫脚本编撰、形象设计、背景设计、动画设计、分镜、动画制作、摄制、描线、上色、画面合成、配音、配乐、音效合成、剪辑、字幕制作、压缩转码（面向网络动漫、手机动漫格式适配）服务，以及在境内转让动漫版权（包括动漫品牌、形象或者内容的授权及再授权）。

（3）电影放映服务、仓储服务、装卸搬运服务、收派服务和文化体育服务。

（4）以纳入"营改增"试点之日前取得的有形动产为标的物提供的经营租赁服务。

（5）在纳入"营改增"试点之日前签订的尚未执行完毕的有形动产租赁合同。

一般纳税人如果选择适用简易计税方法计税，36 个月内不得变更计税方式。

二、筹划关键点与案例解析

（一）销售方式的税收筹划

1. 兼营应税交易的税收筹划

纳税人发生两项以上应税交易涉及不同税率、征收率的，应当分别核算适用不同税率、征收率的销售额；否则根据税法规定，纳税人在计算销项税额时会从高适用税率，增加纳税人的税收负担。

案例

某生产农机企业属于一般纳税人。某月该企业销售农机，取得不含税销售额 1 800 万元，与此同时该企业销售农机零部件取得不含税销售额 200 万元。该厂对两种经营业务统一进行核算。请提出税收筹划方案。

【筹划思路与方案】

由于销售农机整机可以享受税收优惠，企业应分别核算销售农机和农机零部件的销售额，来减轻增值税税收负担。

【结论分析】

如果企业不进行分别核算处理，该企业应纳税额 =(1 800+200)×13%=260(万元)。

在分别核算的情况下，该企业应纳税额 =1 800×9%+200×13%=188(万元)。

通过税收筹划，可为企业节省 72 万元的增值税。

2. 混合应税交易的税收筹划

纳税人发生一项应税交易涉及两个以上税率、征收率的，按照应税交易的主要业务适用税率、征收率。差异化税率，就提供了税收筹划的空间。一般而言，如果一项应税交易既涉及货物又涉及服务，而货物的税率往往会高于服务，因此如果交易的主业是销售货物，可以考虑进行业务分拆，进行业务模式优化，或者直接将服务销售部分独立出去，成立分公司或者子公司。独立的部门还可能享受小规模纳税人的税收优惠。需要注意的是，并不是所有的“货物 + 服务”业务都要按照混合应税交易计税。如果涉及的是建筑与安装服务，则企业可以直接分别适用税率。

案例

某有限责任公司为一般纳税人，主营业务为电气设备生产与销售。为更好地拓展业务资源，该公司还负责向客户运送设备。某月该公司的销售额为 1 500 万元，其中收取的运费为 100 万元。请设计企业的税收筹划方案。

【筹划思路】

该公司销售设备并负责运输，属于混合应税交易业务，应按总体销售额根据销售货物的 13% 税率计算增值税，这就使得运费收入也要按照较高的税率计算。因此筹划的重点应在于将业务拆分，使其不再满足混合应税交易的条件。

【筹划方案】

由于生产企业业务量较大，可以考虑将自有车辆整合，设立独立核算的运输公司，负责产品运输。

【结论分析】

筹划之前，应纳增值税 =1 500×13%=195(万元)。

筹划之后，运费收入按照“交通运输服务”9% 的税率缴纳增值税。

应纳增值税 =1 400×13%+100×9%=191(万元)，节省 4 万元。

3. 促销的税收筹划

典型的促销方式包括折扣销售、销售折扣、买赠销售等。折扣销售又称商业折扣，是指销售方在销售货物或提供应税劳务时，因购货方购货数量较大等原因，为促进销售而给予购货方的价格优惠。如购买 10 件，可按销售价格折扣 10%；购买 20 件，价格折扣 20% 等。常见的折扣销售方式还有买就送、满就送等隐性折扣。

销售折扣又称现金折扣，是指销货方在销售货物或应税劳务后，为了鼓励购货方及早偿还货款而协议许诺给予购货方的一种折扣优待。通常采用 3/10，1/20，N/30 等形式表示。其中 3/10 表示的含义是，如果债务方在 10 天内付款，可以享受应收账款 3% 的现金折扣；如果在 20 天内付清货款，可以享受应收账款 1% 的现金折扣；如果在 30 天内付清货款，则应全额支付。

买赠销售是另外一种常见的促销方式，通常是指当顾客购买某种商品或达到一定金额后，商家会免费赠送一些商品给顾客。

（1）折扣销售。

折扣销售在经济生活中很普遍，是企业经常选取的销售策略之一。税法对于企业折扣销售开具发票的不同情形进行了规定：销售额和折扣额在同一张发票的“金额”栏上分别注明的，可按折扣后的销售额征收增值税。销售额和折扣额没有列在同一张发票上，或者列在同一张发票上，但是仅在发票的“备注”栏注明折扣额的，折扣额不得从销售额中减除。这就对企业在进行折扣销售时的发票开具提出了要求。

债权人为鼓励债务人在规定的期限内付款而向债务人提供的债务扣除属于现金折扣，销售商品涉及现金折扣的，应当按扣除现金折扣前的金额确定销售商品收入金额，现金折扣在实际发生时作为财务费用扣除。

案例

某企业开展年末大促销活动，规定凡购买 A 产品 100 件以上的，给予 10% 的折扣；购买 200 件以上的，给予 20% 折扣。已知 A 产品单价为 500 元，某客户一次性购买了 150 件。请问该企业应该如何开具发票?

【筹划思路】

如果该企业选择将销售额和折扣额分别注明，则应该就折扣前的销售额计算增值税。如果选择将销售额和折扣额在同一张发票上分别注明，那么企业的折扣额就可以在计算销售额时得到抵扣。

【结论分析】

筹划前应交增值税 =500 × 150 × 13%=9 750（元）

筹划后应交增值税 =500×150×90%×13%=8 775（元）

节税 =9 750–8 775=975（元）

企业在运用以上方式进行税收筹划时，需要注意折扣销售仅限于对货物价格的折扣。如果企业采用了实物折扣，即选择了商品赠送方式，有可能产生视同销售的税收风险，下文将予以讨论。

（2）销售折扣。

销售折扣发生在销货之后，是一种融资性质的理财行为。按照税法规定，销售商品涉及销售折扣的，应当按扣除销售折扣前的金额确定销售商品收入金额，销售折扣在实际发生时作为财务费用扣除。从企业税负角度考虑，折扣销售优于销售折扣方式，企业可以考虑通过修改合同，将销售折扣方式改为折扣销售方式。

案例

某鞋厂向某商场销售运动鞋，合同约定不含税销售额为 200 000 元，付款条件为“5/10，4/20，N/30”。商场计划 15 天之内付款。请提出该鞋厂的税务筹划方案。

【筹划思路】

由于鞋厂采取的是销售折扣方式，需按照扣除折扣前的金额计算增值税销项税额，增值税销项税额 =200 000×13%=26 000（元）。筹划的重点就在于如何转变销售方式，使得折扣的部分可以在税前得到扣除。同时，如果商场没有按时付款，如何保障自身的收入不受影响。

【筹划方案】

鞋厂承诺给予商场 4% 的折扣，同时将合同中约定的付款时间定为 20 天，如果商场超过 20 天付款则加收 9 040 元［即 200 000×4%×（1+13%）］罚金，这样企业的收入没有实质影响。按照税法规定，在合同约定收款日期时缴纳增值税。

【结论分析】

将销售折扣转换为折扣销售，同时在合同中添加超期付款罚金的约定，控制鞋厂收回货款的风险，节税金额 =200 000×4%×13%=1 040（元）。

（3）买赠销售。

税法规定，单位和个体工商户无偿转让货物应视同应税交易。企业在采取类似“买一赠一”的实物折扣销售手段时，赠送行为会产生被当作视同应税交易的风险。目前在增值税的实务操作中，对买一赠一是否属于无偿捐赠，尚未有明确的政策规定。因此，企业在做账务处理与开具发票的时候，应掌握一定的技巧，尽量避开视同应税交易的涉税风险点。会计处理上，如果将赠品视同应税交易，则企业需要对赠品与主商品两个商品同时缴纳增值税。如果将赠品作为主商品的折扣反映在发票上，或是直接将销售收入在两种商品之间按照公允价值进行分摊，都不存在视同应税交易的风险。

案例

为迎接新学期开学，某商场特地开展买一赠一的活动，活动内容为买一个书包（零售价 226 元，成本 100 元）赠一个水杯（零售价 60 元，成本 30 元）。该商场应如何进行账务处理，避免视同应税交易的风险?

【筹划思路】

在进行账务处理时，可以综合考虑税法对于折扣销售的规定，尽可能使得赠送的水杯价格反映在折扣中。

【筹划方案与分析】

在实践中可能采取三种账务处理方式，下面进行对比分析。

第一种方式，企业开具的发票只反映了书包的价格，对于赠送的水杯则没有反映，或者仅仅在“备注”栏填写赠送水杯一个。这是目前大多数企业的操作方式。此时的会计科目为：

借：应收账款　　226

　贷：主营业务收入——书包　　200

　　　应交税费——应交增值税（销项税额）　　26

然而，这种处理方式会带来很严重的税收风险。由于发票上并未标明折扣额度，只是标明水杯是赠送的，税务机关会认为水杯属于无偿赠送。这样企业还需要就水杯的视同销售补缴一道 6.90 元（即 $60 \div 1.13 \times 0.13$）的增值税，并相应调增所得税。

第二种方式，企业开具的发票同时反映了书包与水杯的价格，并将水杯的价格 60 元作为书包的折扣体现在发票上。此时，得到折扣后的书包的含税价为 $226-60=166$（元）。书包的主营业务收入 $=200-60 \div 1.13=146.90$（元）。此时的会计科目为：

借：应收账款　　226

　贷：主营业务收入——书包　　146.90

　　　主营业务收入——水杯　　53.1

　　　应交税费——应交增值税（销项税额）　　26

这种处理方式税收风险较低，税务机关一般不会认定为视同应税交易。

第三种方式，在发票上同时反映书包与水杯按照公允价值分摊后的金额。即书包的不含税金额为 200 元，折扣为 46.15 元；水杯的不含税金额为 60 元，折扣为 13.85 元。

此时的会计科目为：

借：应收账款 226

贷：主营业务收入——书包 153.85

主营业务收入——水杯 46.15

应交税费——应交增值税（销项税额） 26

这种处理方式符合企业所得税中的规定，将总的销售金额按各项商品的公允价值的比例来分摊，确认各项的销售收入，不具有税收风险。

【筹划拓展1】

相比于增值税政策而言，企业所得税对买一赠一行为的规定则非常明确。2008年10月30日下发的《国家税务总局关于确认企业所得税收入若干问题的通知》（国税函〔2008〕875号）规定，企业以买一赠一等方式组合销售本企业商品的，不属于捐赠，应将总的销售金额按各项商品的公允价值的比例来分摊确认各项的销售收入。由此可见，企业所得税认定了买一赠一并不属于捐赠行为。

根据《财政部 国家税务总局关于企业促销展业赠送礼品有关个人所得税问题的通知》（财税〔2011〕50号）第1条的规定，企业在销售商品（产品）和提供服务过程中向个人赠送礼品，属于下列情形之一的，不征收个人所得税：企业通过价格折扣、折让方式向个人销售商品（产品）和提供服务；企业在向个人销售商品（产品）和提供服务的同时给予赠品，如通信企业对个人购买手机赠话费、入网费，或者购话费赠手机等；企业对累积消费达到一定额度的个人按消费积分反馈礼品。由此可见，企业向个人赠送礼品，如果是销售商品（产品）和提供服务过程中发生的，不征收个人所得税。

【筹划拓展2】

从业务的原理看，企业的买赠促销行为并不是无偿的，而是出自扩大利润的动机，在一定程度上与增值税视同应税交易中所述的"无偿转让"存在区别。但是，如果企业采取的是向消费者免费随机派发礼品，则属于视同应税交易，购进的礼品进项税额可以抵扣。如果赠送的对象是本单位的员工，是否属于视同应税交易需要区分礼品的来源。如果礼品属于自产、委托加工，可以按视同应税交易处理。如果礼品属于外购，赠送给企业内部的员工，则属于用于集体福利或者个人消费，不能被视同应税交易，不需缴纳销项税额，相应的进项税额也就不能抵扣，已经抵扣的，需做进项税额转出。

（二）销售对象的税收筹划

1. 经营性质的税收筹划

增值税存在多档税率，不同性质的货物或服务适用不同的税率，从而产生了税收筹划的空间。对于性质接近或者类似但适用税率不同的服务，可以通过转化服务性质来适用较低税率，从而减轻增值税负担。

案例

某培训学校拟将礼堂租给其他公司用于办会与培训，租金为 1 万元，计划签订教室租赁合同，按照不动产租赁服务开具增值税普通发票，请为该培训学校提出税收筹划方案。

【筹划思路】

不动产租赁服务适用的税率为 9%，按照原计划，培训学校增值税销项税额 =10 000 ÷（1+9%）× 9%=825.69（元）。不动产租赁服务的税率较高，筹划的重点就在于如何转变服务性质，适用较低的增值税税率。

【筹划方案与分析】

如果双方签订培训合同或者会议服务合同，为了规避税务风险，培训学校增加打扫卫生等服务，收费不变，则培训学校增值税销项税额为 10 000 ÷（1+6%）× 6%=566.04（元）。

节税金额 =825.69−566.04=259.65（元）

案例

某运输公司为一般纳税人，同时经营车辆租赁服务。运输公司拟与客户签订一项短期车辆租赁协议，目前有两种方案可以选择：

方案 1：租赁费用为 1 万元。

方案 2：向客户配备司机，收取 1.2 万元，其中 2 000 元为司机的劳务费。

从税收筹划角度出发，该运输公司应选择哪种方案（暂不考虑城市维护建设税与教育费附加）？

【筹划思路】

如果只签订租赁协议，收取租赁费用，则应按照有形动产租赁服务计算缴纳增值税，增值税销项税额 =10 000 × 13%=1 300（元）。

如果向客户配备司机，则应按照运输服务计算缴纳增值税，增值税销项税额 =12 000 × 9%=1 080（元）。

【结论分析】

两个方案中，运输公司的实际收入水平未变，但是方案 2 比方案 1 少缴增值税 220 元。因此，应选择方案 2。

【筹划拓展】

除了本案例所示的陆路运输，税收筹划的方案同样可以拓展到水路运输与航空运输中。税法规定，水路运输的程租业务和期租业务属于水路运输服务。程租业务是指运输企业为租船人完成某一特定航次的运输任务并收取租赁费的业务。期租业务是指运输企业将配备有操作人员的船舶租赁给他人使用一定期限，租赁期内听候承租方调遣，不论是否经营，均按天向承租方收取租赁费，发生的固定费用均由船东负担的业务。

航空运输的湿租业务属于航空运输服务。湿租业务是指航空运输企业将配备有机组人员的飞机租赁给他人使用一定期限，租赁期内听候承租方调遣，不论是否经营，均按一定标准向承租方收取租赁费，发生的固定费用均由承租方承担的业务。

水路运输的光租业务、航空运输的干租业务属于经营租赁。光租业务是指运输企业将船舶在约定的时间内出租给他人使用，不配备操作人员，不承担运输过程中发生的各项费用，只收取固定租赁费的业务活动。干租业务是指航空运输企业将飞机在约定的时间内出租给他人使用，不配备机组人员，不承担运输过程中发生的各项费用，只收取固定租赁费的业务活动。

2. 不动产转让的税收筹划

在商业社会中，不动产转让大多涉及的销售规模较大，而且涉及多个税种。根据我国现行税收法律法规的有关规定，企业不动产销售业务涉及的税费有增值税、城市维护建设税、教育费附加、印花税、土地增值税、所得税、契税。在实际操作中，企业转让不动产通常分为直接转让和间接转让两种方式。其中，直接转让是指资产转让，即不动产销售。间接转让是指股权转让，即企业采用投资入股、企业合并等方式通过转移交易标的所对应的股权来间接转让不动产。根据国家相关规定，对于非上市企业股权转让，不征收增值税。同时，对于合并等企业重组行为，财税部门也从企业所得税、土地增值税、契税等税种入手，颁布了一系列优惠政策。因此，企业可以考虑将不动产销售的转让形式转变为股权转让形式，从而达到减轻税收负担的目的。

案例

甲有限责任公司拟向乙公司转让一栋商业楼，转让价格为20 000万元。不考虑生产经营产生的未分配利润、盈余公积等因素。请问应如何设计税收筹划方案？

【筹划思路】

不动产转让往往会涉及增值税、土地增值税、企业所得税、契税等多个税种，如果是直接转让，转让方需要缴纳增值税、土地增值税、企业所得税等，税负水平较高。

【筹划方案】

方案1：整体产权转让。

将不动产以及与不动产相关联的债权、负债和劳动力（如看护厂房的门卫）一并转让给乙公司。

增值税法规定，在资产重组过程中，通过合并、分立、出售、置换等方式，将全部或者部分实物资产以及与其相关联的债权、负债和劳动力一并转让给其他单位和个人，其中涉及的不动产、土地使用权转让行为，属于不征收增值税项目。因此，该方案可以避免缴纳增值税。

但是也应注意到，企业的债权债务一并转让，随即会产生新的问题，包括该企业是否有良好的信用，是否有诚实合规的经营体系、真实的往来账务，以及后续人员如何安置等诸多问题。实际中，双方预期的心理落差，助长了隐瞒转让真实价格和真实交易情况。

方案2：先分立再转让股权。

第一步，甲公司以资产重组的方式将不动产及与之相关的债权、负债派生分立，新设丙公司。

第二步，转让丙公司股权给乙公司。

在分立环节，由于甲公司同时转让了债权、负债，不用缴纳增值税。在股权转让环节，非上市企业的股权转让也不用缴纳增值税。

【筹划拓展】

方案1操作较为简单，但是该税收筹划方案引起的争议较大，各地税务机关的执行口径尚未统一。有的税务机关认为企业是“利用股权转让方式让渡土地使用权，实质是房地产交易行为”，企业可能面临着被征收土地增值税的风险。

方案2耗时较长，也有被征收土地增值税的风险。

（三）销售价格的税收筹划

1. 转让定价的税收筹划

目前，增值税还未对纳税人市场定价的幅度做出具体的限制，关联企业之间能够通过转让定价进行税收筹划，从而达到延期纳税的目的。虽然整体而言，关联企业之间调整转让定价大概率并不能减少集团的税负总和，但是可以达到延期纳税的目的，获得资金的时间价值。

案例

甲、乙、丙为集团公司内部三个独立核算的企业，彼此存在购销关系。甲公司生产的产品可以作为乙公司的原材料；乙公司制造的产品的80%提供给丙公司，剩余20%提供给其他公司。三个公司的信息如表2–4所示。

表2–4 甲、乙、丙三个公司的生产经营情况

公司名称	增值税率/%	生产数量/件	正常价格/元	转让价格/元
甲公司	13	1 000	565	452
乙公司	13	1 000	678	565
丙公司	13	800	791	678

注：表中价格均为含税价格。

假设当年甲公司进项税额为40 000元，市场利率为2%。三个公司均按照正常价格结算货款，请为该集团公司业务进行税收筹划。

【筹划思路和方案】

三家公司按照正常价格进行交易，应纳增值税额如下：

甲公司应纳增值税额=1 000×565÷（1+13%）×13%–40 000=25 000（元）

乙公司应纳增值税额=1 000×678÷（1+13%）×13%–1 000×565÷（1+13%）×13%=13 000（元）

丙公司应纳增值税额=800×791÷（1+13%）×13%–1 000×678÷（1+13%）×13%×80%= 10 400（元）

集团合计应纳增值税额=25 000+13 000+10 400=48 400（元）

三家公司采用转让定价进行交易，应纳增值税额如下：

甲公司应纳增值税额=1 000×452÷（1+13%）×13%–40 000=12 000（元）

乙公司应纳增值税额=（800×565+200×678）÷（1+13%）×13%–1 000×452÷（1+13%）×13%=15 600（元）

丙公司应纳增值税额=800 ×791÷（1+13%）×13%–800 ×565÷（1+13%）×13%=20 800（元）

集团合计应纳增值税额=12 000+15 600+20 800=48 400（元）

【结论分析】

由于三个公司在生产上具有连续性，这就使得甲公司当期应纳的税款相对减少13 000元（25 000–12 000=13 000），这笔税款通过乙公司延至第二期缴纳。这就使得乙公司第二期和丙公司第三期纳税额分别增加了2 600元（15 600–13 000 = 2 600）和10 400元（20 800–10 400=10 400）。如果生产周期为3年，各期相对增减金额折合为现值，则税收负担相对减轻了1 315.6元[13 000– 2 600÷（1+2%）^{3}–10 400÷（1+2%）^{6}]。

【筹划拓展】

需要注意的是，增值税法规定，销售额明显偏低或者偏高且无正当理由的，税务机关可以依照《中华人民共和国税收征收管理法》和有关行政法规的规定核定销售额。在采用转让定价进行交易时，也应注意定价的合规性，可以进行市场价格调研，了解类似交易的市场价格水平，并根据调研结果确定合理的价格水平。

2. 包装物的税收筹划

企业在一般产品销售活动中，对于包装物的处理方式主要有三种：一是作价随同产品一起销售；二是出租给购买方使用并收取租金；三是出借给购买方使用并收取押金。这三种处理方式对企业来说其税收负担是不同的。随同产品销售的包装物收入与包装物租金收入，属于价外费用，应按包装的货物的税率征收增值税。纳税人为销售货物而出租出借包装物收取的押金，单独记账核算的，时间在 1 年以内又未过期的，不并入销售额征税，但对因逾期未收回包装物不再退还的押金，应按所包装货物的适用税率计算销项税额。其中，“逾期”是指按合同约定实际逾期或以 1 年为期限，对收取 1 年以上的押金，无论是否退还均并入销售额征税。当然，在将包装物押金并入销售额征税时，需要先将该押金换算为不含税价格，再并入销售额征税。对销售除啤酒、黄酒外的其他酒类产品而收取的包装物押金，无论是否返还以及会计上如何核算，均应并入当期销售额征税。因此，企业在销售产品之前，应当选择恰当的包装物处理方式，不将包装物作价随同产品出售，而是采取收取包装物押金的方式以降低税收成本。

案例

某焰火厂为增值税一般纳税人，销售焰火 100 000 箱，每箱售价 226 元，另外包装物的价值为 22.6 元 / 箱，以上价格均为含税价格。假设企业包装物自身的成本为 14 元 / 件。焰火的增值税税率和消费税税率分别为 13%、15%，不考虑企业所得税的影响。该企业对此销售行为应当如何进行税收筹划？

【筹划思路和方案】

方案 1：采取包装物作价随同产品一起销售的方式。

包装物作价随同产品销售的，应并入应税消费品的销售额中征收增值税和消费税。此时，企业与包装物有关的核算如下：

销售收入 =100 000 × 22.6 ÷（1+13%）=2 000 000（元）

销售成本 =100 000 × 14=1 400 000（元）

增值税销项税额 =100 000 × 22.6 ÷（1+13%）× 13%=260 000（元）

消费税 =100 000 × 22.6 ÷（1+13%）× 15%=300 000（元）

利润 =2 000 000−1 400 000−300 000=300 000（元）

方案 2：采取收取包装物押金的方式。

在这种方式下，企业对每件包装物单独收取押金 22.6 元，则此项押金不并入应税消费品的销售额中征税。押金后续核算又分为两种情况：

（1）包装物押金 1 年内收回。这里需要考虑包装物自身的成本问题。包装物可以循环使用，但最终是要报废的，自身的成本损耗也就不可避免。

（2）包装物押金 1 年内未收回。在这种情况下，1 年后企业与包装物有关的核算如下：

销售收入 =100 000 × 22.6 ÷（1+13%）=2 000 000（元）

销售成本 =100 000 × 14=1 400 000（元）

增值税销项税额 =100 000 × 22.6 ÷（1+13%）× 13%=260 000（元）

消费税 =100 000 × 22.6 ÷（1+13%）× 15%=300 000（元）

利润 =2 000 000−1 400 000−300 000=300 000（元）

【结论分析】

如果包装物一年内收回，与方案 1 相比，企业减少了销售包装物 30 万元的利润，此外还有包装物的摊销金额。

如果包装物一年内未收回，与一般处理相比，企业利润都是 30 万元，但是与包装物有关的增值税和消费税（合计 56 万元）是在 1 年以后补缴的，延缓了企业的纳税时间，获取了资金的时间价值，为企业的生产经营提供了便利。可见，企业可以考虑在情况允许时，不将包装物作价随同产品出售，而是采用收取包装物押金的方式，并对包装物的退回设置一些条款（如包装物如有损坏则没收全部押金），以保证包装物押金不被退回，这样就可以缓缴税金。

案例

某公司为一家啤酒生产企业，每年向其代理商销售啤酒 1 000 万元（不含税），并收取啤酒瓶的押金 11.3 万元。财务人员为了节约核算成本，遂将上一轮应退的押金直接用来抵减本轮进货的押金。押金 11.3 万元始终不用退还，循环使用。这种做法是否合适？该公司应如何做？

【筹划思路与方案】

这种做法会给企业带来较大的税收风险。押金如果不用退还，该公司需要将这笔押金作为价外费用，每年交增值税 =11.3 ÷（1+13%）× 13%=1.3（万元）。

该公司应与代理商签订合同，合同要素包括以下几点：

（1）与代理商签订押金合同，合同期限小于 1 年。

（2）要求代理商在规定期限内退回啤酒瓶，并按时结算退回的押金。

（3）财务人员需要对每笔押金都及时结算，每销售一批啤酒，就收取对应的押金；对于退回的啤酒瓶，及时退还押金。

这种操作下，企业既可以避免税收风险，又能节省剩下押金的税负。

（四）计税方法的税收筹划

增值税的计税方法，包括一般计税方法和简易计税方法。一般计税方法按照销项税额抵扣进项税额后的余额计算应纳税额，计算公式为：应纳税额 = 当期销项税额 − 当期进项税额。简易计税方法的应纳税额是指按照销售额和增值税征收率计算的增值税额，不得抵扣进项税额，计算公式为：应纳税额 = 销售额 × 征收率。一些情况下，纳税人可以自主选择两种方式中的一种计算缴纳增值税。如何选择计税方法，主要考虑两个因素：

（1）税收负担状况。如果按销项税额减进项税额计算的税收负担率大于征收率，则宜选择简易计税方法；反之，则宜选择一般计税方法。

（2）对下游企业的影响。纳税人如果采用简易计税方法，只能按征收率开具增值税专用发票，这就会带来下游企业进项税额抵扣数额较小的情况，可能影响下游企业的交易意愿。如果销售对象主要是个人消费者或非增值税纳税单位，计税方法的选择就不会受此影响；如果销售对象主要是增值税纳税企业，则要慎重选择计税方法。

案例

某自来水有限公司生产的自来水主要是供应居民饮用。年销售额 2 000 万元，适用增值税税率为 9%，可取得的电费等增值税专用发票注明进项税额为 80 万元。该自来水有限公司采用哪种计税方法合适？

【筹划思路】

由于自来水有限公司的可抵扣进项税额较少，且购买者大多为居民，公司可以考虑在两种计税方法中进行选择。

【筹划方案】

按一般计税方法计算的应纳税额为：

2 000 × 9% −80=1 00（万元）

按简易计税方法计算的应纳税额为：

2 000 × 3% =60（万元）

【结论分析】

该自来水有限公司采用简易计税方法合适，节税金额 =100−60=40（万元）。

案例

河北省某企业为一般纳税人，2024 年 6 月 30 日转让其 2013 年购买的写字楼一层，取得转让收入 1 000 万元（含税，下同）。写字楼位于北京市西城区。纳税人 2013 年购买时的价格为 700 万元，取得了合法有效的营业税发票《销售不动产统一发票》。假设纳税人其他业务 6 月份的应纳增值税额为 70 万元。该企业应该选择哪种计税方法？

【筹划思路】

一般纳税人转让其 2016 年 4 月 30 日前取得（不含自建）的不动产，可以选择适用简易计税方法计税，按照 5% 的征收率计算应纳税额。销售额为取得的全部价款和价外费用扣除不动产购置原价或者取得不动产时的作价。选择适用一般计税方法计税的，销售额为取得的全部价款和价外费用。

【筹划方案】

1. 简易计税方法

纳税人在北京市西城区税务机关应预缴税款 =(1 000−700）÷（1+5%）× 5%=14.29(万元）。

纳税人向河北省主管税务机关申报纳税时，应纳税款 =(1 000−700）÷（1+5%）× 5%(转让不动产）+70（其他业务）=84.29（万元）。

纳税人在 7 月申报期内，对转让不动产及其他业务应共同申报纳税，应纳税额合计为 84.29 万元。纳税人可凭在北京市西城区税务机关缴纳税款的完税凭证，抵减纳税人应纳税额的 14.29 万元，纳税人仍需缴纳增值税 70 万元。

2. 一般计税方法

纳税人在北京市西城区税务机关预缴税款时，预缴税款 =（1 000−700）÷（1+5%）× 5%=14.29（万元）。

纳税人向北京市西城区国税局申报纳税时，应纳税额 =1 000 ÷（1+9%）× 9%（转让不动产）+70（其他业务）=152.57（万元）。

抵减纳税人应纳税额的 14.29 万元，纳税人仍需缴纳 138.28 万元。

【结论分析】

企业选择简易计税方法，应缴纳的增值税可以减少 68.28 万元（即 152.57−84.29）。

综上所述，纳税人应选择简易计税方法，但是也应注意到，纳税人应缴纳的增值税税额较低，下游环节可以抵扣的进项税额也会较低，可能对纳税人将来的再销售产生影响。

（五）优惠政策的税收筹划

根据增值税相关规定，纳税人销售自产初级农产品及农业服务免征增值税。如果农业生产者对其自产的农产品深加工后再销售，便无法享受免税待遇。深加工农产品的农业生产者通过转化其生产安排，使得自己既能享受免税待遇又可以获得对自产农产品进行加工增值的机会。

案例

某乡村农户在田头种植大量林木，目前已进入砍伐期。农户与工厂合作，计划有两种方案：

方案 1，农户直接向工厂销售其砍伐的原木，每立方米的价格为 90 元，工厂后续再进行深加工。

方案 2，农户将自产的原木深加工为木制薄板、木制包装箱进行销售，工厂的收购价格为每立方米 96 元。假设进行深加工时，农户与工厂的成本相等，均为每立方米耗用电力 6 元、人工费 4 元。但由于农业生产者销售其深加工的木制薄板、木制包装箱时无法开具增值税专用发票，下游工厂无法获得法定扣税凭证进行抵扣，因此下游企业只愿意以 96 元的价格对深加工产品进行收购。

请问农户与工厂应选择哪种经营方案？还有没有更好的税收筹划方案？

【筹划思路】

方案 1 中，农户的收入为 90 元。

工厂的采购成本 $=90\times(1-10\%)+6\div(1+13\%)+4=90.31$（元）。

方案 2 中，农户的收入 $=96-6=90$（元）。

工厂的采购成本 $=96-6\div(1+13\%)\times13\%=95.31$（元）。

从农户角度看，农户两个方案收入相等；从工厂角度看，工厂会选择采购成本较低的方案 1。

该案例中，农户销售木制薄板和木制包装箱的业务不属于“农业生产者销售自产农产品”，故而无法享受免税优惠。同时，农户无法就其销售的木制薄板和木制包装箱开具增值税专用发票，因此只能降低销售价格。需要充分利用税收优惠政策，改变相关业务流程。

【筹划方案】

农户可以将原木先以 90 元的价格销售给下游工厂，由下游工厂通过雇用农户进行深加工，并支付给农户加工费 4 元，将原木加工为木制包装箱和木制薄板。

【结论分析】

农户出售原木获得 90 元的销售收入，工厂雇用农户加工，6 元的电费由工厂支付，工厂可以抵扣进项税额，工厂另外向农户支付人工费 4 元。

农户的收入增加至 94 元。

工厂的采购成本 =90×（1-10%）+6÷（1＋13%）=86.31（元）。

该方案可以充分利用农产品优惠的方案，使得农户与工厂实现双方共赢。

（六）发票开具的税收筹划

企业应避免在不该开发票的时候开具发票。比如分期收款结算方式应该在书面合同约定的收款日期的当天开具发票，如果企业在货物发出的当天就开具发票，则要按照开具发票金额缴纳增值税款，这样就享受不到递延税款的好处。同时，没有按照税法规定及时开具增值税发票不仅会造成金额上的损失，还会给企业带来税收风险。仍以分期收款结算方式为例，企业应当在合同约定的收款时间开具发票。在一些实际情况中，购货方不需要发票，于是销售方并未开具，等到购货方需要的时候再开具。这种情况下，即使销货方未开具发票，也应承担增值税的纳税义务，及时申报缴纳增值税。如果未开具发票，或者没有及时开具发票，企业还会承担罚款和滞纳金的损失。

案例

甲公司为增值税一般纳税人，用公允价值 100 万元的原材料换取乙公司同价值的库存商品。甲、乙公司并未开具发票，请问这种方式是否合适？

【筹划思路】

该案例属于典型的以物易物的情形。税法规定，以物易物双方都应做购销处理，以各自发出的货物核算销售额并计算销项税额，以各自收到的货物核算购货款及进项税额。

【筹划方案】

（1）如果双方互相不开具发票。

甲公司的账务处理为：

借：库存商品	1 130 000
贷：其他业务收入	1 000 000
应交税费——应交增值税（销项税额）	130 000

乙公司的账务处理为：

借：原材料	1 130 000
贷：主营业务收入	1 000 000
应交税费——应交增值税（销项税额）	130 000

甲、乙都需要缴纳增值税 13 万元。

（2）如果双方均及时开具了发票。

甲公司的账务处理为：

借：库存商品	1 000 000	
应交税费——应交增值税（进项税额）	130 000	
贷：其他业务收入		1 000 000
应交税费——应交增值税（销项税额）		130 000

乙公司的账务处理为：

借：原材料	1 000 000	
应交税费——应交增值税（进项税额）	130 000	
贷：主营业务收入		1 000 000
应交税费——应交增值税（销项税额）		130 000

甲、乙公司均不需要缴纳增值税。

【结论分析】

甲、乙公司在不开具发票的情况下，由于不能得到及时的进项税额抵扣，都需要比开具发票时多缴纳 13 万元的增值税。

（七）结算方式的税收筹划

纳税人可以充分利用增值税纳税义务发生时间的规定，通过适当调整结算方式进行税收筹划。例如，采取赊销和分期收款方式销售货物时，如果购买方在合同约定时间无法支付货款，则应当及时修改合同，以确保销售方在收到货款后再缴纳增值税；否则，销售方需要在合同约定的付款日期（在该日期实际上并未收到货款）产生增值税的纳税义务并在随后的纳税期限到来后缴纳增值税。对于委托销售的，如果发出代销货物即将满 180 天仍然未收到代销清单及货款，则应当及时办理退货手续，否则就产生了增值税纳税义务。

案例

甲公司委托乙公司代销一批货物。甲公司于 5 月 1 日发出货物，12 月 1 日收到乙公司的代销清单和全部货款 113 万元。甲公司是按月缴纳增值税的企业。分析甲公司应当在何时缴纳增值税，并提出税收筹划方案。

【筹划思路与方案】

甲公司应当在发出代销货物满 180 天的当天计算增值税的纳税义务，即 10 月 29 日计算增值税，应纳增值税 =113 ÷（1+13%）× 13%=13（万元）。甲公司应当在 11 月 15 日之前缴纳 13 万元的增值税（如有进项税额，可以抵扣进项税额后再缴纳）。

甲公司为了避免在发出货物满 180 天时产生增值税纳税义务，可以在发出货物 179 天之时，即 10 月 28 日要求乙公司退还代销的货物，然后在 10 月 29 日与乙公司重新办理代销货物手续。

【结论分析】

甲公司可以延长交税时间，在实际收到代销清单及 113 万元的货款时计算 13 万元的增值税销项税额，并于次年 1 月 15 日之前缴纳 13 万元的增值税。

除此之外，企业还可以在适当条件下通过改变结算方式调整销售额，以满足税收优惠的要求。最常用的方法就是通过签订赊销合同，推迟实现销售收入的时间以及开具发票的时间。

案例

甲餐馆为个体工商户，每月含税销售额为 15 万元左右，其中有不少大客户的月结订单，每月需要缴纳增值税。假设增值税起征点为 10 万元，请提出税收筹划方案。

【筹划思路】

每月需缴纳增值税 =15 ÷（1+3%）× 3%=0.47（万元）

全年需要缴纳增值税 =0.47 × 12=5.64（万元）

由于甲餐馆的销售额与起征点的要求差距不大，且甲餐馆的大客户订单比较多，这就为其税收筹划提供了空间。

【筹划方案】

将某些订单改为赊销方式，即 1 月份的餐费放在 2 月份结算，这样可以实现在一个纳税年度中，有若干个月的含税销售额达不到 10.3 万元（即不含税销售额达不到 10 万元），这样该月就可以免纳增值税。

【结论分析】

假设有 6 个月的含税销售额控制为 10.3 万元，则年度节税金额为 10.3 ÷（1+3%）3% × 6=1.8（万元）。

三、税收筹划风险及防范

在不动产转让的税收筹划中，企业应遵从“经济实质”原则。“以股权形式转让不动产”的税收筹划，企业可能面临较大的税收风险。因此，企业在进行税收筹划安排时，还需要以“合理的商业目的”为前提。

企业在销售阶段的税收筹划中，主旨在于降低自身的销项税额。但是，这同样也意味着下游企业取得的进项税额会较少，从而会影响其交易意愿。企业在进行税收筹划时，应综合考虑这些因素。

第四节　企业投资阶段的增值税筹划

一、相关税收政策

增值税法规定，销售额是指纳税人发生应税交易取得的与之相关的价款，包括货币和非货币形式的经济利益对应的全部价款，不包括按照一般计税方法计算的销项税额和按照简易计税方法计算的应纳税额。销售货物、服务、无形资产、不动产，是指有偿转让货物、不动产的所有权，有偿提供服务，有偿转让无形资产的所有权或者使用权。在投资阶段，企业不论是以货物、无形资产还是不动产进行投资，都是以其为对价，换取了被投资企业的股权，取得了相应的经济利益，属于有偿转让了所有权或使用权，因此应当缴纳增值税。

纳税人进行不同的投资业务，适用增值税的具体规定也有所不同。纳税人以货币资金投资收取的固定利润或者保底利润，应按照贷款服务缴纳增值税；纳税人投资于证券进行风险投资获得非保本的投资收益，则不属于增值税的征税范围，纳税人无须针对该投资收益履行增值税纳税义务。除此之外，增值税纳税人投资于国债、地方政府债获得利息收入则免征增值税。

二、筹划关键点与案例解析

（一）投资方式的税收筹划

企业将货物、无形资产、不动产等非货币资产进行投资，属于应税交易，应当缴纳增值税。相比之下，非上市企业的股权转让并不在增值税的征收范围内。也就是说，出于减轻企业增值税税收负担的考虑，非上市企业利用自身持有的资产进行投资时，可以在投资环节将资产的转让转化为企业股权的转让，减轻企业增值税的税收负担。也需要注意交易模式的改变不仅要考虑增值税政策变化，还要考虑土地增值税、所得税等因素。

案例

某非上市企业准备将一些货物、无形资产、不动产转让给另一公司，假设该行为不符合资产重组的定义。经初步核算，上述资产转让的应税销售额约为 3 000 万元，其中无形资产的不含税销售额为800万元，不动产的不含税销售额为1 500万元，货物的不含税销售额为700万元。假设企业当期没有可抵扣进项税额。请从减轻增值税税收负担的角度，提出该业务的税收筹划方案。

【筹划思路】

由于转让无形资产、不动产、货物均属于增值税的征税范围，按照销售无形资产、销售不动产、销售货物缴纳增值税，但企业的股权转让不属于增值税征税范围。因此，该业务的税收筹划目标为将相关资产的转让转换为股权转让，避免增值税纳税义务。纳税人在转让无形资产、不动产和货物之前，可以将这些准备转让的无形资产、不动产和货物出资设立公司，在转让资产时，通过转让设立公司股权的方式间接转让标的资产，减轻增值税的税收负担。

【筹划方案】

该企业可以将相关的无形资产、不动产和货物出资设立A公司，然后将A公司的股权转让给其他公司。

【结论分析】

原方案下：

转让三项资产的增值税销项税额=800×6%+1 500×9%+700×13%=274（万元）

当期进项税额=0（万元）

当期应纳税额=274（万元）

应交的城市维护建设税和教育费附加=274×（7%+3%+2%）=32.88（万元）

税收筹划后：

转让股权不属于增值税征税范围，因此销项税额=0（万元）

当期进项税额=0（万元）

应交的城市维护建设税和教育费附加=0（万元）

综上，税收筹划后，企业节省了306.88万元（即274+32.88）的税收。

【筹划拓展】

应用股权转让进行税收筹划时应当提前规划，且在筹划方案的设计上，应使相关税收安排具有合理商业目的，不能单纯地为了少纳税或者不纳税而设立公司并转让公司股权，否则，税务机关有可能对其股权转让行为进行反避税调查，增加企业的税收风险。

（二）投资支付方式的税收筹划

企业以非货币资产进行投资，应缴纳增值税，因此企业在现金流充足时，应尽量避免使用非货币资产支付对价进行投资。

案例

坐落于A市区的甲企业为一生产发动机的增值税一般纳税人，该企业拟投资收益良好的项目，共需支付对价1 000万元。企业目前银行存款余额10 000万元，库存商品（发动机）账面余额为2 000万元，未计提任何存货跌价准备，除一项100万元的银行长期借款，无其他负债。企业暂无扩大生产规模的规划。企业当月采购生产发动机的零件共支出580万元，获得增值税专用发票。若从减轻企业的增值税税负角度考虑，企业应用哪种资产支付对价？

【筹划思路】

首先，分析甲企业当前的资产负债结构。企业目前的银行存款余额为10 000万元，远大于企业的长期负债100万元。其次，从企业的战略规划出发，甲企业并无扩大生产规模等大量资金支出的计划，因此企业目前的流动性充足。

若甲企业利用自产的发动机支付投资金额对价，该项业务属于应税交易，应缴纳增值税；若甲企业利用自有资金进行投资，则在支付环节不产生增值税纳税义务。

【筹划方案】

甲企业应选择以自有资金进行投资。

若选择以自产发动机进行投资：

甲企业当期增值税销项税额 $=1\,000\times13\%=130$（万元）

甲企业当期增值税进项税额 $=580\div(1+13\%)\times13\%=66.73$（万元）

甲企业当期应交增值税 $=130-66.73=63.27$（万元）

甲企业当期应交城市维护建设税和教育费附加 $=63.27\times(7\%+3\%+2\%)=7.59$（万元）

若选择以货币资金进行投资：

甲企业当期增值税销项税额 $=0$（万元）

甲企业当期增值税进项税额 $=580\div(1+13\%)\times13\%=66.73$（万元）

甲企业当期应交增值税 $=0$（万元）

甲企业当期应交城市维护建设税和教育费附加 $=0$（万元）

【结论分析】

以自有资金投资相对于以自产发动机投资，共减轻企业税收负担 $=63.27+7.59=70.86$（万元）。

【筹划拓展】

企业以货币资金对外投资，如果约定取得的是固定利润，或有保底利润，则应按照贷款服务缴纳增值税。

（三）投资标的的税收筹划

根据《财政部　国家税务总局关于全面推开营业税改征增值税试点的通知》（财税〔2016〕36号）附件1《营业税改征增值税试点实施办法》后《销售服务、无形资产、不动产注释》的规定，以货币资金投资收取的固定利润或者保底利润，按照贷款服务缴纳增值税。投资者利用货币资金进行一些需要投资者自行承担风险的、收益不确定的投资，则不属于增值税的纳税范围，无须缴纳增值税。另外，根据《财政部 国家税务总局关于全面推开营业税改征增值税试点的通知》（财税〔2016〕36号）附件3《营业税改征增值税试点过渡政策的规定》第1条第19款第3项的规定，国债、地方政府债利息收入免征增值税。因此在投资类型的选择上，存在一定的增值税筹划空间。纳税人在选择投资类型时，需权衡投资资产本身的收益率和相关收益产生的增值税纳税义务，对投资类型进行选择。

假设某市区的甲企业为增值税一般纳税人，目前共有 a 万元资金用于投资，目前有三种投资类型可供选择：

投资类型1：年收益率为 r_1（不含税）的保本固定收益产品。

投资类型2：票面年利率为 r_2 的国债。

投资类型3：预期收益率为 r_3 的风险类投资。

企业当期与投资相关的增值税进项税额共 b 万元，企业当期除该笔投资业务没有其他销项税额，从减轻增值税税收负担的角度，讨论纳税人对投资类型的选择。

平衡点测算：

若选择投资类型1：

$$\text{增值税后收益}=a\times r_1-(a\times r_1\times 6\%-b)=0.94ar_1+b$$

$$\text{城市维护建设费及教育费附加}=(7\%+3\%+2\%)\times(a\times r_1\times 6\%-b)=0.007\,2ar_1-0.12b$$

$$\text{净收益}=0.932\,8ar_1+1.12b$$

若选择投资类型2：

$$\text{增值税后收益}=a\times r_2$$

$$\text{城市维护建设费及教育费附加}=(7\%+3\%+2\%)\times 0=0$$

$$\text{净收益}=a\times r_2$$

若选择投资类型3：

$$\text{增值税后收益}=a\times r_3-(0-b)=a\times r_3+b$$

$$\text{城市维护建设费及教育费附加}=(7\%+3\%+2\%)\times 0=0$$

$$\text{净收益}=a\times r_3+b$$

因此，投资保本固定收益产品和投资国债的净收益无差别平衡点为：

$$0.932\,8ar_1+1.12b=a\times r_2$$

$r_2=0.932\ 8r_1+1.12b \div a$，因此当 $r_2>0.932\ 8r_1+1.12b \div a$ 时，选择投资国债。

投资保本固定收益产品和投资风险类产品净收益无差别平衡点为：

$$0.932\ 8ar_1+1.12b=a \times r_3+b$$

$r_3=0.932\ 8r_1+0.12b \div a$，因此当 $r_3>0.932\ 8r_1+0.12b \div a$ 时，选择投资风险类产品。

投资国债和投资风险类产品净收益无差别平衡点为：

$$a \times r_2=a \times r_3+b$$

$r_3=r_2-b \div a$，因此，当 $r_3>r_2-b \div a$ 时，选择投资风险类产品。

案例

某市区甲企业为增值税一般纳税人，目前共有 1 000 万元资金用于投资，目前有三种投资类型可供选择：第一种投资为年不含税收益率为 4% 的保本固定收益产品；第二种投资为票面年利率为 4.27% 的国债；第三种投资为预期收益率为 5% 的风险类投资。企业当期与投资相关的增值税进项税额共 200 万元，企业当期除该笔投资业务没有其他销项税额。请对甲企业的投资决策给出建议。

【筹划思路】

若甲企业选择保本固定收益产品进行投资，产生的固定收益需要按照贷款服务计算增值税销项税额，扣除当期进项税额后计算缴纳当期的应交增值税，并同时计算缴纳城市维护建设税和教育费附加；若甲企业选择国债进行投资，产生的国债利息免税，但投资产生的增值税进项税额无法抵扣；若甲企业选择风险投资，产生的风险收益不属于增值税的征税范围，与投资相关的增值税进项税额同样可以抵扣。

【筹划方案】

可根据计算上述投资方案的净收益平衡点进行投资方案选择的决策。

此案例中保本固定收益产品年收益率（r_1）=4%，国债的年票面利率（r_2）=4.27%，风险类投资的预期收益率（r_3）=5%。可知：

$0.932\ 8 \times 0.04+1.12 \times 200 \div 1\ 000=0.261\ 312=26.131\ 2\%$

$0.932\ 8 \times 0.04+0.12 \times 200 \div 1\ 000=0.061\ 312=6.131\ 2\%$

由于 4.27%<26.131 2%，且 5%<6.131 2%，因此，应选择投资保本固定收益产品。

三、税收筹划风险及防范

（一）投资方式的税收筹划风险

虽然用股权转让的方式转让房地产可以给企业带来较为可观的节税效益，但是这种操作方式容易稀释企业原股东的股权集中度，影响公司股权结构。因此，企业在选择投资的税收筹划方法时还应注意保证股权结构的健康。

（二）投资支付方式的税收筹划风险

企业在用自己生产或外购的一些产品作为投资的支付对价时，容易产生增值税的纳税义务。但若为了规避这部分纳税义务强行使用货币资金进行支付，则容易造成企业资金流动性的缺失，降低企业偿债能力，还容易使一部分货物积压，降低货物的周转率，影响企业生产经营。

（三）投资标的的税收筹划

企业在选择投资标的时不仅要关注投资标的的税收成本，还应当合理安排投资组合，避免过高的投资风险。因此，企业除了考虑税收因素，还应当对各类投资项目的投资报酬率和风险指数做出合理评估，科学选择投资标的。

第五节 企业融资阶段的增值税筹划

一、相关税收政策

（一）融资阶段的进项税额抵扣政策

企业进行融资时，购进贷款服务的增值税进项税额不得在销项税额中抵扣。[①] 其中的贷款服务，是指将资金贷与他人使用而取得利息收入的业务活动。各种占用、拆借资金取得的收入，包括金融商品持有期间（含到期）利息（保本收益、报酬、资金占用费、补偿金等）收入、信用卡透支利息收入、买入返售金融商品利息收入、融资融券收取的利息收入，以及融资性售后回租、押汇、罚息、票据贴现、转贷等业务取得的利息及手续费等利息性质的收入。

（二）特殊融资方式的增值税政策

根据《财政部 国家税务总局关于全面推开营业税改征增值税试点的通知》的相关规定，企业经营融资性售后回租应按照“贷款服务”税目征税，企业购进融资性售后回租服务产生的增值税进项税额同样不得在销项税额中抵扣；企业经营融资租赁服务不属于贷款业务，应按照经营租赁服务税率进行征税，企业购进融资租赁服务时，可凭借其获得的增值税专用发票，在当期销项税额中抵扣。

---

① 《增值税法》中并未将贷款服务纳入不得抵扣进项税额的范围。因此，可能自 2026 年 1 月 1 日起，企业可以开始抵扣贷款服务的进项税额。

二、筹划关键点与案例解析

（一）融资方式的税收筹划

对于生产制造型企业，扩大生产阶段通常需要新购一些大型机器设备。在现金流短缺的情况下，企业可以选择向银行贷款购进生产设备的方式或者采用融资租赁的形式新增生产设备扩大生产。若企业采取向银行贷款购进生产设备的方式，则无法对借款利息产生的增值税税额进行进项税额抵扣；若企业采用融资租赁的形式新增生产设备扩大生产，企业接受相关融资租赁服务支付价款的过程中可依法获得增值税专用发票并进一步抵扣当期销项税额。

综上所述，在筹集购置设备资金方法的选择上，企业存在一定的税收筹划空间。

案例

某公司为一家服装加工企业，决定购进五台生产设备扩大其生产规模。但基于现金流量短缺的现状，该公司决定通过融资的方式购进五台生产设备。请你为企业购入五台生产设备的业务设计筹划方案。

【筹划思路与方案】

根据相关税收政策，企业购进贷款服务的增值税进项税额不得在销项税额中抵扣；融资租赁服务在增值税范畴内按照“经营租赁服务”税目缴纳增值税，承租方在融资租赁过程中，可以向出租方索要增值税专用发票并在其销项税额中进行抵扣处理。因此在该公司融资购置生产设备方案设计上，应该选择适用融资租赁的方式。

（二）融资标的的税收筹划

统借统还业务中，企业集团或企业集团中的核心企业以及集团所属财务公司按不高于支付给金融机构的借款利率水平或者支付的债券票面利率水平，向企业集团或者集团内下属单位收取的利息，免征增值税。统借方向资金使用单位收取的利息，高于支付给金融机构借款利率水平或者支付的债券票面利率水平的，应全额缴纳增值税。因此，企业在选择融资标的时，出于降低税负水平的考虑，可以选择集团内部公司作为融资对象，从而减轻企业整体的税收负担。

统借统还有两种模式。模式一：企业集团或者企业集团中的核心企业向金融机构借款或对外发行债券取得资金后，将所借资金分拨给下属单位（包括独立核算单位和非独立核算单位），并向下属单位收取用于归还金融机构或债券购买方本息的业务。模式二：企业集团向金融机构借款或对外发行债券取得资金后，由集团所属财务公司与企业集团或者集团内下属单位签订统借统还贷款合同并分拨资金，并向企业集团或者集团内下属单位收取本息，再转付企业集团，由企业集团统一归还金融机构或债券购买方的业务。

在进行筹划时还需要注意如下问题：需要具备合同或者协议，并确定资金流向，资金使用单位收取的利息不能高于金融机构借款利率；统借方不能是下属单位，只能是企业集团或者是企业集团中的核心企业；下属单位以及统借方都必须属于同一家企业集团。

（三）融资合同的签订

购进贷款服务对应的进项税额不得在税前抵扣。同时，为了防止贷款双方利用投融资顾问费、手续费、咨询费等费用的形式变相对贷款服务进行抵扣，纳税人接受贷款服务向贷款方支付的与该笔贷款直接相关的投融资顾问费、手续费、咨询费等费用，其进项税额也不得从销项税额中抵扣，且不得开具增值税专用发票。但如果融资过程中发生的投融资顾问费、手续费、咨询费等费用并非与贷款双方的贷款交易直接相关，则可以抵扣进项。

因此，针对“与该笔贷款直接相关”的规定，签署融资合同时，对于投融资顾问费、手续费、咨询费等费用具体条款的设定需要充分考量，可以考虑分别签署合同或委托独立的第三方进行相关融资服务，尽量实现进项税额的抵扣。

三、税收筹划风险及防范

在外部融资时，企业如果采用负债的方式进行融资，借款利息可以在税前得到扣除，从而减轻企业的税收负担。而如果企业采用通过增加资本金的方式进行融资，则其所支付的股息或者红利是在税后利润中进行的，无法在税前得到扣除。因此，仅从节税的角度来讲，负债融资方式比权益融资方式更优。但由于融资方式还会涉及其他融资成本，而且企业采取负债融资还需要考虑还款的风险因素，但是发行股票却不需偿还本金，没有债务压力，还可以给企业带来很多宣传机会。因此在实际情况中，不能仅仅从税收负担角度来考虑各种融资成本的优劣。

第六节 企业出口退税阶段的增值税筹划

一、相关税收政策

（一）出口退税形式

增值税的出口退税共包括三种形式：① 出口免税并退税，是指对货物在出口销售环节不征收增值税，而对货物在出口前实际承担的增值税，按规定的退税率计算后予以退税。② 出口免税不退税，是指对货物在出口销售环节不征收增值税，而且因为这类货物在前一环节是免税的，因此出口时该货物的价格是不含税的，也无须退税。③ 出口不免税也不退税。出口不免税是指国家限制或禁止出口的某些货物在出口环节视同内销，照常征税。出口不退税是指对这些货物不退还出口前实际负担的税款。我国规定了适用出口环节实行增值税退（免）税和免税政策的货物和劳务范围，并规定了适用增值税免、抵、退政策和免退税政策的货物和劳务计算出口退税额的公式。

（二）生产企业出口货物、劳务增值税免抵退

生产企业出口货物、劳务增值税免、抵、退税，依下列公式计算：

（1）当期应纳税额的计算。

当期应纳税额 = 当期销项税额 –（当期进项税额 – 当期不得免征和抵扣税额）

当期不得免征和抵扣税额 = 当期出口货物离岸价 × 外汇人民币折合率 ×（出口货物适用税率 – 出口货物退税率）– 当期不得免征和抵扣税额抵减额

当期不得免征和抵扣税额抵减额 = 当期免税购进原材料价格 ×（出口货物适用税率 – 出口货物退税率）

（2）当期免抵退税额的计算。

当期免抵退税额 = 当期出口货物离岸价 × 外汇人民币折合率 × 出口货物退税率 – 当期免抵退税额抵减额

当期免抵退税额抵减额 = 当期免税购进原材料价格 × 出口货物退税率

（3）当期应退税额和免抵税额的计算。

① 当期期末留抵税额≤当期免抵退税额，则：

当期应退税额 = 当期期末留抵税额

当期免抵税额 = 当期免抵退税额 – 当期应退税额

② 当期期末留抵税额 > 当期免抵退税额，则：

当期应退税额 = 当期免抵退税额

当期免抵税额 =0

当期期末留抵税额为当期增值税纳税申报表中“期末留抵税额”。

（4）当期免税购进原材料价格包括当期国内购进的无进项税额且不计提进项税额的免税原材料的价格和当期进料加工保税进口料件的价格，其中当期进料加工保税进口料件的价格为组成计税价格。

当期进料加工保税进口料件的组成计税价格 = 当期进口料件到岸价格＋海关实征关税＋海关实征消费税

（三）外贸企业出口货物、劳务增值税免抵退

外贸企业出口货物、劳务增值税免退税，依下列公式计算：

（1）外贸企业出口委托加工修理修配货物以外的货物：

增值税应退税额 = 增值税退（免）税计税依据 × 出口货物退税率

（2）外贸企业出口委托加工修理修配货物：

增值税应退税额 = 委托加工修理修配的增值税退（免）税计税依据 × 出口货物退税率

《营业税改征增值税跨境应税行为增值税免税管理办法（试行）》（国家税务总局公告2016年第29号）进一步规定了跨境应税行为出口环节免征增值税政策的适用范围。

二、筹划关键点与案例解析

（一）加工贸易方式的税收筹划

加工贸易主要分为来料加工和进料加工两种方式。

来料加工是指境外企业提供主要原材料、零部件、包装物或加工设备，委托我国境内企业按其要求进行加工装配，境内企业将产成品交由境外企业对外销售，并收取加工费和代垫辅料费的一种加工贸易方式。进料加工是指境内有外贸经营权的企业花钱进口原材料、零部件、包装物等投入品后，将其加工成产成品再返销国外市场的一种加工贸易方式。

从境内加工企业的角度看，来料加工属于受托加工，境内企业是受托方，境外企业提供主要原材料，境内企业只收取加工费和代垫辅料费；进料加工是境内企业自行制造加工，即原材料从国外进口，产成品销往国际市场。另外，来料加工和进料加工的增值税政策也是不完全相同的。其中，来料加工适用于出口免税政策，也就是说出口环节不征收销项税额，出口产品耗用的国产材料的进项税额都不予以抵扣，需要计入出口的成本。然而，对于进料加工，我国执行的是免、抵、退税政策，即对出口产品的销项税额免予征收，同时允许出口产品耗用的国产料件所负担的增值税参加抵扣，抵扣不完的予以退税。

案例

东莞一家服装企业从事外贸服装加工，其产品为雪地靴。这种产品的面料主要从日本进口，相关辅料直接在国内采购。本月计划出口雪地靴1万双，离岸金额共计500万元，当月国内采购辅料和劳务的不含税购买价为100万元，假设本月该企业没有境内销售业务。请问企业在雪地靴生产环节面料的进口应采用来料加工贸易方式还是进料加工贸易方式？

【筹划思路】

目前，雪地靴的出口退税率为13%，因此采用进料加工贸易方式比较有利。因为在两种贸易方式下主料都不征收进口环节增值税。但在来料加工贸易方式下，企业外购辅料、水电、运输等劳务的进项税额均不能抵扣；在进料加工贸易方式下，相关辅料及劳务的采购产生的进项税额均可以抵扣，且由于出口退税率为13%，因此当期不得免征和抵扣税额为零。企业加工的雪地靴出口免税，而为出口加工所购的辅料负担的进项税额还可以用于冲抵内销货物应缴纳的销项税额，这对企业来说是十分有利的。经过分析，企业最终采用进料加工贸易方式加工出口雪地靴。

【筹划方案】

若企业选择来料加工贸易方式，该企业出口自产雪地靴适用免税的出口退税政策。因此在来料加工贸易方式下，企业在出口环节只享受出口产品的免税政策，而不享受出口退税政策。

若企业选择进料加工贸易方式，该企业出口雪地靴环节享受增值税免、抵、退的税收政策。该出口环节的免、抵、退税额 =500×13%=65（万元），当期留抵税额为100万元，因此实际出口退税额为65万元，免抵税额为0万元。因此，在进料加工贸易方式下，企业不仅能享受出口环节增值税的免税优惠，还能获得出口退税额65万元。

【结论分析】

综上，企业应选择进料加工贸易方式。在进料加工贸易方式下，企业可以节省65万元的增值税。

（二）转让定价的税收筹划

在增值税出口退税免、抵、退税政策下，当企业的出口退税率小于出口货物征税率时，企业在出口环节产生不得免征和抵扣的增值税税额。

当期不得免征和抵扣税额 = 当期出口货物离岸价 × 外汇人民币折合率 ×（出口货物适用税率 – 出口货物退税率）– 当期免税购进原材料价格 ×（出口货物适用税率 – 出口货物退税率）

= （当期出口货物离岸价 × 外汇人民币折合率 – 当期免税购进原材料价格）×（出口货物适用税率 – 出口货物退税率）

该出口环节产生的不得免征和抵扣的增值税税额需要计入相关货物的成本进行会计核算。因此，如果企业适当提高进料价格或者降低出口价格，需转入成本的不得免征和抵扣的增值税进项税额就会减少。即在进料加工的环节，出口货物离岸价与当期汇率的乘积扣除当期免税购进原材料价格后的余值越小（附加值越小），对企业越有利。

案例

广东一家企业生产加工某外国品牌的建筑业专用车辆，产品用于出口。这种建筑业专用车辆生产所需的主要零配件需要从外国厂商拿货，另一部分辅助性的料件从国内供应商处采购。已知，该建筑业专用车辆加工商出口轮船的价格为 400 000 元，国内配件水电约为 150 000 元，负担的增值税进项税额约为 2 250 元。建筑业专用车辆出口退税率为 13%，企业当期的增值税进项税额共计 7 000 元，且没有内销业务。请问假设该企业采用进料加工贸易方式，可以通过何种方式减轻其增值税税收负担？

【筹划思路】

企业当期不得免征和抵扣税额 =（当期出口货物离岸价 × 外汇人民币折合率 – 当期免税购进原材料价格）×（出口货物适用税率 – 出口货物退税率）。因此，企业可以通过与外国料件供应商进行协商，通过提高进口料件的价格，降低出口环节货物的附加值，降低当期企业不得免征和抵扣税额。

【筹划方案】

（1）假设当期免税购进原材料的价格为 200 000 元：

当期不得免征和抵扣税额 =（400 000–200 000）×（16%–13%）=6 000（元）

当期应纳税额 =0–（7 000–6 000）=–1 000（元）

增值税的免、抵、退税额 =（400 000–200 000）×13%=26 000（元）

实际出口退税额 =1 000（元）

（2）假设当期免税购进原材料的价格为 240 000 元：

当期不得免征和抵扣税额 =（400 000–240 000）×（16%–13%）=4 800（元）

当期应纳税额 =0–（7 000–4 800）=–2 200（元）

增值税的免、抵、退税额 =（400 000–240 000）×13%=20 800（元）

实际出口退税额 =2 200（元）

【结论分析】

企业可以通过与境外进口料件供应商协商，提高进口料件的价格，增加企业实际获得的出口退税额。

案例

金星公司生产各种规格的通用排液泵。某月该公司出口产品销售收入折合人民币 3 000 万元，同期国内产品销售收入为 2 000 万元。该公司上月进项税额留抵 100 万元，当月进项税额合计 800 万元。根据规定，该类产品有两种不同的征（退）税率：一种是征税率为 13%，退税率为 13%（海关商品编号 8413502090）；另一种是征税率为 9%，退税率也为 9%（海关商品编号 8413502010）。在进行纳税申报时，金星公司可以在这两种标准中进行选择。

【筹划思路与方案】

方案1：按照征税率为13%、退税率为13%的政策规定进行计算。

（1）由于企业出口商品的征税率为13%，退税率为13%，中间存在的征退税率差为0，所以企业在进行纳税申报时，不需要做进项税额转出。因此，当月进项税额转出数为：

3 000×（13%-13%）=0（万元）

（2）当月销项税额为：

2 000×13%=260（万元）

（3）应纳税额为：

260-（800-0）-100=-640（万元）

（4）免、抵、退税额为：

3 000×13%=390（万元）

因此，本期应退税额为390万元，250万元结转下期。

方案2：按照征税率为9%、退税率为9%的政策规定进行计算。

（1）由于企业出口商品的征税率为9%，退税率也为9%，征退税率差为0，所以企业在进行纳税申报时，不需要做进项税额转出。因此，当月进项税额转出数为：

3 000×（9%-9%）=0（万元）

（2）当月销项税额为：

2 000×9%=180（万元）

（3）应纳税额为：

180-（800-0）-100=-720（万元）

（4）免、抵、退税额为：

3 000×9%=270（万元）

因此，本期应退税额为270万元，450万元结转下期。

【结论分析】

按照方案1，该公司当月可申请退税390万元；按照方案2，该公司当月可申请退税270万元。两种不同的征税、退税适用方法使企业当月应退税额相差120万元。

三、税收筹划风险及防范

选用免、抵、退税方法还是免税不退税方法的关键是，如果出口产品不得抵扣的进项税额小于为生产该出口产品而取得的全部进项税额，则应采用免、抵、退税方法，否则应采用免税不退税方法。通过上述案例可以看出，对于利润率较低、出口退税率较高及国内进项税额较大的货物出口，宜采用进料加工贸易方式；对于情况相反的货物出口，宜采用来料加工贸易方式。

除此之外需要注意的是，企业出口产品增值税不能获得退税的金额作为进项税额转出，即需要计入企业的销售成本，从而直接影响企业利润。因此，企业在对出口退税环节进行税收筹划的关键点之一就是在出口退税率一定的前提下，降低进项税额转出额的计算基础，出口企业在出口环节进行税收筹划时，在考虑该环节税收负担的同时还要考量相关进项税额转出部分对企业利润的影响。

第七节 企业重组阶段的增值税筹划

一、相关税收政策

纳税人在资产重组过程中，通过合并、分立、出售、置换等方式，将全部或者部分实物资产以及与其相关联的债权、负债和劳动力一并转让给其他单位和个人，不属于增值税的征税范围，其中涉及的货物转让不征收增值税。纳税人在资产重组过程中，通过合并、分立、出售、置换等方式，将全部或者部分实物资产以及与其相关联的债权、负债经多次转让后，最终的受让方与劳动力接收方为同一单位和个人的，其中货物的多次转让行为均不征收增值税，资产的出让方需将资产重组方案等文件资料报其主管税务机关。

二、筹划关键点与案例解析

纳税人在资产重组过程中，通过合并、分立、出售、置换等方式，将全部或者部分实物资产以及与其相关联的债权、负债和劳动力一并转让给其他单位和个人，不属于增值税的征税范围，其中涉及的货物转让不征收增值税。企业在进行重组转让实物资产的过程中，尽量连同与实物资产相关联的负债、劳动力等一并转让，以避免相关实物资产转让环节的增值税纳税义务。

案例

甲企业为增值税一般纳税人，目前拥有员工300人，库存商品1 000万元，厂房等资产共计9 000万元，并欠乙公司账款5 000万元。当地丙企业有意收购该企业。假设甲企业的进项税额为0。从增值税税负水平最低的角度考虑，请对丙企业收购甲企业的重组安排进行设计。

【筹划思路】

若在丙企业合并甲企业的过程中，甲企业只向丙企业转让其资产，则该笔交易相关货物、不动产的转让在增值税上应进行视同销售处理，缴纳相关的增值税税款。根据《国家税务总局关于纳税人资产重组有关增值税问题的公告》（国家税务总局公告2011年第13号）的规定，纳税人在资产重组过程中，通过合并、分立、出售、置换等方式，将全部或者部分实物资产以及与其相关联的债权、负债和劳动力一并转让给其他单位和个人，不属于增值税的征税范围，其中涉及的货物转让不征收增值税。甲企业可以通过调整合并过程中向丙企业转让标的的结构和种类，避免其中货物转让的增值税纳税义务，减轻企业的增值税税收负担。

【筹划方案】

甲企业将其拥有的资产、负债以及部分低价值劳动力向丙企业打包进行转让，使该项企业合并满足国家税务总局公告2011年第13号文规定的“纳税人在资产重组中，将全部或者部分实物资产以及与其相关联的债权、负债和劳动力一并转让给其他单位和个人”的条件。具体操作为：甲企业在将库存商品、厂房等资产转让的同时，将负债一同转让，并与丙企业协商，将甲企业负责安保、清洁等低成本劳动力转让给丙企业。

税收筹划前：

企业当月的增值税销项税额 =1 000 × 13%+9 000 × 9%=940（万元）

企业当月的增值税进项税额 =0（万元）

企业当月增值税应纳税额 =940-0=940（万元）

企业当月应交的城市维护建设税和教育费附加 =940 ×（7%+3%+2%）=112.8（万元）

税收筹划后：

由于企业重组过程中，企业转让的资产种类满足国家税务总局公告2011年第13号文规定的重组类型，因此重组过程中甲企业转让货物的过程不缴纳增值税。

【结论分析】

企业当月的应交增值税 =0（万元）

企业当月应交的城市维护建设税和教育费附加 =0（万元）

税收筹划方案共减轻税收负担 =940+112.8=1 052.8（万元）

三、税收筹划风险及防范

收购企业需评估其将承接债务的风险，以及相关劳动力的成本，避免重组后债务的清偿和人力成本的支付给收购企业带来现金流短缺的风险。除此之外，在经济全球化的背景下，跨国企业之间的跨国企业重组日渐频繁，因此在跨国企业重组的业务中，企业除了要在中国的税收框架体系内进行相关筹划方案的设计，还要熟悉并掌握其他国家税法关于重组业务中合理商业目的的标准和认定，并在重组业务涉及国家的税法框架内对具体税收筹划方案进一步优化，避免多国税务机关对重组业务进行反避税调查。

课后思考

1. 企业应如何选择不同纳税人身份的供应商？

2. 在买赠促销中，增值税、企业所得税与个人所得税都是如何规定的？企业应注意哪些税收筹划风险？

3. 销售折扣与折扣销售存在哪些区别？

4. 企业在哪些情况下可以进行计税方法的税收筹划？

即测即评

扫描二维码，进行本章在线测试。

第三章

消费税的税收筹划

导　　言　本章重点讲解了消费税全流程运营中的税收筹划思路、方法与风险防范，包括企业设立阶段、加工阶段和销售阶段。通过本章的学习，应熟悉消费税的相关法律规定；熟悉并掌握税收筹划方法，且能结合企业实际情况，熟练运用各种税收筹划方法，同时防范税收风险。

重　　点　独立核算机构的消费税筹划。

难　　点　委托加工与自行加工选择的消费税筹划。

思维导图

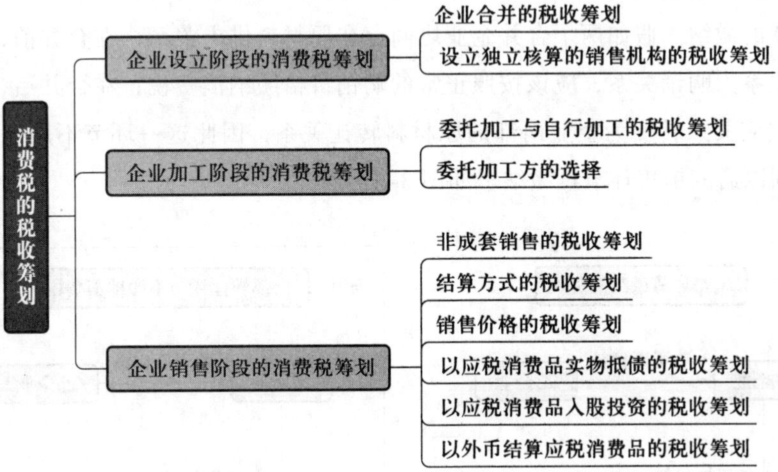

第一节　企业设立阶段的消费税筹划

一、相关税收政策

（一）关于消费税纳税人的规定

在中华人民共和国境内销售、委托加工和进口应税消费品的单位和个人，为消费税的纳税人，应当依法缴纳消费税。

（二）关于独立核算部门的规定

纳税人通过自设非独立核算门市部销售自产应税消费品，应当按门市部对外销售额或者销售量缴纳消费税。设立独立核算的门市部，单独核算其销售额，经销部就可以按照原计税方法计算缴纳消费税。

二、筹划关键点与案例解析

（一）企业合并的税收筹划

消费税是针对特定纳税人征收，征收环节普遍具有单一性，在生产（进口）、流通或消费的某一环节征收。因此，如果企业间的经营业务为应税消费品的上下游关系，可以在设立阶段采用企业合并的办法进行税收筹划，达到递延缴纳税款或节税的目的。

合并会使原来企业间的销售环节转变为企业内部的原材料转让环节，从而递延部分消费税税款的缴纳。假如两个合并企业之间存在原材料供求关系，在合并前，这笔原材料的转让关系为购销关系，应该按照正常的购销价格缴纳消费税；在合并后，企业之间的原材料供应关系转变为企业内部的原材料转让关系，因此这一环节不用缴纳消费税，而是递延到以后的销售环节再缴纳。如图 3–1 所示。

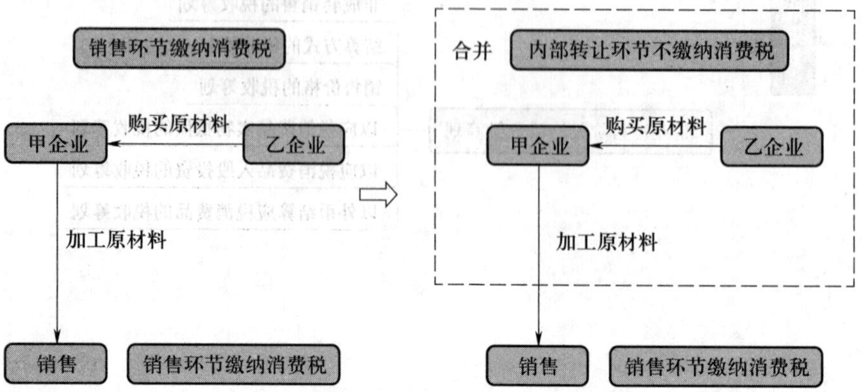

图 3–1　企业合并的税收筹划流程图

企业合并对酒类产品的税收筹划效果尤为明显。《财政部　国家税务总局关于调整酒类产品消费税政策的通知》（财税〔2001〕84 号）第 5 条规定："停止执行外购或委托加工已税酒和酒精生产的酒（包括以外购已税白酒加浆降度，用外购已税的不同品种的白酒勾兑的白酒，用曲香、香精对外购已税白酒进行调香、调味以及外购散装白酒装瓶出售等）外购酒及酒精已纳税款或受托方代收代缴税款准予抵扣政策。"因此，购入已税酒类继续生产酒类企业的消费税并不能得到抵扣。而企业的合并则可以通过省去上游环节而减轻消费税税负。

案例

甲企业是一家药酒生产企业，一直从乙酒厂购进粮食白酒作为原料。甲企业一年内从乙酒厂购进白酒 300 吨，不含税售价为 4 元 / 斤[①]。当年，甲企业销售药酒 200 吨，取得不含税销售收入 300 万元（白酒适用的消费税比例税率为 20%，定额税率为 0.5 元 / 斤；甲企业以白酒为原料生产的药酒适用 10% 的消费税税率）。在该案例中应如何筹划才能减轻企业的消费税税负？

【筹划思路】

乙酒厂将白酒卖给甲企业，需要缴纳消费税。甲企业购入白酒后，消费税不能抵扣。对此，甲企业可以通过合并乙酒厂，将其作为白酒生产车间，使原来外购白酒的行为转变为企业内部原材料的转移行为，来实现减轻消费税税负的目的。

【筹划方案】

甲企业合并乙酒厂，一方面可以实现递延缴纳消费税税款，将本该在甲、乙交易时就缴纳的消费税延期至甲企业销售白酒环节，另一方面可以避免乙酒厂原来缴纳的消费税不能抵扣的问题。

合并前：

甲企业应缴纳的消费税 =300 × 10%=30（万元）

乙酒厂应缴纳的消费税 =（300 × 2 000 × 0.5+300 × 2 000 × 4 × 20%）÷ 10 000=78（万元）

应纳消费税合计 =30+78=108（万元）

合并后：

乙酒厂作为甲企业的白酒生产车间，不需要缴纳消费税。

甲企业应缴纳的消费税 =300 × 10%=30（万元）

---

① 注："斤"为常用非法定计量单位。1 吨 =2 000 斤。

【结论分析】

综上可见，甲企业通过合并乙酒厂可以节约消费税税款 78 万元（即 108-30）。

（二）设立独立核算的销售机构的税收筹划

消费税普遍实行单一环节征收，而消费税征收的主要环节为应税消费品的生产销售环节。所以在生产销售环节征收后，流通环节无须再缴纳消费税。因此，降低出厂环节的计税价格为税收筹划的关键点。对此，企业可以通过设立独立核算的销售机构，来降低出厂环节的计税价格。如图 3-2 所示。

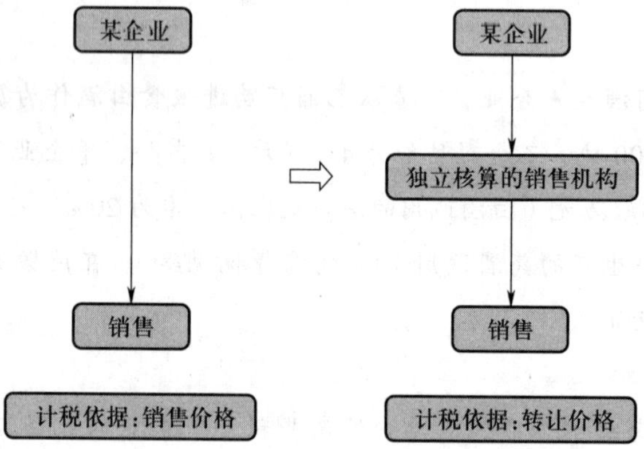

图 3-2　设立独立核算的销售机构

纳税人设立独立核算的销售机构销售自产应税消费品，其计税价格为企业与该销售机构的应税消费品之间合理的转让价格，从而降低了税基。

案例

某酒厂主要生产白酒，零售价格为每吨 5 万元（不含税）。白酒适用的消费税比例税率为 20%，定额税率为 0.5 元 / 斤。假设该厂一个月的销量为 50 吨，请问应如何设计税收筹划方案？

【筹划思路】

现行商业设计上，该酒厂需要按零售价格缴纳消费税。而白酒的消费税主要是在生产环节征收，对销售环节不再征收。因此，可以考虑将销售环节与生产环节分离。

【筹划方案】

该酒厂可考虑成立独立核算的销售机构。生产企业以较低但不违反法律规定的销售价格将应税消费品销售给独立核算的销售机构，独立核算的销售机构再对外进行销售。

这种情况下，独立核算的销售机构在销售环节只缴纳增值税，不缴纳消费税，可使该酒厂的消费税税负水平下降。

该酒厂直接销售白酒给消费者：

该企业应缴纳的消费税 =50×2 000×0.000 05+50×5×20%=5+50=55（万元）

如果先将白酒以每吨 3.5 万元的价格出售给独立核算的销售机构，再由独立核算的销售机构以每吨 5 万元的价格销售给销售者：

该企业应缴纳的消费税 =50×2 000×0.000 05+50×3.5×20%=5+35=40（万元）

【结论分析】

综上可见，通过设立独立核算的销售机构可以节约消费税税款 15 万元（即 55–40）。

案例

某化妆品生产公司生产高档化妆品，一年内共销售化妆品 50 000 瓶，市场价格为不含增值税价 1 000 元 / 瓶。应如何设计税收筹划方案？（高档化妆品适用的消费税税率为 15%）

【筹划思路与方案】

该化妆品生产公司将高档化妆品直接销售给消费者，此时该企业应缴纳的消费税为：

1 000×50 000×15%=7 500 000（元）

该公司设立独立核算的销售机构，先按不含增值税价 900 元 / 瓶的价格销售给其设立的独立核算的销售机构，独立核算的销售机构再以 1 000 元 / 瓶的价格对外销售。这种情形下，企业应缴纳的消费税为：

900×50 000×15%=6 750 000（元）

【结论分析】

综上可见，共节约消费税税款 750 000 元（即 7 500 000–6 750 000）。

三、税收筹划风险及防范

（一）企业合并的税收筹划风险

企业在合并过程中还需注意相关程序合法合规，其中主要需考虑的有主管机关批准程序；办理公司变更，注销登记程序等。

企业通过并购手段合并生产环节可能引起企业规模以及身份的变化，导致一些税收优惠资格的丧失，企业在合并前应当权衡可能丧失的税收优惠以及合并生产环节的节税效益，做出有利于企业利益最大化的决策。

（二）设立独立核算的销售机构的税收筹划风险

1. 管理费用的增加

企业设立独立核算的销售机构可能使得管理费用增加，企业在进行税收筹划时还应考虑设立独立核算的销售机构所增加的费用与其所节约的消费税费用大小，进而决定是否设立独立核算的销售机构。

在上述酒厂案例中，若独立核算的销售机构管理费用为20万元，则虽然设立独立核算的销售机构节约消费税税款15万元，但其管理费用为20万元，因此就整个企业而言实际上多支出了5万元，所以该筹划是失败的。

2. 合理制定转让定价

白酒生产企业销售给销售单位的白酒，生产企业消费税计税价格低于销售单位对外销售价格（不含增值税）70%以下的，税务机关应核定消费税最低计税价格。因此，企业不能一味地降低转让定价，应将其控制在合理合法的范围内。

无论是合并还是设立独立核算的销售机构，企业在注意筹划时控制管理费用的同时，在进行重组调整时还应注意对方的经营以及资信情况，避免为企业发展背上沉重的包袱。

第二节 企业加工阶段的消费税筹划

一、相关税收政策

（一）关于自产自用应税消费品的规定

纳税人自产自用的应税消费品，按照纳税人生产的同类消费品的销售价格计算纳税；没有同类消费品销售价格的，按照组成计税价格计算纳税。

1. 实行从价定率办法计算纳税的组成计税价格计算公式

组成计税价格 =（成本 + 利润）÷（1- 比例税率）

2. 实行复合计税办法计算纳税的组成计税价格计算公式

组成计税价格 =（成本 + 利润 + 自产自用数量 × 定额税率）÷（1- 比例税率）

（二）关于委托加工应税消费品的规定

委托加工的应税消费品，按照受托方的同类消费品的销售价格计算纳税；没有同类消费品销售价格的，按照组成计税价格计算纳税。

1. 实行从价定率办法计算纳税的组成计税价格计算公式

组成计税价格 =（材料成本 + 加工费）÷（1- 比例税率）

2. 实行复合计税办法计算纳税的组成计税价格计算公式

$$组成计税价格 =（材料成本 + 加工费 + 委托加工数量 \times 定额税率）\div（1- 比例税率）$$

二、筹划关键点与案例解析

（一）委托加工与自行加工的税收筹划

1. 委托加工的概念

委托加工的应税消费品是指由委托方提供原材料和主要材料，受托方只收取加工费和代垫部分辅助材料加工的应税消费品。由受托方提供原材料，或受托方先将原材料卖给委托方然后再接受加工，以及由受托方以委托方名义购进原材料生产的应税消费品，不论纳税人在财务上是否做销售处理，都不得作为委托加工应税消费品，而应看作受托方销售自制消费品，此时消费税的纳税人为受托方。委托加工的应税消费品收回后，继续用于生产应税消费品销售的，其加工环节缴纳的消费税税款可以扣除。

2. 受托方代收代缴消费税的计算

我国为避免税款流失，对委托加工的应税消费品采取了源泉控制的管理办法。即由受托方向委托方交货时代收代缴消费税。纳税人委托个人（含个体工商户）加工应税消费品的，由委托方收回后在委托方所在地缴纳消费税。委托方将收回的应税消费品直接出售的，即以不高于受托方的计税价格出售的，不缴纳消费税；委托方以高于受托方的计税价格出售的，需要按照规定申报缴纳消费税，在计税时准予扣除受托方已代收代缴的消费税。委托方收回应税消费品后，若用于连续生产应税消费品的，已纳的消费税税款准予按规定抵扣。

对于委托加工的应税消费品，应按照受托方同类消费品的销售价格计算纳税；没有同类消费品销售价格的，应按照组成计税价格计算纳税。

3. 税收筹划

自行加工的消费税计税依据为应税消费品的销售价格，而委托加工的消费税计税依据为同类消费品的销售价格或者组成计税价格。若企业收回委托加工物资后直接出售且价格低于受托方计税价格，则无须再缴纳消费税；若继续生产应税消费品再出售，则需要缴纳消费税，且在计税时准予扣除受托方已代收代缴的消费税。

由上可知，企业若收回委托加工产品后以高于或等于受托方组成计税价格出售的，不同加工方式下的应纳消费税总额相同。当缴纳消费税的时间不同时，企业可以选择自行加工的方式，实现递延纳税效果。如图 3-3 所示。

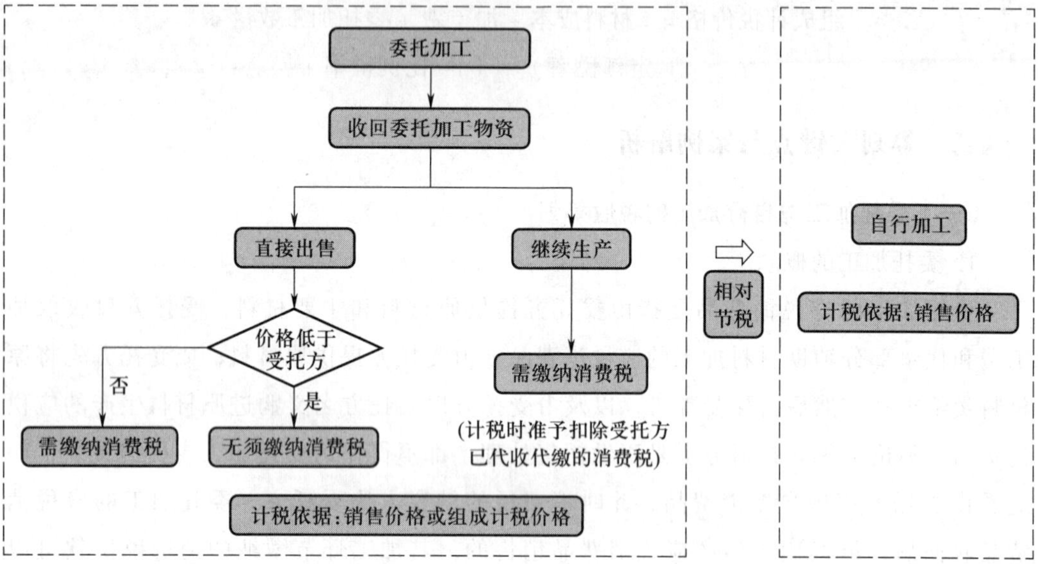

图 3-3 委托加工与自行加工的税收筹划

案例

A 公司生产化妆品，欲将一批价值 100 万元的原材料加工成高档化妆品，现有三种方案可供选择。

方案 1：委托 B 公司加工成高档化妆品，加工费 70 万元，收回后直接销售，对外售价为 300 万元。

方案 2：委托 B 公司加工成初级化妆品，支付加工费 36 万元，收回后再进一步自行加工，发生加工费用 34 万元。加工完成后，对外售价为 300 万元。

方案 3：自行加工，发生加工费用 70 万元。对外售价为 300 万元。

B 公司无同类消费品销售。该批高档化妆品最终售价预计为 300 万元。企业适用高档化妆品消费税税率为 15%，所得税税率为 25%。

请问企业采用何种加工方式的利润最高（不考虑城市维护建设税及教育费附加）？

【筹划思路】

方案 1：

A 公司完全委托加工，收回应税消费品后直接销售。

B 公司在移交委托加工物资时，需代收代缴消费税。

B 公司应代收代缴消费税 =（100+70）÷（1−15%）×15%=30（万元）

A 公司收回委托加工物资后直接销售，则需要再缴纳消费税。

A 公司需再缴纳消费税 =300×15%−30=15（万元）

合计应纳消费税 =30+15=45（万元）

A公司的税后利润 =（300-100-70-30-15）×（1-25%）=63.75（万元）

方案2：

A公司部分委托加工，收回后继续加工成应税消费品再销售。

B公司在移交委托加工物资时，应代收代缴消费税。

B公司应代收代缴消费税 =（100+36）÷（1-15%）×15%=24（万元）

A公司对外销售应缴纳消费税 =300×15%-24=21（万元）

合计应纳消费税 =24+21=45（万元）

A公司的税后利润 =（300-100-36-34-24-21）×（1-25%）=63.75（万元）

方案3：

A公司自行加工成应税消费品直接销售。

A公司应纳消费税 =300×15%=45（万元）

A公司的税后利润 =（300-100-70-45）×（1-25%）=63.75（万元）

【结论分析】

比较这三种方案，在各种因素相同的情况下，企业选择不同的加工方式应纳消费税税额相同，对其销售业务的税后利润没有影响。但是，这三种加工方式下消费税的纳税时间不同，委托加工方式下在提货环节就发生了消费税的纳税义务。

（二）委托加工方的选择

1. 受托方有无同类消费品的选择

企业在选择委托加工方时，需要考虑受托方有无同类消费品销售。若受托方有同类消费品销售，且同类消费品的销售价格高于委托加工消费品的最终销售价格，会使消费税应纳税额增加；若受托方有同类消费品销售但其销售价格低于应税消费品最终的销售价格或受托方无同类消费品销售，需要用组成计税价格代收代缴消费税，不会加重委托方的消费税负担。

2. 受托方所在地的选择

我国税法规定，凡缴纳增值税、消费税的单位及个人，都是城市维护建设税的纳税人。在计算受托方代收代缴消费税时，应同时计算应纳城市维护建设税和教育费附加。在其他条件相同的情况下，选择委托加工方时，应选择农村地区的委托加工方，其城市维护建设税税率较低。

三、税收筹划风险及防范

（一）委托加工自身风险

委托加工本身具有风险，比如为充分掌握市场信息的价格风险、合同表述不规范而引起纠纷的风险、履行合同失约风险等。因此，企业在考虑选择生产方式进行税收筹划时，还需考虑方式本身具有的风险。

（二）企业自身选择的风险

1. 是否委托加工的选择

委托加工方式下虽然在提货环节就发生了消费税的纳税义务，但在实际情况中，一般企业选择委托加工方式是因为受托方的加工成本小于自行加工成本。因此，完全或部分委托加工相较于自行加工来说更有优势。

2. 受托方的选择

受托方的选择不能仅考察其是否有同类消费品，是否存在同类消费品的销售价格高于委托加工消费品的最终销售价格的情况，同时还应考虑受托方技术水平等因素。同样地，在考虑受托方所在地时，还需考虑运输成本、环境因素是否会对商品造成影响等。企业不应以节税为最终目标，需考虑企业商品质量、运输保存成本等影响企业利润的因素，以达到企业利润最大化的最终目标。

第三节　企业销售阶段的消费税筹划

一、相关税收政策

（一）关于成套销售的规定

纳税人兼营不同税率的应税消费品，应当分别核算不同税率应税消费品的销售额、销售数量；未分别核算销售额、销售数量，或者将不同税率的应税消费品组成成套消费品销售的，从高适用税率。

（二）关于结算方式的规定

纳税人销售应税消费品的，采取不同的销售结算方式，其纳税义务发生时间有不同的规定：

（1）采取赊销和分期收款结算方式的，为书面合同约定的收款日期的当天，书面合同没有约定收款日期或者无书面合同的，为发出应税消费品的当天。

（2）采取预收货款结算方式的，为发出应税消费品的当天。

（3）采取托收承付和委托银行收款方式的，为发出应税消费品并办妥托收手续的当天。

（4）采取其他结算方式的，为收讫销售款或者取得索取销售款凭据的当天。

（三）关于视同销售的规定

纳税人自产自用的应税消费品，按照纳税人生产的同类消费品的销售价格计算纳税；没有同类消费品销售价格的，按照组成计税价格计算纳税。

1. 实行从价定率办法计算纳税的组成计税价格

$$组成计税价格 =（成本 + 利润）÷（1- 比例税率）$$

2. 实行复合计税办法计算纳税的组成计税价格

组成计税价格 =（成本 + 利润 + 自产自用数量 × 定额税率）÷（1– 比例税率）

（四）关于换取生产资料和消费资料、投资入股和抵偿债务的特殊规定

纳税人用于换取生产资料和消费资料、投资入股和抵偿债务等方面的应税消费品，应当以纳税人同类应税消费品的最高销售价格为依据计算消费税。

（五）关于外币结算应税消费品的规定

纳税人销售的应税消费品，以人民币计算销售额。纳税人以人民币以外的货币结算销售额的，应当折合成人民币计算。人民币折合率既可以采用销售额发生当天的人民币汇率中间价，也可以采用当月 1 日的人民币汇率中间价。

二、筹划关键点与案例解析

（一）非成套销售的税收筹划

税法规定，将不同税率的应税消费品组成成套消费品销售的，应从高适用税率。因此，当消费品成套销售时，企业需要关注套装中是否含有应税消费品，且其消费税税率是否一致。从税收筹划的角度看，如果成套销售中的产品皆为应税消费品且适用税率相同，可以选择成套销售，在应纳税款不变的情况下提高销量、增加利润。如果成套销售的产品中含有非应税消费品或适用税率不同的应税消费品，应按产品总和适用最高的税率计算缴纳消费税。企业需要平衡成套销售所带来的额外收益与应纳税额之间的关系，若成套销售的收益大于由此增加的税负则选择成套销售，若成套销售的收益小于由此增加的税负则选择非成套销售。

案例

某酒厂同时生产白酒和药酒。该厂为了增加销售量，将一瓶价格为 60 元、规格为 500 克[①]的白酒，一瓶价格为 90 元、规格为 500 克的药酒和一把价格为 50 元的酒瓶开启器包装成一套礼品销售，礼品套装的价格为 200 元 / 套。当月，该厂对外销售粮食白酒 10 000 瓶，总金额 600 000 元；销售药酒 6 000 瓶，总金额 540 000 元；销售套装 1 000 套，总金额 200 000 元。请为该酒厂设计税收筹划方案（白酒适用的消费税比例税率为 20%，定额税率为 0.5 元 / 斤；药酒适用 10% 的消费税税率）。

【筹划思路】

筹划的重点在于组合销售的消费税处理，如果将组合销售的套装拆分为单项销售，可利用不同的税率降低整体税负。

---

① 1 克 =0.002 斤。每瓶白酒为 1 斤。

【筹划方案】

方案 1：若三类产品单独核算。

白酒应纳消费税税额 =10 000 × 0.5+600 000 × 20%=125 000（元）

药酒应纳消费税税额 =540 000 × 10%=54 000（元）

套装酒应纳消费税税额 =（1 000+1 000）× 0.5+200 000 × 20%=41 000（元）

开启器不用缴纳消费税。

合计应纳消费税税额 =125 000+54 000+41 000=220 000（元）

方案 2：若三类产品未单独核算。

应采用税率从高的原则按白酒的税率计算，应纳消费税税额为：

（10 000+6 000+1 000+1 000）× 0.5+（600 000+540 000+200 000）× 20%= 277 000（元）

故将税率不同的产品分开核算后可减少税金：

277 000−220 000=57 000（元）

方案 3：如果不将两类酒组成套装酒销售。

套装酒中的各类酒单独计算税额，应纳消费税税额为：

套装酒中白酒的应纳消费税税额 =（1 × 0.5+60 × 20%）× 1 000=12 500（元）

套装酒中药酒的应纳消费税税额 =90 × 1 000 × 10%=9 000（元）

套装外的白酒应纳消费税税额 =10 000 × 0.5+600 000 × 20%=125 000（元）

套装外的药酒应纳消费税税额 =540 000 × 10%=54 000（元）

合计应纳消费税税额 =12 500+9 000+125 000+54 000=200 500（元）

故套装酒分开销售比组成套装销售可减少税金：

220 000−200 500=19 500（元）

【结论分析】

方案 3 应纳消费税税额最少。

案例

某日化厂为增值税一般纳税人，既生产高档化妆品又生产护发品。现该厂的销售方案为：将高档化妆品和护发品以礼品盒的形式销售，销售收入为 30 万元。在礼品盒中，高档化妆品的销售收入为 20 万元，护发品的销售收入为 10 万元。上述收入均为不含税收入。试问如何对该日化厂的消费税进行筹划？（高档化妆品消费税税率为 15%）

【筹划思路】

筹划的重点在于以礼品盒的形式销售，礼品盒内所有商品都将适用较高的税率。

【筹划方案】

（1）采取礼品盒的形式销售时，应根据礼品盒的销售金额进行纳税，且税率适用最高税率的消费品，即高档化妆品 15% 的税率。

此时应纳消费税 =30×15%=4.5（万元）

（2）若采用将高档化妆品与护发品进行非成套销售，以单独核算的方式进行税收筹划，此时销售高档化妆品需缴纳消费税，而护发品无须缴纳消费税。

此时应缴纳消费税 =20×15%=3（万元）

【结论分析】

礼品盒分开销售比组成套装销售可减少税金 1.5 万元（即 4.5–3）。

（二）结算方式的税收筹划

纳税人的不同应税行为和结算方式直接影响消费税的缴纳时间。企业尽可能选择合理的销售方式来达到递延税款的目的。例如，在一个企业的销售业务中，企业拥有赊销和直接收款销售两个选择。若企业选择直接收款销售，则应在当期确定销售额并按时缴纳消费税；若企业选择赊销，则其纳税义务发生时间为合同约定的收款日当天。通过这种结算方式不仅能够递延税款缴纳，还能节约大量流动资金。值得指出的是，企业通过选择销售方式来推迟纳税义务发生时间是通过递延税款缴纳获得相对节税的好处，并没有降低企业的绝对税额。

案例

某化妆品有限公司 2023 年、2024 年有以下几笔大宗业务：

（1）2023 年 10 月 18 日，与甲商场签订了一笔高档化妆品销售合同，销售金额为 300 万元（不含税，下同），货物于 2023 年 10 月 18 日、2024 年 2 月 18 日、2024 年 6 月 18 日分三批发给商场（每批 100 万元），货款于每批货物发出后两个月支付。公司会计在 2023 年 10 月底就 300 万元销售额计算缴纳了消费税。

（2）2023 年 10 月 20 日，与乙商场签订一笔高档化妆品销售合同，货物价值 180 万元，货物于 2023 年 10 月 26 日发出，货款于 2024 年 6 月 30 日支付。公司会计在 2023 年 10 月底就 180 万元销售额计算缴纳了消费税。

（3）2023 年 11 月 8 日，与丙商场签订一笔高档化妆品销售合同，合同价款为 100 万元，货物于 2024 年 4 月 30 日前发出。为了支持该化妆品有限公司的生产，丙商场将货款在 2023 年 11 月 8 日签订合同时支付。公司会计在 2023 年 11 月底就 100 万元销售额计算缴纳了消费税。

【筹划思路】

该公司在业务并没有完全结束时就已经缴纳了消费税，使得企业资金占压比较严重，因此可以考虑转换销售方式。

【筹划方案】

（1）对于第一笔业务，由于合同没有明确销售方式，公司会计人员依法对其按直接销售处理，于业务发生当月月底计算缴纳消费税 45 万元（即 300 × 15%）。如果公司的销售人员在与甲商场签订合同时，将这笔业务明确为分期收款结算方式销售业务，那么该笔业务一部分销售收入的纳税义务发生时间就可以向后推迟，即在 2023 年 10 月底、2024 年 2 月底和 2024 年 6 月底分别收取三笔货款时计算缴纳消费税。

（2）对于第二笔业务，如果公司的销售人员在与乙商场签订合同时，将这笔业务明确为赊销业务，那么该笔业务的纳税义务 27 万元（即 180 × 15%）可以向后递延 8 个月。

（3）对于第三笔业务，从销售合同的性质来看，显然属于预收货款结算方式销售业务。按照税法规定，该笔业务的纳税义务 15 万元（即 100 × 15%）可以向后推延 5 个月。

（三）销售价格的税收筹划

企业对应税消费品的销售价格规定能直接影响消费税的计税依据，从而对消费税税额造成影响。在我国现行消费税的相关规定中，对不同的消费品的定价有不同的规定，纳税人可以通过制定合理的销售价格，实现适用较低的消费税税率或免于征税的目标。

1. 卷烟的不同定价有不同的税率与之对应

卷烟又分为甲类卷烟和乙类卷烟。甲类卷烟是指每标准条（200 支）调拨价格在 70 元（含 70 元，不含增值税）以上的卷烟；乙类卷烟是指每标准条调拨价格在 70 元（不含增值税）以下的卷烟。自 2009 年 5 月 1 日起，在卷烟批发环节加征从价税，在中华人民共和国境内从事卷烟批发业务的单位和个人，批发销售的所有牌号、规格的卷烟，按其销售额（不含增值税）征收 5% 的消费税。自 2015 年 5 月 10 日起，将卷烟批发环节从价税税率由 5% 提高至 11%，并按 0.005 元 / 支加征从量税。

2. 酒的不同定价有不同的税率与之对应

以蒸馏酒或食用酒精为酒基，具有国家相关部门批准的国食健字或卫食健字文号且酒精度低于 38 度（含）的配制酒，按消费税税目税率表中“其他酒”10% 的适用税率征收消费税。以发酵酒为酒基，酒精度低于 20 度（含）的配制酒，按消费税税目税率表中“其他酒”10% 的适用税率征收消费税。其他配制酒，按消费税税目税率表中“白酒”的适用税率征收消费税。对饮食业、商业、娱乐业举办的啤酒屋（啤酒坊）利用啤酒生产设备生产的啤酒，应当征收消费税。

3. 不同定价的小汽车适用不同的消费税政策

“小汽车”税目下增设“超豪华小汽车”子税目。该子税目的征收范围为每辆零售价格130万元（不含增值税）及以上的乘用车和中轻型商用客车，即乘用车和中轻型商用客车子税目中的超豪华小汽车。对超豪华小汽车，在生产（进口）环节按现行税率征收消费税的基础上，在零售环节加征消费税，税率为10%。

4. 不同定价的化妆品适用不同的消费税政策

高档美容、修饰类化妆品和高档护肤类化妆品是指生产（进口）环节销售（完税）价格（不含增值税）在10元/毫升（克）或15元/片（张）及以上的美容、修饰类化妆品和护肤类化妆品。

案例

某卷烟厂拟销售20箱卷烟，每箱的销售价格为18 000元，应如何利用销售价格进行消费税的税收筹划？（销售的卷烟为5万支的标准箱，甲类卷烟适用税率56%，乙类卷烟适用税率36%，定额税率为每支0.003元）

【筹划思路】

在卷烟的消费税税目中，税法根据其价格差异将其分为不同类别的卷烟，不同类别的卷烟有着不同的税率相对应。因此，当企业的销售价格在不同类别的临界价格附近时，可考虑通过调整价格来进行税收筹划。该卷烟厂可利用降低卷烟价格，使其价格可适用低税率进行消费税的税收筹划。

【筹划方案】

当每箱的销售价格为18 000元时，每条卷烟的价格为18 000÷50 000×200=72元，因此适用甲类卷烟的税率。此时应纳消费税为：

20×（50 000×0.003+18 000×56%）=204 600（元）

若将销售价格降低，使每条价格低于70元，适用乙类卷烟的税率，可减少该卷烟厂应缴纳的消费税。将价格调整为17 000元/箱，则此时每条的价格为17 000÷50 000×200=68元，适用于乙类卷烟的税率。此时应缴纳消费税为：

20×（50 000×0.003+17 000×36%）=125 400（元）

【结论分析】

在纳税过程中共节约：204 600−125 400=79 200（元）

由于降价减少的销售额为：20×1 000=20 000（元）

该企业共计节约：79 200−20 000=59 200（元）

（四）以应税消费品实物抵债的税收筹划

消费税相关法规对纳税人的某些特定行为规定了特殊条款。对于纳税人用于换取生产资料和消费资料、投资入股和抵偿债务等方面的应税消费品，应当以纳税人同类应税消费品的最高销售价格为依据计算消费税。对于其他视同销售行为，如馈赠、赞助、广告等计税时，应按纳税人生产的同类消费品的销售价格计算纳税；没有同类消费品销售价格的，按照组成计税价格计算纳税。其中，组成计税价格的计算公式为：

$$\text{组成计税价格}=\frac{\text{成本}+\text{利润}}{1-\text{消费税税率}}$$

或

$$\text{组成计税价格}=\frac{\text{成本}+\text{利润}+\text{自用数量}\times\text{定额税率}}{1-\text{消费税税率}}$$

消费税相关的法规对应税消费品的实物抵债与其他视同销售行为的不同规定，使得在纳税人以应税消费品偿还债务时，应尽量采用“先销售、后抵债”的方式进行税收筹划，以规避较高的计税价格。

案例

某酿造厂以价格为80元/千克的500千克A牌白酒抵偿原企业经营中欠其他公司的债务。税务机关在稽查时发现，该酿造厂当月销售A牌白酒的情况是：以80元/千克的价格销售了600千克，以100元/千克的价格销售了1 500千克，以120元/千克的价格销售了600千克。该酿造厂应如何缴纳消费税？又应该如何设计税收筹划方案？（白酒适用的消费税比例税率为20%，定额税率为0.5元/斤）

【筹划思路】

当月，该酿造厂销售此类白酒的最高销售价格为120元/千克，该笔偿债白酒应缴纳的消费税为：

0.5×500×2+120×500×20%=500+12 000=12 500（元）

如果酿造厂以80元/千克的价格和正常的手续将500千克A牌白酒销售给债权人，再通过有关账户调整抵减“应付账款”，那么该笔抵债白酒就可按协议中的价格计算缴纳消费税。这样既符合税法规定，又收到了节税的效果。

【筹划方案】

酿造厂先将白酒以80元/斤的价格销售，再将取得的收入抵债，则应缴纳的消费税为：0.5×500×2+80×500×20%=500+12 000=8 500（元）。

【结论分析】

酿造厂可以少缴消费税 =12 500−8 500=4 000（元）。

（五）以应税消费品入股投资的税收筹划

纳税人用于投资入股的应税消费品，应当以纳税人同类应税消费品的最高销售价格为依据计算消费税。而当纳税人对应税消费品进行入股投资时，其计税价格一般按照协议价格或评估价格确定。故若其协议或评估价格低于其当月销售该类应税消费品的最高价格，采用直接以应税消费品入股投资应缴纳的消费税会多于“先销售、后投资”的方式所缴纳的消费税。因此，在纳税人对应税消费品入股投资进行税收筹划时，应考虑“先销售、后投资”的方法。

案例

某摩托车制造厂甲准备以参股的方式向乙企业投资。双方商定，甲企业以摩托车200 辆实物入股（评估价格为 8 100 元 / 辆），取得乙企业 100 万股股权。甲企业当月对外销售同型号的摩托车共有三种价格：以 8 000 元 / 辆的价格销售 60 辆，以 8 600 元 / 辆的价格销售 80 辆，以 9 000 元 / 辆的价格销售 20 辆（假设该制造厂所生产的摩托车气缸容量大于 250 毫升，适用的消费税税率为 10%）。请为甲企业设计消费税税收筹划方案。

【筹划思路与方案】

若甲企业直接以摩托车进行实物投资入股，则应缴消费税：

9 000 × 200 × 10%=180 000（元）

若甲企业以“先销售、后投资”的方法进行投资，则应缴消费税：

8 100 × 200 × 10%=162 000（元）

【结论分析】

第二种方案比第一种方案少缴消费税 18 000 元（即 180 000−162 000）。

（六）以外币结算应税消费品的税收筹划

从纳税人以外币结算应税消费品的相关法律法规规定可看出，汇率市场的价格变化会影响应税消费品所缴纳的消费税。一般而言，汇率市场价格波动越大，选择折合率进行节税越有必要。对企业较为有利的状态是能以较低的人民币汇率计算应纳税额。

需要注意的是，纳税人在选择折算方法时，需要从整体出发，对未来的汇率即经济形势做出恰当预测。一般来说，如果在一个较长的时期内人民币处于不断升值的状态，则采用结算当日的汇率折算较为有利；反之则采用当月 1 日的汇率折算较为有利。因此，即使税收筹划得合理，也无法使每一笔销售收入都可以按相对较低的折算方法计算。

案例

某企业 3 月 15 日取得高档化妆品销售收入 40 万美元，3 月 1 日的人民币汇率中间价为 1 美元：6.34 元人民币，3 月 15 日的人民币汇率中间价为 1 美元：6.31 元人民币。该企业应如何进行税收筹划？（高档化妆品适用的消费税税率为 15%）

【筹划思路与方案】

如果采用当月 1 日的汇率，折合成人民币 253.6 万元（即 6.34 × 40），应缴消费税人民币 38.04 万元（即 253.6 × 15%）；如果采用结算当日的汇率，折合成人民币 252.4 万元（即 6.31 × 40），应缴消费税人民币 37.86 万元（即 252.4 × 15%）。

【结论分析】

两种方法相比，采用结算当日的人民币汇率中间价计算比采用当月 1 日的人民币汇率中间价计算少缴消费税人民币 0.18 万元（即 38.04–37.86）。

三、税收筹划风险及防范

（一）销售过程筹划风险

在销售过程中，企业会运用各种方式的销售技巧刺激消费。以成套销售为例，虽然非成套销售利用单独核算的方式实现了节税，但对于企业而言，利润最大化才是其关注的重点。企业在进行销售时往往已经对市场进行过调研。若此时仅仅将目光放在节税上，而不考虑利润最大化则会造成本末倒置，使企业利润下降。

同样地，企业在对产品进行定价时应考虑市场价格、消费者心理价格、销售量等因素。若仅仅考虑降低价格可节税方面，而不考虑因降低价格带来的利润下降，也是一种本末倒置的行为。

（二）结算方式筹划的风险

结算方式不仅仅关系企业的应纳税款，更关系着企业的运营和管理。因此，在考虑税收筹划时，不仅需要考虑如何相对节税，还需考虑企业的整体利益，如企业信誉、结算风险等。

（三）外币结算筹划的风险

一方面，外汇结算本身就存在着政治、信用、货币等风险；另一方面，纳税人在选择折算方法时，还要对未来的汇率即经济形势做出恰当预测，需承担预测偏差的风险。

课后思考

1. 企业在加工方式的消费税筹划中，应注意哪些因素？
2. 针对白酒加工企业，你能想到哪些税收筹划方案？

即测即评

扫描二维码，进行本章在线测试。

第四章

企业所得税的税收筹划

导　　言　本章重点介绍了企业所得税全流程运营中的税收筹划思路、方法与风险防范，包括企业设立阶段、生产运营阶段（采购阶段、研发阶段、生产阶段、销售阶段）、资本运营阶段（投资阶段、融资阶段、分配阶段、重组阶段）。通过本章的学习，应熟悉企业所得税的相关法律规定；熟悉并掌握税收筹划方法，且能结合企业实际情况，熟练运用各种税收筹划方法，同时防范税收风险。

重　　点　企业纳税人身份的选择；不同阶段税收优惠政策的税收筹划；运营、研发费用的税收筹划。

难　　点　股权转让的税收筹划；股利分配的税收筹划；企业重组的税收筹划。

思维导图

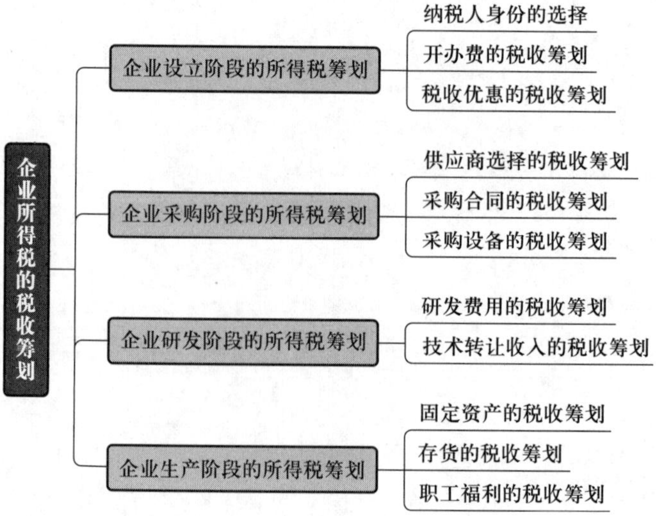

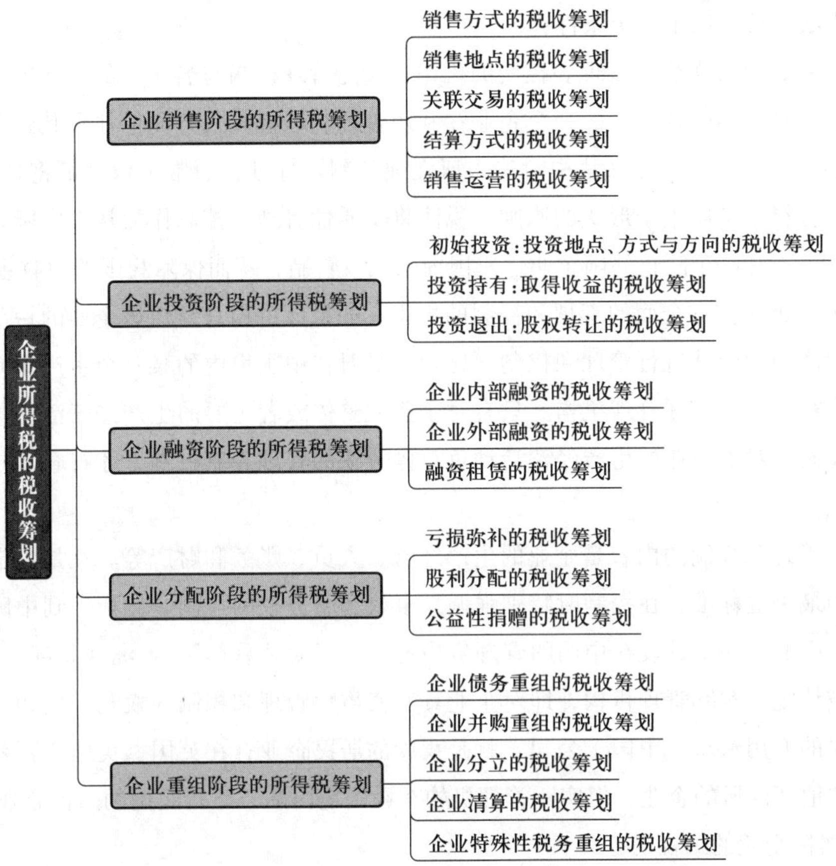

第一节　企业设立阶段的所得税筹划

一、相关税收政策

（一）居民企业的税收政策

1. 居民企业的定义

居民企业是指依照中国法律、法规在中国境内成立，或者实际管理机构在中国境内的企业。居民企业包括两大类：一类是依照中国法律、行政法规在中国境内成立的企业、事业单位、社会团体以及其他取得收入的组织；另一类是依照外国（地区）法律成立的企业和其他取得收入的组织。

依照外国（地区）法律成立的居民企业必须具备“其实际管理机构在中国境内”这一条件。所谓“实际管理机构”是指对企业的生产经营、人员、账务、财产等实施实质性全面管理和控制的机构。我国借鉴国际惯例，对实际管理机构的定义做出了明确的规定，通常必须符合以下三个条件：

（1）对企业有实质性管理和控制的机构。实际管理机构与名义上的企业行政中心不同，是企业真实的管理中心。一个企业在利用资源和取得收入方面往往和其经营活动的管理中心密切相关。国际私法中对法人所在地的判定标准，通常采取“最密切联系地”的标准，也符合实质重于形式的原则。税法将实质性管理与控制作为认定实际管理机构的标准之一，有利于防止外国企业逃避国内的税收管制，从而保障我国的税收主权。

（2）对企业实行全面的管理和控制的机构。如果该机构只是对该企业的一部分或非关键的生产经营活动进行管理和控制，比如只是对在中国境内的某一个生产车间进行管理，则不被认定为实际管理机构。只有对企业的整体或者主要的生产经营活动进行实际管理与控制，对本企业的生产经营活动负总体责任的管理控制机构，才符合实际管理机构标准。

（3）管理和控制的内容是企业的生产经营、人员、账务和财产等。这是界定实际管理机构的最关键标准，在控制时特别强调人事权和财务权的控制。比如，到中国投资的许多外国企业，如果其设在中国的管理机构冠以“亚太区总部”“亚洲区总部”等字样，一般都被认定为实际管理机构，即对企业具有实质性管理和控制的权利。例如，在我国注册成立的通用汽车（中国）公司，就是我国的居民企业；在英国、美国、百慕大群岛等国家和地区注册的企业，但实际管理机构在我国境内的，也是我国的居民企业。

2. 居民企业的纳税义务

居民企业具有全面纳税义务。居民企业应当就其来源于中国境内、境外的所得缴纳企业所得税。居民企业承担全面的纳税义务，对本国居民的一切所得纳税，即居民企业应当就其在中国境内、境外的所得缴纳企业所得税。

这里所指的所得，包括销售货物所得、提供劳务所得、转让财产所得、股息红利等权益性投资所得、利息所得、租金所得、特许权使用费所得、接受捐赠所得和其他所得。

（二）非居民企业的税收政策

1. 非居民企业的定义

非居民企业是指按照外国（地区）法律成立且实际管理机构不在中国境内，但在中国境内设立机构、场所的，或者在中国境内不设立机构、场所，但有来源于中国境内的所得的企业。这里所说的机构、场所，是指在中国境内从事生产经营活动的机构、场所。它包括以下情形：

（1）管理机构、营业机构、办事机构。

（2）工厂、农场、开采自然资源的场所。

（3）提供劳务的场所。

（4）从事建筑、安装、装配、修理、勘探等工程作业的场所。

（5）其他从事生产经营活动的机构、场所。

（6）非居民企业委托营业代理人在中国境内从事生产经营活动的，包括委托单位和个人经常代其签订合同，或者储存、交付货物等，该营业代理人视为非居民企业在中国境内设立的机构、场所。

2. 非居民企业的纳税义务

非居民企业具有有限纳税义务。

（1）非居民企业在中国境内设立机构、场所的，应当就其所设机构、场所取得的来源于中国境内的所得，以及发生在中国境外但与其所设机构、场所有实际联系的所得，缴纳企业所得税。

这里所说的实际联系，是指非居民企业在中国境内设立的机构、场所拥有据以取得所得的股权、债权，以及拥有、管理、控制据以取得所得的财产等。

（2）非居民企业在中国境内未设立机构、场所的，或者虽设立机构、场所但取得的所得与其所设机构、场所没有实际联系的，应当就其来源于中国境内的所得缴纳企业所得税。

（三）税率

1. 基本税率

企业所得税的基本税率为25%，适用于居民企业和在中国境内设有机构、场所且取得的所得与其所设机构、场所有关联的非居民企业（认定为境内常设机构）。

2. 低税率

企业所得税的低税率为20%，适用于在中国境内未设立机构、场所的，或者虽设立机构、场所但取得的所得与其所设机构、场所没有实际联系的非居民企业。目前，非居民企业减按10%的税率征收企业所得税。

3. 其他优惠税率

（1）国家需要重点扶持的高新技术企业减按15%的税率征收企业所得税。

（2）对经济特区和上海浦东新区内在2008年1月1日（含）之后完成登记注册的国家需要重点扶持的高新技术企业（以下简称“新设高新技术企业”），在经济特区和上海浦东新区内取得的所得，自取得第一笔生产经营收入所属的纳税年度起，第一年至第二年免征企业所得税，第三年至第五年按照25%的法定税率减半征收企业所得税。

（3）对经认定的技术先进型服务企业减按15%的税率征收企业所得税。

（四）小型微利企业的税收政策

至2027年12月31日，对小型微利企业年应纳税所得额不超过300万元的部分，减按25%计入应纳税所得额，按20%的税率缴纳企业所得税。

小型微利企业是指从事国家非限制和禁止行业，且同时符合年度应纳税所得额不超过300万元、从业人数不超过300人、资产总额不超过5 000万元三个条件的企业。从业人数，包括与企业建立劳动关系的职工人数和企业接受的劳务派遣用工人数。

从业人数和资产总额指标应按企业全年季度平均值确定。具体计算公式如下：

季度平均值 =（季初值 + 季末值）÷ 2

全年季度平均值 = 全年各季度平均值之和 ÷ 4

年度中间开业或者终止经营活动的，以其实际经营期作为一个纳税年度确定上述相关指标。

（五）相关行业与产业的税收优惠

1. 农、林、牧、渔业减免税优惠政策

（1）企业从事下列项目的所得，免征企业所得税：

第一，蔬菜、谷物、薯类、油料、豆类、棉花、麻类、糖料、水果、坚果的种植。

第二，农作物新品种的选育。

第三，中药材的种植。

第四，林木的培育和种植。

第五，牲畜、家禽的饲养。

第六，林产品的采集。

第七，灌溉、农产品初加工、兽医、农技推广、农机作业和维修等农、林、牧、渔业服务项目。

第八，远洋捕捞。

第九，以“公司 + 农户”经营模式从事农、林、牧、渔业项目生产的企业，享受减免企业所得税优惠政策。

（2）企业从事下列项目的所得，减半征收企业所得税：

第一，花卉、茶以及其他饮料作物和香料作物的种植。

第二，海水养殖、内陆养殖。

国家禁止和限制发展的项目，不得享受以上税收优惠。

2. 其他减免税优惠政策

（1）从事国家重点扶持的公共基础设施项目的投资经营的所得。企业从事国家重点扶持的公共基础设施项目投资经营的所得，自项目取得第一笔生产、经营收入所属纳税年度起，第一年至第三年免征企业所得税，第四年至第六年减半征收企业所得税。企业承包经营、承包建设和内部自建自用本条规定的项目，不得享受本条优惠政策。

（2）从事符合条件的环境保护、节能节水项目的所得。企业从事符合条件的环境保护、节能节水项目的所得，自项目取得第一笔生产、经营收入所属纳税年度起，第一年至第三年免征企业所得税，第四年至第六年减半征收企业所得税。

符合条件的环境保护、节能节水项目，包括公共污水处理、公共垃圾处理、沼气综合开发利用、节能减排技术改造、海水淡化等。项目的具体条件和范围由国务院财政、税务主管部门及国务院有关部门制定，报国务院批准后公布施行。

3. 减计收入优惠政策

企业综合利用资源，生产符合国家产业政策规定的产品所取得的收入，可以在计算应纳税所得额时减计收入。该项减计收入的优惠政策具体是指企业以《资源综合利用企业所得税优惠目录》规定的资源作为主要原材料，生产非国家限制和禁止并符合国家和行业相关标准的产品取得的收入，减按 90% 计入收入总额。提供社区养老、托育、家政服务取得的收入，在计算应纳税所得额时，减按 90% 计入收入总额。

该优惠政策相当于无限期延长减免期限，采用直接减计收入的形式拓展了减免基数，使税收优惠政策更加科学合理。

二、筹划关键点与案例解析

（一）纳税人身份的选择

企业在设立时，要考虑纳税主体的身份和税收之间的关系，因为不同的纳税人身份适用不同的纳税政策。

1. 居民企业和非居民企业的选择

企业所得税中，纳税人身份面临两种选择：一是作为居民纳税人；二是作为非居民纳税人。作为居民纳税人，就应当承担无限纳税义务，既要对来源于中国境内的所得申报纳税，又要对来源于国外的收入和所得申报纳税。这样，有可能导致纳税人税负很重和双重征税的问题。因此，企业可以考虑选择非居民纳税人身份，承担有限的纳税义务，从而减轻税收负担。

案例

某外国企业到中国开展劳务服务，预计每年获得 1 000 万元人民币收入（这里暂不考虑相关的成本、费用、增值税及附加税费支出）。该企业面临以下三种选择：

第一，在中国境内设立实际管理机构。

第二，在中国境内不设立实际管理机构，但设立营业机构，营业机构适用 25% 的所得税税率。劳务收入通过该营业机构取得。

第三，在中国境内既不设立实际管理机构，也不设立营业机构。

对于上述三种不同的选择，该外国企业的收入面临不同的税率和纳税状况，应如何筹划？

【筹划思路与方案】

如果该外国企业选择在中国境内设立实际管理机构，则一般被认定为居民企业，这种情况下适用的企业所得税税率为25%。

如果该外国企业选择在中国境内不设立实际管理机构，只设立营业机构并以此获取收入，这种情况下该营业机构适用的税率为25%。

如果该外国企业选择在中国境内既不设立实际管理机构，也不设立营业机构，则其来源于中国境内的所得适用10%的预提所得税税率。

设立实际管理机构，应纳企业所得税 =1 000 × 25%=250（万元）

不设立实际管理机构，但设立营业机构，应纳企业所得税 =1 000 × 25%=250（万元）

既不设立实际管理机构，也不设立营业机构，应纳企业所得税 =1 000 × 10%=100（万元）

【结论分析】

该外国企业应该选择在中国境内既不设立实际管理机构，也不设立营业机构，可以少交企业所得税150万元。

2. 个人独资企业、合伙企业与公司制企业的选择

企业的组织形式可以分为三大类：个人独资企业、合伙企业与公司制企业。合伙企业依据《中华人民共和国合伙企业法》成立，由各合伙人订立合伙协议，共同出资、共同经营、共享收益、共担风险，其中普通合伙人须对合伙企业债务承担无限连带责任，有限合伙人以其认缴的出资额为限对合伙企业债务承担责任。公司制企业分为有限责任公司与股份有限公司。有限责任公司依据《中华人民共和国公司法》成立，由一定人数的股东组建，股东以其认缴的出资额为限对公司承担责任，公司以其全部财产承担责任。股份有限公司是指公司资本为股份所组成的公司，股东以其认购的股份为限对公司承担责任。

我国对个人独资企业和合伙企业实行五级超额累进税率（5%~35%）征收个人所得税，而公司制企业则需要缴纳企业所得税。如果向个人投资者分配股息、红利的，还要代扣代缴其个人所得税。企业在设立时应合理选择纳税主体的身份，一般需要考虑以下几个要素：

（1）从整体税负上考虑，个人独资企业、合伙企业的税负水平要比公司制企业低，这是因为前者不存在重复征税的问题，而后者在缴纳企业所得税后，取得分配利润的投资者还需缴纳个人所得税，这涉及重复征税的问题。

（2）在选择个人独资企业、合伙企业与公司制企业的决策中，要充分考虑税基、税率和税收优惠等多种因素，最终税负水平的高低是多种因素共同作用的结果，不能仅考虑一种因素。

（3）在选择个人独资企业、合伙企业与公司制企业的决策中，还应充分考虑各种选择可能带来的风险，通过成本—效益分析进行全面考量。

案例

自然人甲某计划自办企业，预计年应纳税所得额为 300 000 元，甲某应如何进行税收筹划？（暂不考虑小微企业的税收优惠）

【筹划思路】

如果自然人直接成立个人独资企业或者合伙企业，则应按照经营所得缴纳个人所得税，由于其应纳税所得额较高，因此适用的边际税率也较高。

如果自然人选择成立有限责任公司，则需要先对公司利润缴纳企业所得税，再在利润分配环节，按照利息股息红利所得缴纳个人所得税。

【筹划方案】

直接成立个人独资企业或者合伙企业，甲某的税收负担实际为：

300 000 × 35%−14 750=90 250（元）

成立有限责任公司，其适用的企业所得税税率为 25%，假设企业实现的税后利润全部作为股利分配给投资者，则甲某的税收负担为：

300 000 × 25%+300 000 ×（1−25%）× 20%=120 000（元）

【结论分析】

投资于公司制企业比投资于个人独资企业或合伙企业多承担所得税 29 750 元（即 120 000−90 250）。

【筹划拓展】

案例中，如果成立有限责任公司，由于应纳税所得额小于 300 万元，则企业有资格享受小微企业的税收优惠。在商业实践中，进行公司组织形式选择时，应在综合权衡企业的经营风险、经营规模、管理模式及筹资额等因素的基础上，选择税费较低的组织形式。

3. 子公司和分公司的选择

企业发展到一定规模以后，基于开辟新市场或者方便客户服务考虑，不可避免地需要在业务相对集中的地区建立分支机构。企业在设立分支机构时，可以通过选择成立子公司或分公司享受不同税收待遇。子公司具有独立的法人资格，依法独立承担民事责任；分公司不具有独立的法人资格，其民事责任由公司承担。

子公司是相对母公司而言的，是指被另一家公司（母公司）有效控制的下属公司或者是母公司直接或间接控制的一系列公司中的一家公司。子公司是一个独立企业，具有独立的法人资格。子公司因其具有独立法人资格而被设立的所在国视为居民企业，通常要履行与该国其他居民企业一样的全面纳税义务，同时也能享受所在国为新设公司提供的免税期或其他税收优惠政策。但建立子公司一般需要经过复杂的手续，财务制度比较严格，必须独立开设账簿，并需要复杂的审计和证明，经营亏损不得冲抵母公司利润，与母公司的交易往往是税务机关反避税审查的重点内容。

分公司是指公司独立核算的、进行全部或部分经营业务的分支机构。分公司是企业的组成部分，不具有独立的法人资格。居民企业在中国境内设立不具有法人资格的营业机构的，应当汇总计算并缴纳企业所得税。汇总缴纳是指一个企业总机构和其分支机构的经营所得，通过汇总纳税申报的办法实现所得税的汇总计算与缴纳。由总公司汇总缴纳企业所得税，可以实现总分公司之间的盈亏互抵，从而减轻整体税收负担。

案例

某科技企业为推广商品，准备设立一家销售公司。在选择销售公司的组织形式时，该公司进行了税收方面的分析。

由于经营策略，该销售公司在开办初期可能面临很大的亏损，但亏损会逐渐减少。经估计，销售公司第一年的亏损额为200万元，第二年的亏损额为150万元，第三年的亏损额为100万元，第四年的亏损额为50万元，自第五年开始盈利，盈利额为300万元。

已知该科技企业总部设在深圳，属于国家重点扶持的高新技术公司，适用的企业所得税税率为15%。该企业除在深圳设有总部外，在内地还有一个子公司甲，适用的税率为25%。经预测，在未来五年内，科技企业总部的应纳税所得额均为1 000万元，子公司甲的应纳税所得额分别为300万元、200万元、100万元、0万元、-150万元。

经分析，现有三种组织形式方案可供选择。

方案1：将销售公司建成具有独立法人资格的子公司。

方案2：将销售公司建成非独立核算的分公司。

方案3：将销售公司建成内地子公司的分公司。

【筹划思路与方案】

方案1：因为子公司具有独立的法人资格，属于企业所得税的纳税人，需要按其应纳税所得额独立计算缴纳的企业所得税。

在这种情况下，该科技企业包括三个独立纳税主体：科技企业、子公司甲和子公司销售公司。在这种组织形式下，因销售公司是独立的法人实体，不能与该科技企业或子公司甲汇总纳税，所以其形成的亏损不能抵消该科技企业总部的利润，只能抵扣以后年度实现的利润。

该科技企业总部及其子公司的纳税总额分别为225万元（即1 000×15%+300×25%）、200万元（即1 000×15%+200×25%）、175万元（即1 000×15%+100×25%）、150万元（即1 000×15%）、225万元（即1 000×15%+300×25%），五年间缴纳的企业所得税总额为975万元。

方案2：分公司不同于子公司，它不具备独立的法人资格，不独立建立账簿，只作为分支机构存在。按照税法的规定，分支机构的利润与总部的利润汇总纳税。

在这种情况下，该科技企业仅有两个独立的纳税主体：该科技企业总部和子公司甲。在这种组织形式下，因为销售企业作为非独立核算的分公司，其亏损可由该科技企业用其利润弥补，从而降低了科技企业第一年至第四年的应纳税所得额，并使科技企业的应纳所得税得以延缓。

该科技企业总部、子公司及分公司的纳税总额分别为195万元（即1 000×15%−200×15%+300×25%）、177.5万元（即1 000×15%−150×15%+200×25%）、160万元（即1 000×15%−100×15%+100×25%）、142.5万元（即1 000×15%−50×15%）195万元（即1 000×15%+300×15%），五年间缴纳的所得税总额为870万元。

该方案还需要考虑，销售公司作为分公司后，科技企业是否还能符合高新技术企业的资格，享受15%的优惠税率。

方案3：销售公司和子公司甲汇总纳税。

在这种情况下，该科技企业有两个独立的纳税主体：科技企业总部和子公司甲。在这种组织形式下，因为销售公司作为子公司甲的分公司，与子公司甲汇总纳税，其前四年的亏损可由子公司甲当年的利润弥补，从而降低了子公司甲第一年至第四年的应纳税所得额，不仅使子公司甲的应纳所得税得以延缓，而且使得整体税负下降。

该科技企业总部、子公司及分公司的纳税总额分别为175万元（即1 000× 15%+300×25%−200×25%）、162.5万元（即1 000×15%+200×25%−150×25%）、150万元（即1 000×15%+100×25%−100×25%）、150万元（即1 000×15%）、187.5万元（即1 000×15%+300×25%−150×25%），五年间缴纳的企业所得税总额为825万元。

【结论分析】

通过对上述三种方案的比较，该公司应该选择第三种组织形式，即将销售公司建成内地子公司甲的分公司，这样可以使整体税负水平最低。

【筹划拓展】

子公司与分公司在设立时应该考虑哪些税收因素？

（1）经营情况。如果预计分支结构会遭受经营困难，很可能造成亏损，则成立分公司，因为分公司的亏损可以在总公司的税前扣除。

（2）公司规模。如果预计分支结构规模不大（应纳税所得额不超过300万元），可以考虑成为子公司，享受小微企业的税收优惠。

（3）行业性质。如果分支机构将从事税收优惠的行业，应考虑设置子公司。

（4）开设地区。企业需要综合考虑主公司与分支机构所在地的税率差异。如果主公司的税率较高，则在低税率地区设置子公司较为合适；如果主公司的税率较低，则在高税率地区设置分公司较为合适。

（二）开办费的税收筹划

税法规定，企业在筹建期间发生的开办费，应当从开始生产、经营月份的次月起，在不短于五年的期限内分期摊销。税收筹划的重点在于确定摊销比例，最大化开办费用。尽管税法规定了摊销期限，但并未限定摊销方法是否必须为平均摊销法。因此，企业应在前期提高开办费的摊销比例，从而获得资金的时间价值；或是在企业预期盈利的年度，在利润较多的年份多摊销一些，弹性地利用摊销比例，合理减轻税收负担。

案例

某公司筹建期间发生费用1 000万元，自开始生产经营起，五年内的获利均为400万元，在折现率为10%的情况下，该公司应该如何进行开办费用的税收筹划？

【筹划思路与方案】

公司每年获利400万元，扣除所得税后，现金流入为300万元［即400×（1–25%）］。

方案1：采用平均摊销法，每年摊销200万元。

方案2：前三年分别摊销300万元，后两年分别摊销50万元。

在这两种方案下，自生产经营起，五年内净现金流的现值分别如表4–1和表4–2所示。

表4–1 方案1的现金流现值

项目	第0年	第1年	第2年	第3年	第4年	第5年
现金流入/万元		300.00	300.00	300.00	300.00	300.00
现金流出/万元	–1 000					
节约税款/万元		50	50	50	50	50
净现金流/万元	–1 000	350	350	350	350	350
折现率/10%		0.909	0.826	0.751	0.683	0.621

续表

项目	第 0 年	第 1 年	第 2 年	第 3 年	第 4 年	第 5 年
净现值 / 万元	-1 000	318.15	289.10	262.85	239.05	217.35
合计 / 万元						326.50

表 4-2　方案 2 的现金流现值

项目	第 0 年	第 1 年	第 2 年	第 3 年	第 4 年	第 5 年
现金流入 / 万元		300.00	300.00	300.00	300.00	300.00
现金流出 / 万元	-1 000					
节约税款 / 万元		75	75	75	12.5	12.5
净现金流 / 万元	-1 000	375	375	375	312.5	312.5
折现率 /10%		0.909	0.826	0.751	0.683	0.621
净现值 / 万元	-1 000	340.88	309.75	281.63	213.44	194.06
合计 / 万元						339.76

【结论分析】

由于方案 2 的净现值较高，故应该选择方案 2。

（三）税收优惠的税收筹划

企业在设立时应了解、确定其可以享受的税收优惠政策和税收优惠政策要求的相关条件，根据自己的特点、具体情况，最大限度地合理利用税收优惠，实现企业经济利益的最大化。

1. 小型微利企业（小微企业）的税收筹划

小微企业可以享受包括企业所得税、增值税在内的多种税收优惠。因此，规模较小的企业在设立时应认真规划自身的规模和从业人数。当规模较大或人数较多时，可考虑设立两个或多个独立的纳税企业，分散企业人数、资产规模和应纳税所得额，使之符合小微企业的条件，以减轻税收负担。

案例

2024 年甲企业应纳税所得额 320 万元，乙企业应纳税所得额 300 万元。两个企业的税后利润谁多？甲企业有没有筹划方案，需要注意哪些因素？

【筹划思路】

甲企业应交企业所得税 =320×25%=80（万元）

甲企业的税后利润 =320-80=240（万元）

乙企业的应纳税所得额未超过 300 万元，属于小微企业，应交企业所得税 =300×25%×20%=15（万元）

乙企业的税后利润 =300-15=285（万元）

甲企业虽然税前应纳税所得额超过乙企业 20 万元，但是由于不能享受到小微企业的税收优惠，税后利润比乙企业要少 45 万元。

由此可见，筹划的关键在于甲企业如何降低应纳税所得额，使其符合小微企业的标准。

【筹划方案】

1. 拆分

在条件允许的情况下，可以考虑将甲企业进行拆分，比如直接均分为两个 160 万元。

2. 捐赠

税法规定，企业或个人通过公益性社会组织、县级以上人民政府及其部门等国家机关，用于符合法律规定的公益慈善事业捐赠支出，准予按税法规定在计算应纳税所得额时扣除。其中，公益性捐赠不超过年度利润总额的 12% 的部分，准予扣除。超过年度利润总额 12% 的部分，准予结转以后三年内在计算应纳税所得额时扣除。

因此，甲企业可以选择按照税法规定进行 20 万元的公益性捐赠。

【结论分析】

拆分方案下，甲企业的总税负 =（160×25%×20%）×2=16（万元）

总利润 =320-16=304（万元）

捐赠方案下，甲企业的总税负 =300×25%×20%=15（万元）

总利润 =320-20-15=285（万元）

两个方案都比原方案的税负要低。

【筹划拓展】

这两种税收筹划的方案都需要保障事先性，即在经济行为发生之前就进行操作。比如拆分方案需要在企业设立之初就进行规划，捐赠行为必须是发生在 2024 年，如果是企业在 2025 年进行了汇算清缴后再发生，则公益性捐赠支出就无法在 2024 年进行扣除。同时，甲企业如果选择了拆分，需要确保拆分带来的各种经营成本的增加小于税收筹划优惠的税额，否则税收筹划方案就得不偿失了。

2. 高新技术企业身份的税收筹划

高新技术企业可以享受 15% 的优惠税率水平。《中华人民共和国企业所得税法》对高新技术企业身份的认定做出了一系列规定。对于拥有知识产权，但是仅将高新技术作为部门的公司，可以考虑将高新技术业务剥离出来，成立独立的高新技术企业，以适用15%的税率。当然，高新技术企业要符合税收的有关规定。

专栏

高新技术企业的税收要求

国家需要重点扶持的高新技术企业是指拥有核心自主知识产权，同时符合下列条件的企业：

（1）企业申请认定时须注册成立一年以上。

（2）企业通过自主研发、受让、受赠、并购等方式，获得对其主要产品（服务）在技术上发挥核心支持作用的知识产权的所有权。

（3）对企业主要产品（服务）发挥核心支持作用的技术属于《国家重点支持的高新技术领域》规定的范围。

（4）企业从事研发和相关技术创新活动的科技人员占企业当年职工总数的比例不低于10%。

（5）企业近三个会计年度（实际经营期不满三年的按实际经营时间计算）的研究与开发费用总额占同期销售收入总额的比例符合如下要求：最近一年销售收入小于5 000万元（含）的企业，比例不低于5%；最近一年销售收入在5 000万元至2亿元（含）的企业，比例不低于4%；最近一年销售收入在2亿元以上的企业，比例不低于3%。其中，企业在中国境内发生的研究与开发费用总额占全部研究与开发费用总额的比例不低于60%。

（6）近一年高新技术产品（服务）收入占企业同期总收入的比例不低于60%。

（7）企业创新能力评价应达到相应要求。

（8）企业申请认定前一年内未发生重大安全事故、重大质量事故或严重环境违法行为。

3. 优惠行业的税收筹划

企业在设立、投资等经营活动中应结合自身情况，充分考虑所从事行业的情况并慎重定位企业的性质，以求最大限度地享受税收优惠，用足用够税收优惠政策。

案例

某投资者欲在西部地区投资创办一个新公司，兼营公路旅客运输业务和其他业务，预计全年公路旅客运输业务收入为500万元，其他业务收入为500万元，假设每个业务的利润率均为25%。请计算新公司的税负，并提出税收筹划方案。

【筹划思路】

自2021年1月1日至2030年12月31日，对设在西部地区的鼓励类产业企业减按15%的税率征收企业所得税。鼓励类产业企业是指以《西部地区鼓励类产业目录》中规定的产业项目为主营业务，且其主营业务收入占企业收入总额60%以上的企业。由于该公司公路旅客运输业务收入占全部业务收入的比例为50%（即500÷1 000×100%），小于60%，因此不能享受减按15%的税率征收企业所得税的优惠政策。

年应纳所得税 =（500+500）×25%×25%=62.5（万元）

筹划的重点就在于如何提高公路旅客运输的比重，可以从两个方面入手，一是扩大运输业务规模，二是降低企业全部收入的规模。

【筹划方案】

方案1：投资创办一个公路旅客运输企业并兼营其他业务，该企业扩大投资规模，扩展公路旅客运输业务。预计年公路旅客运输业务收入800万元，其他条件不变，则此时的公路旅客运输业务占企业全部业务收入的比例为61.54%（即800÷（800+500）×100%），超过了60%。经企业申请，税务机关审核后认为该企业符合西部大开发的减免税政策，取得的全部业务收入都可享受减按15%的税率征收企业所得税的优惠政策。

方案2：分别投资两个企业，一个从事公路旅客运输业务，一个从事其他业务从事公路旅客运输业务的收入为企业的总收入，占比为100%，超过了60%的比例，可享受减按15%的税率征收企业所得税的优惠政策。

方案1：年应纳所得税 =（800+500）×25%×15%=48.75（万元）

方案2：年应纳所得税 =800×25%×15%+500×25%×25%=61.25（万元）

【结论分析】

比较两种方案，都比原来应缴纳的企业所得税少。其中，方案1企业的收入大幅提高，但全部业务收入都可享受减按15%的税率征收企业所得税的优惠政策，因此获得了更多的税收利益，与前两种方案相比更具税收优势。

4. “公司＋农户”模式的税收筹划

《国家税务总局关于“公司＋农户”经营模式企业所得税优惠问题的公告》（国家税务总局公告2010年第2号）规定，一些企业采取“公司＋农户”经营模式从事牲畜、家禽的饲养，即公司与农户签订委托养殖合同，向农户提供畜禽苗、饲料、兽药及疫苗等（所有权〈产权〉仍属于公司），农户将畜禽养大成为成品后交付公司回收。鉴于采取“公司＋农户”经营模式的企业，虽不直接从事畜禽的养殖，但系委托农户饲养，并承担诸如市场、管理、采购、销售等经营职责及绝大部分经营管理风险，公司和农户是劳务外包关系。为此，对此类以“公司＋农户”经营模式从事农、林、牧、渔业项目生产的企业，可以按照《中华人民共和国企业所得税法实施条例》第86条的有关规定，享受减免企业所得税优惠政策。

案例

某公司是一家从事以红薯为原料的零食生产的企业。由于企业的主要业务为农产品深加工，不符合免税政策，适用的企业所得税税率为25%。该公司可以采取哪些税收筹划方法？

【筹划思路】

农产品初级加工行业才能享受税收优惠，因此筹划的重点在于如何优化流程，将农产品的初级加工与深加工分离。

【筹划方案】

可以考虑将采购部门成立单独的公司，将原来收购红薯回来自行加工成原料的模式，改为以公司委托农户种植，直接收购初加工后的红薯。在这种方案下，该公司就完成了“公司＋农户”的经营模式优化，符合企业所得税的免税规定。增值税方面，公司收购初加工的红薯，还可以得到增值税的加计抵扣。

三、税收筹划风险及防范

（一）纳税人身份的税收筹划风险

1. 个人独资企业、合伙企业与公司制企业

三者之间法律地位、组建方式、责任形式、管理结构、设立程序、设立条件等方面都存在着较大不同。从承担的风险角度看，普通合伙人承担无限连带责任，比有限责任公司的股东承担更多的风险，但同时它也保障了债权人的利益，使合伙企业可以更容易地获得交易对手的信任，获得较多商业机会。从经营决策角度看，通常合伙人人数较少，每个合伙人都有权参与企业的经营管理工作，并具有特定人身信任关系，在经营管理上具有较大的自主性和灵活性。而有限公司（特别是股份有限公司）的公司治理结构较为完善，股东之间的资本联系及公司所有权与经营权分离，为投资者有效控制企业及相关风险提供了较优选择。从筹资角度看，有限责任公司优于合伙企业，合伙企业又优于个人独资企业。相对于有限公司而言，合伙企业的资金来源有限，不能发行股票和债券，这大大限制了合伙企业的规模。因此企业在进行筹划的同时，应当在设立阶段提前考虑企业的未来发展并确定好企业的设立形式，避免因企业改制产生额外的

负担。一般情况下，规模较大的企业应选择股份有限公司，而规模不大的企业可选择合伙企业。因为规模较大的企业需要资金较多、公司治理架构较为复杂，如选择合伙企业反而会降低运转效率；合伙企业只有在规模较小的时候才会体现出扁平化的经营优势。

2. 子公司与分公司

如果设立子公司，还需要关注母子公司之间的转让定价是否在合理的范围内，以及母子公司之间的交易是否在企业所得税认可的框架内。

专栏

母公司为其子公司提供各种服务而发生的费用，如何进行企业所得税税前扣除？

（1）母公司为其子公司提供各种服务而发生的费用，应按照独立企业之间公平交易原则确定服务的价格，作为企业正常的劳务费用进行税务处理。母子公司未按照独立企业之间的业务往来收取价款的，税务机关有权予以调整。

（2）母公司向其子公司提供各项服务，双方应签订服务合同或协议，明确规定提供服务的内容、收费标准及金额等，凡按上述合同或协议规定所发生的服务费，母公司应作为营业收入申报纳税，子公司作为成本费用在税前扣除。

（3）母公司向其多个子公司提供同类项服务，其收取的服务费可以采取分项签订合同或协议收取。也可以采取服务分摊协议的方式，即由母公司与各子公司签订服务费用分摊合同或协议，以母公司为其子公司提供服务所发生的实际费用并附加一定比例利润作为向子公司收取的总服务费，在各服务受益子公司（包括盈利企业、亏损企业和享受减免税企业）之间按《中华人民共和国企业所得税法》第41条第2款规定合理分摊。

（4）母公司以管理费形式向子公司提取费用，子公司因此支付给母公司的管理费，不得在税前扣除。

（5）子公司申报税前扣除向母公司支付的服务费用，应向主管税务机关提供与母公司签订的服务合同或者协议等与税前扣除该项费用相关的材料。不能提供相关材料的，支付的服务费用不得税前扣除。

3. 高新技术企业

对于高新技术企业的优惠认定，国家已将审批制改为备案制。由于企业对税收法律政策掌握不全面，特别是高新技术企业税收优惠，资质门槛高、政策条件多、财务处理复杂，自行判断适用优惠政策存在较大难度。一旦对高新技术企业的条件把控不当，很有可能被取消高新技术企业资格，不仅要补税，而且可能面临声誉损害。因此，在享受高新技术企业税收优惠时一定要结合自身情况量力而行，否则可能面临较大税务风险。

（二）开办费的税收筹划风险

企业的开办费并非是越早摊销，企业的节税效益越大。例如，若企业适用三免三减半、两免三减半等税收政策，则应尽量将开办费的摊销推迟，避免摊销期与免税期发生重合。因此，对开办费摊销的税收筹划不同企业不能照搬，而是应当具体问题具体分析。

（三）税收优惠的税收筹划风险

国家提供税收优惠的行业在经营上普遍具有较高的操作难度，一些优惠行业还存在投资回收期长、风险大等特点。而满足税收优惠的地区通常具有老、少、边、穷等特点，整体营商环境相对较差。因此，企业在进行行业以及设立地区的选择时应当进行全面的评估和权衡，注意量力而为。企业在税收优惠地区设立机构享受优惠的同时，必须满足实质经营原则。

专栏

霍尔果斯是中国新疆的重要口岸。2010 年 5 月，霍尔果斯获批成为经济特区，执行经济特区的税收政策，主要是实行 15% 的企业所得税优惠税率，以及一定期限内的企业所得税免税、减半征收政策。

2014 年霍尔果斯建市以后，霍尔果斯推出了“五免五减”税收政策，规定在 2010 年至 2020 年间，在霍尔果斯新注册的企业五年内企业所得税全免，五年后地方留存的 40% 的税将以“以奖代免”的方式返还给企业。此外，企业的增值税、个人所得税等符合一定条件后可获得相应的奖励。正是以上措施，让霍尔果斯真正成了企业的“避税天堂”。

霍尔果斯注册成本低、税收回报高，投资者前来注册公司的热情在过去两年空前高涨。2016 年至 2017 年短短的两年时间内，在税收优惠政策的刺激之下，大量投资者到霍尔果斯扎堆注册，其中包括大量的影视公司。霍尔果斯市的企业数量，从 2015 年的 859 户，激增至 2017 年年末的 22 615 户，其增长之快令人瞠目。其中，2017 年年末，注册在霍尔果斯的影视传媒企业数量达 1 476 户，数量十分庞大。然而，由于注册审查不严以及监管不规范，导致空壳公司比比皆是，一址多照、逃税漏税等乱象丛生。

2018 年 1 月以来，霍尔果斯开始调整税收优惠政策。当地相关部门要求，在霍尔果斯设立的企业必须实体落地，根据开票量规模的大小，提供相应面积的办公场地，以及对应数量的工作人员，并给员工缴纳社保；已经享受到税收减免的企业，必须拿出企业所得税减免的20%用于在霍尔果斯的地方投资，投资类型包括实体投资、政府投资、公益基金，企业可从中任选一种；注册企业必须拿出开票量金额的1%用于缴纳保证金。不符合要求的企业暂停办理注册手续，同时暂停返还增值税和个人所得税。

这样一来，为了税收优惠而在霍尔果斯注册空壳公司进行避税的税收风险大大增加。这也是大量企业尤其是影视企业纷纷注销的原因之一。

第二节 企业采购阶段的所得税筹划

一、相关税收政策

（一）税前扣除范围

1. 具体扣除范围

企业实际发生的与取得收入有关的、合理的支出，包括成本、费用、税金、损失和其他支出，准予在计算应纳税所得额时扣除。

（1）成本，是指企业在生产经营活动中发生的销售成本、销货成本、业务支出以及其他耗费，即企业销售商品，提供劳务，转让固定资产、无形资产的成本。

（2）费用，是指企业每一个纳税年度为生产经营商品和提供劳务等所发生的销售（经营）费用、管理费用和财务费用，已经计入成本的有关费用除外。

销售（经营）费用是指应由企业负担的为销售商品而发生的费用，包括广告费、运输费、装卸费、包装费、展览费、保险费、销售佣金（能直接认定的进口佣金可调整商品的进价成本）、代销手续费、经营性租赁费及销售部门发生的差旅费、工资、福利费等费用。

管理费用是指企业的行政管理部门为管理组织的经营活动、提供各项支援性服务而发生的费用。

财务费用是指企业筹集经营性资金而发生的费用，包括利息净支出、汇兑净损失、金融机构手续费以及其他非资本化支出。

（3）税金，是指企业发生的除企业所得税和允许抵扣的增值税以外的企业缴纳的各项税金及其附加，即企业按规定缴纳的消费税、城市维护建设税、关税、资源税、土地增值税、房产税、车船税、土地使用税、印花税、教育费附加等。

（4）损失，是指企业在生产经营活动中发生的固定资产和存货的盘亏、毁损、报废损失，转让财产损失，呆账损失，坏账损失，自然灾害等不可抗力因素造成的损失以及其他损失。

企业发生的损失，减除责任人赔偿和保险赔款后的余额，依照国务院财政、税务主管部门的规定扣除。

企业已经作为损失处理的资产，在以后纳税年度又全部收回或者部分收回时，应当计入当期收入。

（5）其他支出，是指除成本、费用、税金、损失外，企业在生产经营活动中发生的与生产经营活动有关的、合理的支出。

2. 在计算应纳税所得额时不得扣除的支出

（1）向投资者支付的股息、红利等权益性投资收益款项。

（2）企业所得税税款。

（3）税收滞纳金，是指纳税人违反税收法规被税务机关处以的滞纳金。

（4）罚金、罚款和被没收财物的损失，是指纳税人违反国家有关法律法规规定，被有关部门处以的罚款，以及被司法机关处以的罚金和被没收财物。

（5）超过规定标准的捐赠支出。

（6）赞助支出，是指企业发生的与生产经营活动无关的各种非广告性质支出。

（7）未经核定的准备金支出，是指不符合国务院财政、税务主管部门规定的各项资产减值准备、风险准备等准备金支出。

（8）企业之间支付的管理费、企业内营业机构之间支付的租金和特许权使用费，以及非银行企业内营业机构之间支付的利息。

（9）与取得收入无关的其他支出。

（二）新购进设备的税收政策

至2027年12月31日，企业新购进的设备、器具，单位价值不超过500万元的，允许一次性计入当期成本费用在计算应纳税所得额时扣除，不再分年度计算折旧。固定资产在投入使用月份的次月所属年度一次性税前扣除。

（三）税额抵免政策

企业购置并实际使用《环境保护专用设备企业所得税优惠目录》《节能节水专用设备企业所得税优惠目录》和《安全生产专用设备企业所得税优惠目录》规定的环境保护、节能节水、安全生产等专用设备，其设备投资额的10%可以从企业当年的应纳税额中抵免；当年不足抵免的，可以在以后5个纳税年度结转抵免。

需要注意的是，享受该项企业所得税优惠的企业，应当实际购置并自身实际投入使用上述规定的专用设备；企业购置上述专用设备在5年内转让、出租的，应当停止享受企业所得税优惠，并补缴已经抵免的企业所得税税款。

税法对“环境保护、节能节水、安全生产”实行界定和投资抵免，支持对社会层面的投资，而不是简单企业层面（如增加效能、增加产量）的技术改造，从而扩大了外延，更具广泛性和针对性。

二、筹划关键点与案例解析

（一）供应商选择的税收筹划

企业在采购时应尽量选择价格较低的一方，同时应尽早取得发票，进行所得税税前扣除。从财务角度分析可知，如果采购方不能取得发票，就意味着不能计入成本，即不能实现税前扣除。

案例

甲公司要采购一批物资，现有两种采购方案。

方案 1：从乙公司采购，价格为 20 万元，乙公司可以开具增值税普通发票。

方案 2：从某个体工商户采购，无法取得发票，但可降低采购价格至 16 万元。

甲公司应选择哪一个方案？

【筹划思路与方案】

方案 1 的采购价格高，但是可以拿到发票，在税前扣除；方案 2 的采购价格低，但是不能税前扣除。两个方案之间最简单的衡量标准就是其实际购货成本测算（采购价格 – 发票的抵税效应）。

方案 1：采购物资取得发票后，其成本可在税前抵扣，抵税效应为 5 万元（即 20 × 25%），相当于企业获得 5 万元的税收收益，则采购成本相当于 15 万元（即 20–5）。

方案 2：采购物资未取得发票，其成本不可以在税前扣除，采购成本为 16 万元。

【结论分析】

该公司应选择采购价格较高但可取得发票的方案 1。

【筹划拓展】

如果取得的是增值税专用发票，两个方案对增值税也会产生影响。

（二）采购合同的税收筹划

发票是企业税前扣除项目的重要凭证，采购合同的税收筹划重点就在于如何尽早取得发票。因此，应避免在采购合同中出现诸如“全部款项付完后，由供货方开具发票”此类条款。因为在实际工作中，由于质量、标准等方面的原因，采购方往往不会付全款，而根据合同这将无法取得发票，不能进行抵扣。只要将合同条款改为“根据实际支付金额，由供货方开具发票”，就不会存在这样的问题了。

（三）采购设备的税收筹划

企业在采购设备时，需要了解到相关的税收政策，对于单价符合税法规定的要求（500万元以下）的，及时进行税前扣除。需要购置有关环境保护、节能节水和安全生产等专用设备时，必须注意应是在企业所得税优惠目录中的专用设备，且注意年限限制。

三、税收筹划风险及防范

在对企业采购阶段进行筹划时，首先要注意发票的合规性。除了接受虚开的增值税专用发票这一红线坚决不能触碰之外，企业还应当严格避免接受虚开的普通发票用以列支费用。《中华人民共和国刑法》第205条之一对于虚开增值税普通发票的规定为："虚开本法第二百零五条规定以外的其他发票，情节严重的，处二年以下有期徒刑、拘役或者管制，并处罚金；情节特别严重的，处二年以上七年以下有期徒刑，并处罚金。单位犯前款罪的，对单位判处罚金，并对其直接负责的主管人员和其他直接责任人员，依照前款的规定处罚。"虽然法律表述较为简单，但是虚开普通发票仍是不可忽视的一大税务风险。企业应当在采购前对交易商的资信情况进行审核，坚决避免没有真实交易的采购行为。另外，企业在签订合同时应对开具发票的类型、项目、税率、开票时间、税款承担主体、价外费用、违约责任等涉税条款进行明确约定，并在交易过程中注意保存证据，从而避免被税务机关误认为虚开发票。

第三节　企业研发阶段的所得税筹划

一、相关税收政策

（一）研发费用加计扣除

研发活动，是指企业为获得科学与技术新知识，创造性运用科学技术新知识，或实质性改进技术、产品（服务）、工艺而持续进行的具有明确目标的系统性活动。

企业开展研发活动中实际发生的研发费用，未形成无形资产计入当期损益的，在按规定据实扣除的基础上，按照实际发生额的100%在税前加计扣除；形成无形资产的，在上述期间按照无形资产成本的200%在税前摊销。其中，烟草制造业、住宿和餐饮业、批发和零售业、房地产业、租赁和商务服务业、娱乐业不在此范围。

研发费用的具体范围包括：

（1）人员人工费用。即直接从事研发活动人员的工资薪金、基本养老保险费、基本医疗保险费、失业保险费、工伤保险费、生育保险费和住房公积金，以及外聘研发人员的劳务费用。

（2）直接投入费用。

① 研发活动直接消耗的材料、燃料和动力费用。

② 用于中间试验和产品试制的模具、工艺装备开发及制造费，不构成固定资产的样品、样机及一般测试手段购置费，试制产品的检验费。

③ 用于研发活动的仪器、设备的运行维护、调整、检验、维修等费用，以及通过经营租赁方式租入的用于研发活动的仪器、设备租赁费。

（3）折旧费用。即用于研发活动的仪器、设备的折旧费。

（4）无形资产摊销。即用于研发活动的软件、专利权、非专利技术（包括许可证、专有技术、设计和计算方法等）的摊销费用。

（5）新产品设计费、新工艺规程制定费、新药研制的临床试验费、勘探开发技术的现场试验费。

（6）其他相关费用。即与研发活动直接相关的其他费用，如技术图书资料费、资料翻译费、专家咨询费、高新科技研发保险费，研发成果的检索、分析、评议、论证、鉴定、评审、评估、验收费用，知识产权的申请费、注册费、代理费，差旅费、会议费等。此项费用总额不得超过可加计扣除研发费用总额的10%。

（7）财政部和国家税务总局规定的其他费用。

（二）技术转让所得

一个纳税年度内，居民企业技术转让所得不超过500万元的部分，免征企业所得税；超过500万元的部分，减半征收企业所得税。

居民企业转让5年（含）以上非独占许可使用权取得的技术转让所得，也纳入上述享受企业所得税优惠的技术转让所得范围。

二、筹划关键点与案例解析

企业内部自行研究开发项目发生的研究开发费用，包括研究阶段支出和开发阶段支出。研究阶段支出全部费用化，计入当期损益（管理费用）；开发阶段支出符合条件的（开发成功的）需要资本化，作为无形资产分期摊销，不符合条件的（未开发成功的）也需要费用化，计入当期损益（管理费用）。对于企业而言，特别是高新技术企业而言，在准确把握研发项目实施情况的基础上，充分利用加计扣除的税收优惠政策是开展研发费用税收筹划工作的重点。

（一）研发费用的税收筹划

在时间安排上，企业应安排研发费用发生在正常的纳税年度，避免发生在免税期和亏损年度，以保证研发费用可以在税前扣除。在金额安排上，研发费用加计扣除规模尽可能小于企业利润。若研发费用加计扣除的规模大于企业利润，可以将研发费用分期，从而将其充分扣除。

案例

某公司根据市场需求，准备研究开发一款新产品，产品研究开发计划两年，技术开发费预算需 800 万元。在不考虑技术开发费费用化和资本化的前提下，预测企业第一年可实现利润 700 万元，企业第二年可实现利润 2 000 万元。假定企业所得税税率为 25% 且无其他纳税调整事项，预算安排不影响企业正常的生产进度。现对技术开发费的预算有两个备选方案。

方案 1：第一年预算为 400 万元，第二年预算为 400 万元。

方案 2：第一年预算为 300 万元，第二年预算为 500 万元。

请从税收筹划的角度分析企业的最优方案。

【筹划思路与方案】

两个方案技术开发费的总和相同，因此筹划的重点在于纳税义务发生时间的确定。

方案 1：第一年发生技术开发费 400 万元，可加计扣除 100%。

应纳税所得额 $=700-(400+400\times100\%)=-100$（万元）

当年不缴纳企业所得税，亏损 100 万元可结转至以后年度弥补。

第二年发生技术开发费 400 万元，可加计扣除 100%。

应纳税所得额 $=2\ 000-(400+400\times100\%)-100=1\ 100$（万元）

缴纳企业所得税 $=1\ 100\times25\%=275$（万元）

当年缴纳企业所得税 275 万元。

方案 2：第一年发生技术开发费 300 万元，可加计扣除 100%。

应纳税所得额 $=700-(300+300\times100\%)=100$（万元）

缴纳企业所得税 $=100\times25\%=25$（万元）

当年缴纳企业所得税 25 万元。

第二年发生技术开发费 500 万元，可加计扣除 100%。

应纳税所得额 $=2\ 000-(500+500\times100\%)=1\ 000$（万元）

缴纳企业所得税 $=1\ 000\times25\%=250$（万元）

当年缴纳企业所得税 250 万元。

【结论分析】

根据上述分析，虽然方案 1 和方案 2 两年缴纳的企业所得税总额相同，但方案 1 比方案 2 推迟缴纳了企业所得税，使企业获得了货币的时间价值。因此，该公司应选择方案 1。

案例

某科技公司使用的软件多数为进口技术，为改变这一现状，公司提出了以下两种解决方案。

方案 1：从国外直接进口软件，直接支出成本需 60 万元，购买后可直接投入应用，收益期约为 3 年。

方案 2：自行研发软件，预计费用 40 万元，开发期大约 1 年半，第一年支出大约 25 万元，第二年支出大约 15 万元。

该公司应该选择哪种方案？

【筹划思路与方案】

方案 1：直接进口软件，软件的购置费用可以在税前摊销。

公司购买该项技术支出的 60 万元将构成无形资产，并能在受益期 3 年内平均摊销，每年能够在所得税税前列支的摊销为 20 万元，节约纳税额为 5 万元（即 $20 \times 25\%$）。

方案 2：自行研发软件，研发费用可以在税前加计扣除。

开发期的第一年摊销额为 25 万元，可加计扣除 25 万元，节约纳税额为 12.5 万元（即 $50 \times 25\%$）；第二年摊销额为 15 万元，可加计扣除 15 万元，节约纳税额为 7.5 万元（即 $30 \times 25\%$）。

【结论分析】

以上两个方案相比较，方案 1 不研究开发，直接购买无形资产，投资最大，见效最快，但减轻税负效果略差；方案 2 自行研究开发，投资额较少，见效速度慢，但由于享受国家加计扣除的优惠政策，减轻税负效果最好，相对回报较高。因此，在税法给予研发费用加计扣除的政策背景下，如企业拥有一定程度的自行研发能力，应尽量选择研究开发，即方案 2，这样不但能够拥有自主知识产权，借此享受国家给予的优惠政策，在节约纳税成本上也可取得较大收益。

案例

甲企业按照税法规定，可享受研发费用加计扣除政策。为保证研发团队员工的稳定性并激发其工作积极性，本年度，公司决定在规定标准“五险一金”的基础上，为全体研发人员每人办理一份商业保险。甲企业该如何进行税收筹划？

【筹划思路】

可计入研发费用享受加计扣除的“人工费用”为直接从事研发活动人员的工资薪金、基本养老保险费、基本医疗保险费、失业保险费、工伤保险费、生育保险费和住房公积金，以及外聘研发人员的劳务费用。显然，“人工费用”的范围不包括以下内容：① 企业给员工缴纳的补充养老保险、补充医疗保险；② 超过规定标准为员工缴纳的“五险一金”；③ 商业保险。因此，甲企业为研发人员缴纳的商业保险费，是不能计入研发费用享受加计扣除政策的。

【筹划方案】

甲企业可以先以发放津贴的形式，随研发人员工资薪酬一起发放并扣个人所得税，然后以公司统一代办商业保险的形式，从发放的薪酬中扣除应由员工负担的商业保险费。这样，员工的薪酬全部作为“人工费用”列入研发费用，按规定享受加计扣除政策，公司也为研发人员办理了商业保险。

（二）技术转让收入的税收筹划

取得技术转让收入的企业可以利用相关税收优惠政策进行筹划，避免一次性取得超过500万元的技术转让所得，实现免税所得最大化。

案例

某公司转让一项技术，与客户签订合同共收取600万元。现有两种签订方案。

方案1：与客户签订一次性转让合同并收取600万元。

方案2：与客户合同约定分期转让，第一年收取300万元，第二年收取300万元。

请问哪种方案签订的技术转让合同能使节税效果最大？

【筹划思路与方案】

技术转让所得不超过500万元的部分，免征企业所得税；超过500万元的部分，减半征收企业所得税。因此，筹划的重点在于技术转让所得尽量控制在500万元以下。

方案1：应纳企业所得税 =（600−500）×50%×25%=12.5（万元）

方案2：应纳企业所得税 =0（万元）

【结论分析】

在这两个方案中，该公司两年内收取的技术转让收入都是600万元，但由于方案2将每年实现的技术转让收入控制在免征额500万元以下，可以免征企业所得税，所以取得了更大的节税收益。

三、税收筹划风险及防范

在实践当中，并不是所有企业都拥有自行研发的团队和技术能力，因此在研发阶段进行税收筹划时，应综合考虑企业自身的资金能力、技术能力、人员能力等多方面因素，从而做出合理的选择。另外，企业在对研发费用的发生时间进行税收筹划时，应注意不能影响企业正常的生产经营活动和研发进程，否则就得不偿失。

第四节　企业生产阶段的所得税筹划

一、相关税收政策

（一）固定资产的税收政策

在计算应纳税所得额时，企业按照规定计算的固定资产折旧准予扣除。

1. 固定资产折旧的计提方法

（1）企业应当自固定资产投入使用月份的次月起计算折旧；停止使用的固定资产，应当自停止使用月份的次月起停止计算折旧。

（2）企业应当根据固定资产的性质和使用情况，合理确定固定资产的预计净残值。固定资产的预计净残值一经确定，不得变更。

（3）固定资产按照直线法计算的折旧，准予扣除。

2. 固定资产计提折旧的范围

下列固定资产不得计算折旧扣除：

（1）房屋、建筑物以外未投入使用的固定资产。

（2）以经营租赁方式租入的固定资产。

（3）以融资租赁方式租出的固定资产。

（4）足额提取折旧仍继续使用的固定资产。

（5）与经营活动无关的固定资产。

（6）单独估价作为固定资产入账的土地。

（7）其他不得计算折旧扣除的固定资产。

3. 固定资产的修理

企业的固定资产日常修理支出可在发生当期直接扣除。大修理支出应按照固定资产尚可使用的年限分期摊销。

《中华人民共和国企业所得税法》所指固定资产的大修理支出，是指同时符合下列条件的支出：

（1）修理支出达到取得固定资产时计税基础的 50% 以上。

（2）修理后固定资产的使用年限延长 2 年以上。

其他应当作为长期待摊费用的支出，自支出发生月份的次月起分期摊销，摊销年限不得低于 3 年。

（二）存货的税收政策

存货，是指企业持有以备出售的产品或者商品、处在生产过程中的在产品、在生产或者提供劳务过程中耗用的材料和物料等。企业使用或者销售存货，按照规定计算的存货成本，准予在计算应纳税所得额时扣除。

1. 存货成本的计算

存货按照以下方法确定成本：

（1）通过支付现金方式取得的存货，以购买价款和支付的相关税费为成本。

（2）通过支付现金以外的方式取得的存货，以该存货的公允价值和支付的相关税费为成本。

（3）生产性生物资产收获的农产品，以产出或者采收过程中发生的材料费、人工费和分摊的间接费用等必要支出为成本。

2. 存货的计价方式

企业使用或者销售的存货的成本计算方法，可以在先进先出法、加权平均法、个别计价法中选用一种。计价方法一经选用，不得随意变更。

二、筹划关键点与案例解析

（一）固定资产的税收筹划

1. 固定资产的折旧

固定资产的折旧需要配合企业的具体经营情况。在企业创办初期且享有减免税优惠待遇时，企业可以通过延长固定资产折旧年限，将计提的折旧递延到减免税期满后计入成本，从而获得节税利益。对处于正常生产、经营期且未享有税收优惠的企业来说，缩短固定资产折旧年限，往往可以加速固定资产成本的回收，使企业的后期成本费用前移、前期利润后移，从而获得延期纳税的好处。在物价持续上涨时期，如果企业采用加速折旧法，既可以缩短资产回收期，又可以加快折旧速度，有利于发挥“折旧税盾”效应，从而取得递延纳税的好处。

案例

甲公司固定资产原值为800万元，预计残值20万元，使用年限为5年，企业所得税税率为25%。公司未扣除折旧的利润如表4–3所示，应如何进行税收筹划（对比直线折旧法与双倍余额递减法，是否考虑货币的时间价值10%）？

表4–3 公司未扣除折旧的利润 单位：万元

年限	未扣除折旧的利润
第1年	500
第2年	620
第3年	530
第4年	500
第5年	320
合计	2 470

【筹划思路与方案】

1. 不考虑货币的时间价值

分别运用直线折旧法、双倍余额递减法计算每年的应纳税所得额。

（1）直线折旧法：

年折旧额 =（800–20）×20%=156（万元）

累计折旧额 =156×5=780（万元）

累计应纳税额 =（2 470–780）×25%=422.5（万元）

（2）双倍余额递减法：

折旧率 =2÷5×100%=40%

第1年折旧额 =800×40%=320（万元）

第2年折旧额 =（800–320）×40%=192（万元）

第3年折旧额 =（800–320–192）×40%=115.2（万元）

第4年、第5年改用直线法，有：

年折旧额 =（800–320–192–115.2–20）/2=76.4（万元）

累计折旧额 =780（万元）

应纳税额 =（2 470–780）×25%=422.5（万元）

在非贴现的情况下，以直线折旧法与双倍余额递减法计算出的折旧总额和应纳税额没有差异。

2. 考虑货币的时间价值（见表 4–4）

表 4–4　两种折旧方法下的现值计算　　单位：万元

年限	直线折旧法			双倍余额递减法		
	应纳税所得额	应纳税额	应纳税额的现值	应纳税所得额	应纳税额	应纳税额的现值
第 1 年	344	86	78.174	180	45	40.905
第 2 年	464	116	95.816	428	107	88.382
第 3 年	374	93.5	70.218 5	414.8	103.7	77.878 7
第 4 年	344	86	58.738	423.6	105.9	72.329 7
第 5 年	164	41	25.461	243.6	60.9	37.818 9
合计	1 690	422.5	328.407 5	1 690	422.5	317.314 3

说明：1 年期、2 年期、3 年期、4 年期、5 年期的 10% 利率的复利现值系数分别为 0.909、0.826、0.751、0.683、0.621。

【结论分析】

从表 4–4 中可以看出，双倍余额递减法在折旧初期提取的折旧额比较多，相应的税基少，应缴纳的所得税也就少；在折旧后期折旧额较小，相应的应缴纳所得税就多。虽然在整个折旧摊销期间，总的应纳税所得额和应纳税额是一样的，但各年应缴纳的税款不一样。从各年应纳税额的现值总额来看，双倍余额递减法较直线折旧法节税 11.093 2 万元（即 328.407 5–317.314 3）。

2. 固定资产的修理

案例

甲公司对旧生产设备进行大修，大修过程中所耗材料费、配件费为 800 万元，支付工人工资 200 万元，总共花费 1 000 万元，而整台设备原值为 1 980 万元。甲公司应如何进行税收筹划？

【筹划思路】

甲公司总的修理支出大于设备原值（计税基础）的 50%。按照税法的规定，凡修理支出达到取得固定资产时的计税基础 50% 以上且修理后固定资产的使用年限延长 2 年以上的，一律作为大修理支出，按照固定资产尚可使用年限分期摊销。因此，应将 1 000 万元费用计入长期待摊费用，在固定资产尚可使用期限内逐年摊销。筹划的重点就在于如何将大修理费用一次性扣除。固定资产原值（计税基础）的 50% 为 990 万元，与现有花费相当，如果进行税收筹划，可以节约税金。

【筹划方案】

节省修理支出至 990 万元以下，就可将其视为日常维修处理，990 万元的修理支出可以计入当期损益并在企业所得税税前扣除，从而获得递延纳税的好处。

【筹划拓展】

这个筹划方案的运用还需要综合考虑企业的实际经营情况。比如如果企业有即将到期的未扣除亏损，还是选择将修理费用作为长期待摊费用较为合适。

3. 固定资产的处置

对于不能计提折旧又不使用的固定资产应加快处理，尽早实现财产损失的税前扣除。

案例

甲公司有一项不需要再使用的固定资产，原值 100 万元，预计使用期限为 10 年，无残值。目前已使用 5 年，账面剩余价值 50 万元，由于能耗过高被停用，如果出售可以获得 5 万元。

【筹划思路】

如果该固定资产不做任何处理，那么账面上的 50 万元既不能计提折旧，也不能将计提的跌价准备在税前扣除。

【筹划方案】

该固定资产应该及时处置，获得 5 万元收入，固定资产处置的净损失为 45 万元（即 50–5），而 45 万元的损失在当期就可以抵税，故企业当期可以少缴纳所得税 11.25 万元（即 45 × 25%）。

（二）存货的税收筹划

1. 存货成本计算方法的税收筹划

税法规定的存货成本计算方法包括先进先出法、加权平均法和个别计价法。

先进先出法是以先入库的存货先发出为假定前提，并以这种假定的存货流转次序对发出存货进行计价。采用这种计价方法要求分清所收入每批次存货的数量和单位成本，并随时根据领用数量计算发出和结存存货成本。先进先出法的优点是期末存货成本接近市价，能较恰当地表现资产负债表的存货价值，但核算工作量较大。

加权平均法也称全月一次加权平均法，以期初存货数量和本期收入存货数量为权数计算存货的平均单位成本，据以对发出存货进行计价。计算公式为：

加权平均单价 =（期初结存存货实际成本 + 本月收入存货实际成本）/（期初结存存货数量 + 本月收入存货数量）

本期发出存货的实际成本 = 本期发出存货数量 × 加权平均单价

加权平均法的优点是计算简便、合理，但发出存货的计价只能在月末进行，而且由于期末存货按平均单位成本计价，必然导致在物价上涨（或下跌）时低估（或高估）期末存货价值。

个别计价法是指每次发出每批次存货时，其成本按收入该批次存货的成本分别加以认定与计价。采用这种方法，要求对收入的每批次存货分别详细记录、分别编号保管。其优点是成本流转与实物流转相一致，能及时计算发出存货的价值，便于确定各批次存货的盈亏。缺点是工作量较大，容易发生管理人员主观操纵的情况。

不同计价方法的选择影响发出存货的成本，从而通过影响企业的营业成本来影响企业的应税收益，进而影响按收益计税的所得税。存货成本计算方法的选择需要考虑两种因素，即物价变动趋势和减免税期间。

（1）物价变动趋势与存货成本计算方法的选择。

在价格平稳或者价格波动不大时，存货成本计算方法对成本的影响不显著，但当价格水平处于不断波动时，存货成本计算方法对成本的影响就较为显著。当物价有上涨趋势时，采用月末一次加权平均法计算出的期末存货价值最低、销售成本最高，可将利润递延至次年，以延缓纳税时间。当物价呈下降趋势时，则采用先进先出法计算出的存货价值最低，该方法同样可达到延期纳税的目的。

案例

某企业购进原材料三批（5 月，1 万吨，1 000 元 / 吨；7 月，2 万吨，1 200 元 / 吨；12 月，1 万吨，1 400 元 / 吨），本年领用材料为 1 万吨，加工后出售取得的收入共计 2 000 万元，支付其他费用每吨 500 元。用哪种存货成本计算方法合适？

【筹划思路】

原材料的价格存在上涨趋势，如果采用先进先出法，会导致存货成本较低，应纳税所得额较高。

【筹划方案】

采用先进先出法：

存货成本 =1 000 × 1=1 000（万元）

企业利润 =2 000−1 000−500=500（万元）

采用加权平均法：

材料单价 =（1 000 × 1+1 200 × 2+1 400 × 1）÷ 4=1 200（万元）

存货成本 =1 200 × 1=1 200（万元）

企业利润 =2 000–1 200–500=300（万元）

【结论分析】

应选择加权平均法，或者个别计价法。

【筹划拓展】

在物价升降不定的情况下，企业选择个别计价法最合适，企业可以选择成本高的存货先发出，这样能够使前期纳税少、后期纳税多，相当于企业使用了一笔国家提供的无息贷款，这就是延期纳税的好处。但是，如果存货较多，不宜采用个别计价法，企业应采用加权平均法，使各期纳税较平均，不至于使前期纳税多，而后期纳税少。

（2）企业减免税期间与存货成本计算方法的选择。

当企业处于企业所得税的免税期时，企业获得的利润越多，其得到的免税额就越多，这样，企业就可以通过选择适当的成本计算方法减少当期成本、费用的摊入，扩大当期利润。在物价上涨的情况下，先进先出法是较优选择。

当企业处于征税期或高税率期时，企业就可以选择月末一次加权平均法，将当期的摊入成本尽量扩大，以减少当期利润、降低应纳所得税额。

2. 存货损失的税收筹划

企业所得税法规定，企业实际发生的与取得收入有关的、合理的损失支出，包括成本、费用、税金、损失和其他支出，准予在计算应纳税所得额时扣除。企业损失的计算需要考虑增值税进项税额转出的问题。在一些情况下，企业可以在申报损失扣除与降价销售之间做出选择。

案例

某零售企业采购了一批商品，增值税发票显示：价款 100 万元，增值税 13 万元。货已验收入库，但由于管理不善，商品发生了一定程度的毁损。请问应如何处理？

【筹划思路与方案】

（1）如果企业选择报废，申报损失，需要将原进项税额 13 万元转出。

企业可以在企业所得税汇算清缴时申报 113 万元的损失，并在税前扣除。

因此，企业真正发生的损失合计为：

（100+13）×（1–25%）=84.75（万元）

（2）如果选择贱卖，由于购进货物的增值税专用发票的“链条”没有中断，故无需将进项税额转出，但应确认贱卖收入产生的销项税额。

假设贱卖取得不含税收入 100 元，则其应确认的销项税额为：

$100 \times 13\% = 13$（元）

原采购价格 100 万元作为成本，可以在企业所得税税前列支。

因此，企业的损失为：

$100 \times (1-25\%) - 0.01 + 0.001\,3 \approx 75$（万元）

【结论分析】

相对于报废而言，贱卖虽然只取得了 100 元的其他业务收入，但却可使企业 100 万元的存货损失减少 9.75 万元（即 84.75–75）。

（三）职工福利的税收筹划

1. 把发放的福利费用部分转化为职工工资

税法规定，企业发放的职工工资可以 100% 在企业所得税前扣除，而职工福利费只能扣除工资总额的 14%，因此可以根据企业福利费总额的实际发生情况，对超出部分进行转化列支，减少企业所得税的支出。也可以将福利费用转化为劳动保护支出。比如，如果企业为每位职工发放防暑降温费，其属于职工福利费，只能按工资薪金总额的 14% 以内扣除；如果发放的是价值等同的防暑降温药品则属于劳动保护支出，可以 100% 扣除。

案例

甲公司计划每年向职工发放 12 万元，现有以下两种方案可供选择，该公司应选择哪一种？

方案 1：10 万元作为职工工资，2 万元用于职工福利费支出。

方案 2：全部作为职工的工资发放。

【筹划思路与方案】

税法规定，企业发放的职工工资可以 100% 扣除，而职工福利费支出只能在工资总额的 14% 以内限额扣除。筹划的重点在于尽可能控制有扣除标准的支出。

在这两种方案下，甲公司所得税前可扣除额为：

方案 1 的税前扣除额 $=10+10 \times 14\% = 11.4$（万元）

方案 2 的税前扣除额 $=12$（万元）

【结论分析】

甲公司应选择方案2，根据企业福利费总额的实际发生情况，对超出部分进行转化列支，把职工福利费支出部分转化为职工工资，可以减少企业所得税的应纳税额。

2. 合理安排在职残疾人员的工资

税法规定，企业安置残疾人员的，在按照支付给残疾职工工资据实扣除的基础上，按照支付给残疾职工工资的100%加计扣除。

3. 合理安排研发人员的工资

企业发生的研究开发费用，未形成无形资产计入当期损益的，在按照规定据实扣除的基础上，按照研究开发费用的100%加计扣除；形成无形资产的，按照无形资产成本的200%摊销。在职工从事研究开发期间，可多安排工资、奖金（包括全年一次性奖金），从而更多地享受加计扣除。需要注意的是，多安排工资、奖金相应增加的个人所得税负担，不能超过加计扣除部分减少的企业所得税负担，否则将得不偿失。

三、税收筹划风险及防范

固定资产计提折旧的时间需要准确把握。税法规定，应当自固定资产投入使用月份的次月起计算折旧。这里涉及两个条件，分别是“投入使用”与“次月”。例如，甲公司自行建造的价值400万元的固定资产于2023年12月竣工投入使用，该公司在2023年度企业所得税汇缴中，申报享受一次性税前扣除政策。该公司的税务处理方式就存在问题。固定资产应于次月，即2024年1月进行一次性税前扣除，扣除的所属年份应为2024年。再如，甲公司在2020年1月购进一项固定资产，一直未投入使用，直到2024年6月才投入使用，则其应在2024年7月再进行折扣。同时，并非所有企业都适用固定资产加速折旧的方案。例如，对于享受免税期（如“两免三减半”等）的企业来说，应当将可调节的扣除项目尽量推迟至免税期之后，从而享受更大力度的优惠。

第五节 企业销售阶段的所得税筹划

一、相关税收政策

（一）企业所得税的收入项目

1. 收入总额

收入总额是指以货币形式和非货币形式从各种来源取得的收入。具体包括：销售货物收入，提供劳务收入，转让财产收入，股息、红利等权益性投资收益，利息收入，租金收入、特许权使用费收入、接受捐赠收入、固定资产盘盈收入等。

2. 不征税收入

（1）财政拨款。财政拨款是指各级人民政府对纳入预算管理的事业单位、社会组织等拨付的财政资金，但国务院和国务院财政、税务主管部门另有规定的除外。

（2）依法收取并纳入财政管理的行政事业性收费、政府性基金。行政事业性收费是指依照法律法规等有关规定，按照国务院规定程序批准，在实施社会公共管理以及在向公民、法人或者其他组织提供特定公共服务的过程中，向特定对象收取并纳入财政管理的费用。政府性基金是指企业依照法律、行政法规等有关规定，代政府收取的具有专项用途的财政资金。

（3）国务院规定的其他不征税收入。国务院规定的其他不征税收入是指企业取得的，由国务院财政、税务主管部门规定专项用途并经国务院批准的财政性资金。

3. 免税收入

（1）国债利息收入。为鼓励企业积极购买国债、支援国家建设，税法规定，企业因购买国债所得的利息收入免征企业所得税。

（2）符合条件的居民企业之间的股息、红利等权益性收益。该收益是指居民企业直接投资于其他居民企业取得的投资收益。

（3）在中国境内设立机构、场所的非居民企业从居民企业取得的与该机构、场所有实际联系的股息、红利等权益性投资收益。该收益不包括连续持有居民企业公开发行并上市流通的股票不足 12 个月取得的投资收益。

（4）符合条件的非营利组织的收入。非营利组织的下列收入为免税收入：接受其他单位或者个人捐赠的收入；除《中华人民共和国企业所得税法》第 7 条规定的财政拨款以外的其他政府补助收入，但不包括因政府购买服务而取得的收入；按照省级以上民政、财政部门规定收取的会费；不征税收入和免税收入滋生的银行存款利息收入；财政部、国家税务总局规定的其他收入。

（二）纳税义务发生时间

1. 商品销售

采取下列商品销售方式的，应按以下规定确认收入实现时间：

（1）销售商品采用托收承付方式的，在办妥托收手续时确认收入。

（2）销售商品采取预收款方式的，在发出商品时确认收入。

（3）销售商品需要安装和检验的，在购买方接受商品以及安装和检验完毕时确认收入。如果安装程序比较简单，可在发出商品时确认收入。

（4）销售商品采用支付手续费方式委托代销的，在收到代销清单时确认收入。

2. 劳务收入

企业在各个纳税期末，提供劳务交易的结果能够可靠估计的，应采用完工进度（完工百分比）法确认提供劳务收入。下列提供劳务满足收入确认条件的，应按规定确认收入：

（1）安装费。应根据安装完工进度确认收入。安装工作是商品销售附带条件的，安装费在确认商品销售实现时确认收入。

（2）宣传媒介的收费。应在相关的广告或商业行为出现于公众面前时确认收入。广告的制作费应根据制作广告的完工进度确认收入。

（3）软件费。为特定客户开发软件的收费，应根据开发的完工进度确认收入。

（4）服务费。包含在商品售价内可区分的服务费，在提供服务的期间分期确认收入。

（5）艺术表演、招待宴会和其他特殊活动的收费。在相关活动发生时确认收入。收费涉及几项活动的，预收的款项应合理分配给每项活动，分别确认收入。

（6）会员费。申请入会或加入会员只允许取得会籍的情况，所有其他服务或商品都要另行收费的，在取得该会员费时确认收入。申请入会或加入会员后，会员在会员期内不再付费就可得到各种服务或商品，或者以低于非会员的价格销售商品或提供服务的，该会员费应在整个受益期内分期确认收入。

（7）特许权费。属于提供设备和其他有形资产的特许权费，在交付资产或转移资产所有权时确认收入；属于提供初始及后续服务的特许权费，在提供服务时确认收入。

（8）劳务费。长期为客户提供重复的劳务收取的劳务费，在相关劳务活动发生时确认收入。

3. 分期确认收入

企业的下列生产经营业务可以分期确认收入的实现：

（1）以分期收款方式销售货物的，按照合同约定的收款日期确认收入的实现。

（2）企业受托加工制造大型机械设备、船舶、飞机，以及从事建筑、安装、装配工程业务或者提供其他劳务等，持续时间超过 12 个月的，按照纳税年度内完工进度或者完成的工作量确认收入的实现。

采取产品分成方式取得收入的，按照企业分得产品的日期确认收入的实现，其收入额按照产品的公允价值确定。

二、筹划关键点与案例解析

（一）销售方式的税收筹划

为了加快产品销售、减少积压库存、提高市场占有率，企业往往会选择不同方式的促销方式。根据《国家税务总局关于确认企业所得税收入若干问题的通知》（国税函〔2008〕875 号）第 3 条的规定，企业以买一赠一等方式组合销售本企业商品的，不属于捐赠，应将总的销售金额按各项商品的公允价值的比例来分摊确认各项商品的销售收入。根据国税函〔2008〕875号文件的规定，其实质就是将企业的销售金额分解成商品销售的收入和赠送商品销售的收入两部分，各自针对相应的成本来计算应缴纳的企业所得税。

对于不同的买一赠一方案，企业应该根据不同的方案进行总税负或者税后净利润的测算，并依据测算结果进行筹划安排。

案例

某公司为庆祝成立10周年，决定在春节期间开展一次促销活动，现有两种方案可供选择：

方案1，打8折，即按现价折扣20%销售，原100元商品以80元售出；

方案2，赠送购货价值20%的礼品，即购买100元商品，可获得20元礼品。

暂不考虑城市维护建设税及教育费附加，商品的毛利率为30%，以上价格均为含税价格。应选择哪种方案呢？

【筹划思路与方案】

方案2涉及增值税视同销售，会对企业的净利润产生影响。

在不同的促销方案下，公司的税后利润为：

方案1：

应纳增值税 $= \frac{80}{1+13\%} \times 13\% - \frac{70}{1+13\%} \times 13\% = 1.15$（元）

企业利润额 $= \frac{80}{1+13\%} - \frac{70}{1+13\%} = 8.85$（元）

应缴企业所得税 $= 8.85 \times 25\% = 2.21$（元）

税后净利润 $= 8.85 - 2.21 = 6.64$（元）

方案2：

应纳增值税 $= \frac{100}{1+13\%} \times 13\% - \frac{70}{1+13\%} \times 13\% - \frac{14}{1+13\%} \times 13\% = 1.84$（元）

企业利润额 $= \frac{100}{1+13\%} - \frac{70}{1+13\%} - \frac{14}{1+13\%} = 14.16$（元）

应缴企业所得税 $= \left(\frac{100}{1+13\%} - \frac{70}{1+13\%} - \frac{14}{1+13\%}\right) \times 25\% = 3.54$（元）

税后净利润 $= 14.16 - 3.54 = 10.62$（元）

这两个方案的相关数据见表4-5。

表 4–5 两种方案的经济指标对比　　单位：元

应缴税金	8 折 销售	赠送礼品
增值税	1.15	1.84
企业所得税	2.21	3.54
税后净利润	6.64	10.62

【结论分析】

由表 4–5 计算的税后净利润可知，应选择方案 2。

【筹划拓展】

需要注意的是，企业向个人赠送礼品，属于下列情形之一的，取得该项所得的个人应依法缴纳个人所得税，税款由赠送礼品的企业代扣代缴：

（1）企业在业务宣传、广告等活动中，随机向本单位以外的个人赠送礼品，对个人取得的礼品所得，按照“其他所得”项目，全额适用 20% 的税率缴纳个人所得税。

（2）企业在年会、座谈会、庆典以及其他活动中向本单位以外的个人赠送礼品，对个人取得的礼品所得，按照“其他所得”项目，全额适用 20% 的税率缴纳个人所得税。

（3）企业对累积消费达到一定额度的顾客，给予额外抽奖机会，个人的获奖所得按照“偶然所得”项目，全额适用 20% 的税率缴纳个人所得税。

企业在销售商品（产品）和提供服务过程中向个人赠送礼品，属于下列情形之一的，不征收个人所得税：

（1）企业通过价格折扣、折让方式向个人销售商品（产品）和提供服务。

（2）企业在向个人销售商品（产品）和提供服务的同时给予赠品，如通信企业对个人购买手机赠话费、入网费，或者购话费赠手机等。

（二）销售地点的税收筹划

国家为了扶持某些地区经济发展，更好地优化营商环境，对一些地区会予以一定的税收方面的扶持，包括经济特区、经济开发区、民族自治区、自由贸易区与西部地区等。企业在对销售地点进行选择时，可以结合实际经营情况，充分利用这些优惠政策。

案例

甲公司生产一种机器设备，客户主要分布在陕西、四川、西藏、新疆等地，每件产品的市场售价为 30 000 元，每件产品的基本费用为：生产成本 15 000 元，销售费用 3 000 元，管理费、财务成本等综合费用暂不考虑。如何进行筹划才能减轻企业所得税负担？

【筹划思路】

如果不进行税收筹划，甲公司的应纳所得税为：

（30 000−15 000−3 000）×25%=3 000（元）

由于企业的客户大多分布在西部地区，可以考虑应用西部大开发的税收优惠政策。

该公司可以考虑在西藏设立一家全资子公司专门负责公司产品的销售工作，总公司专注于生产。这样，子公司不仅可以享受到税收优惠，总公司还可以将一部分利润转让给子公司，降低总体税负。

【筹划方案】

假设总公司将设备销售给西藏子公司的售价调整为25 000元/件，则总公司的应纳所得税为：

（25 000−15 000）×25%=2 500（元）

销售公司应纳所得税为：

（30 000−25 000−3 000）×15%=300（元）

两公司共计应纳所得税为：

2 500+300=2 800（元）

【结论分析】

设立销售公司进行税收筹划，使得每件产品减少缴纳所得税200元（即3 000−2 800）。

【筹划拓展】

除了建立子公司之外，企业还可以采取下列几种措施：

（1）整个企业迁移到有税收减免优惠政策的地区。

（2）如果全部搬迁不够理想，可以将企业的主要办事机构迁移到上述地区，采取只变更企业注册地的办法，而把老企业作为分支机构仍留在原地继续生产。

（3）通过自身的产权重组达到变更注册地的目的。例如，采取企业分立或者分别注册的办法，让符合税收优惠条件的部分在税收优惠地区注册，让不符合税收优惠条件的部分仍留在老地方继续生产。

（4）先在合适的地区创办一家新的企业，并取得享受税收优惠的资格，然后将原有的企业与新企业进行合并，将原有的企业变更为享受税收优惠政策企业的一个分支机构，享受合并纳税的好处。

（5）通过企业间的关联交易，将高税率地区企业的利润转移到享受税收优惠的企业中去，实现企业整体税率的下降。

（三）关联交易的税收筹划

关联企业间的转让价格是指关联企业中各个经济实体之间商品、劳务和无形资产转让时的定价。在不考虑税收的情况下，对于关联企业的整体来说，转让定价并未对集团的整体利润水平带来影响，关联企业内部的各个公司实体之间只是通过转让定价进行了利润转移。但是，如果关联企业之间的税率并不一致，就可以利用转让定价进行筹划。

案例

某企业集团下辖甲、乙两个企业。其中，甲企业适用25%的企业所得税税率，乙企业属于需要国家扶持的高新技术企业，适用15%的企业所得税税率。2024纳税年度，甲企业的应纳税所得额为8 000万元，乙企业的应纳税所得额为9 000万元。请计算甲、乙两个企业以及该企业集团在2024纳税年度分别应当缴纳的企业所得税税款，并提出税收筹划方案。

【筹划思路】

甲企业2024纳税年度应当缴纳企业所得税=8 000×25%=2 000（万元）

乙企业2024纳税年度应当缴纳企业所得税=9 000×15%=1 350（万元）

该企业集团2023纳税年度合计缴纳企业所得税=2 000+1 350=3 350（万元）

由于甲企业的企业所得税税率高于乙企业的企业所得税税率，因此可以考虑通过业务调整等方式将甲企业的部分收入转移到乙企业。

【筹划方案】

假设企业集团通过税收筹划将甲企业的应纳税所得额降为7 000万元，乙企业的应纳税所得额相应增加为1亿元，则：

甲企业2024纳税年度应当缴纳企业所得税=7 000× 25%=1 750（万元）

乙企业2024纳税年度应当缴纳企业所得税=10 000×15%=1 500（万元）

该企业集团2024纳税年度合计缴纳企业所得税=1 750+1 500=3 250（万元）

【结论分析】

通过税收筹划，该企业集团可以少缴企业所得税100万元（即3 350–3 250）。

【筹划拓展】

高新技术企业认定需要满足一系列标准，其中一项就是高新技术产品收入占企业同期总收入的比例不低于60%。在增加乙企业收入的同时，还需要保证乙企业的高新技术产品收入的比重。

案例

某集团旗下有两个子公司，甲公司适用的税率为25%，乙公司适用西部大开发优惠政策，税率为15%。甲公司有一批货物，成本为80万元，计划以120万元销售。请问有什么税收筹划方案？

【筹划思路】

如果不进行税收筹划，甲公司应交企业所得税 =（120–80）×25%=10（万元）

如果能利用转让定价，将部分利润转移至乙公司，则可以减轻税负。

【筹划方案】

甲公司将货物以110万元转让给乙公司，乙公司再将货物以120万元销售。

甲公司应交企业所得税 =（110–80）×25%=7.5（万元）

乙公司应交企业所得税 =（120–110）×15%=1.5（万元）

【结论分析】

集团总体税负为9万元（即7.5+1.5），实现节税额1万元。

【筹划拓展】

乙公司适用西部大开发优惠政策需要满足一系列标准，包括鼓励类主营业务收入占企业收入总额60%以上。在增加乙公司收入的同时，还需要保证乙公司的鼓励类主营业务收入的比重。

除了货物交易价格外，关联企业之间的交易还可能存在于资金借贷、财产租赁与转让、劳务服务提供等多个层面。

（四）结算方式的税收筹划

企业与客户约定的结算方式直接决定了企业所得税中企业确定销售收入的时点，即纳税义务发生时间。为了推迟所得税纳税义务发生时间，销售环节要设法推迟收入的实现。

（1）延缓销售时间。销售收入的实现是以发出商品并取得索取货款的凭据为依据的。如果销售发生在月末或年末，企业可以试图延缓销售至次月或次年。需要注意的是，企业不能为了自己推迟纳税而让客户推迟购买时间，这有可能失去一大批客户。同时，企业也不能为推迟纳税而推迟收款，这不利于企业资金周转。企业应综合考虑各种因素，实现财务利益最大化。

（2）采取分期收款结算方式。分期收款销售商品以合同约定的收款日期确定收入的实现。若企业一时收不到货款，应采取分期收款方式，推迟销售收入的确认时间。

（3）推迟长期工程收入的实现。长期工程（如建筑工程，大型机械设备、船舶等）

的持续时间超过一年的，按完工进度或完成的工作量确定收入的实现。在此，完工进度与完成的工作量是由企业自身经营情况决定的，因而在收入的实现时间上，企业具有较大的主动性，可以尽量推迟收入的实现。

案例

某公司是一家新成立的化妆品生产企业，计划委托分布在全国大中城市的代理商销售。目前有两种与代理商合作的方案：委托代销与直接销售。从税收筹划的角度看，该公司应选择哪一种？

【筹划思路与方案】

两个方案的差异在于纳税时间的确认。

方案 1：采用委托代销方式。

假设公司发出化妆品 10 000 件，到年底结账时，收到代销单位的代销清单，合计销售 9 000 件，该公司应按代销清单 9 000 件确认销售收入。

方案 2：采用直接销售方式。

如果采用直接销售方式销售这批化妆品，应以货物发出时作为销售收入的实现时间。即公司发出化妆品 10 000 件时，就应按 10 000 件确认销售收入。

【结论分析】

比较上述两个方案，可以看出，该公司采取委托代销方式可以实现递延纳税。

（五）销售运营的税收筹划

企业在进行销售的过程中不可避免会产生大量的费用，包括包装费、运输费、装卸费、展览费、广告费、业务招待费等。企业在税前可扣除的费用包括：销售费用、管理费用、财务费用等。按照税法规定的扣除标准，期间费用项目分为三类：① 税法有扣除标准的费用项目，包括职工福利费、职工教育经费、工会经费、业务招待费、广告费和业务宣传费、公益性捐赠支出等；② 税法没有扣除标准的费用项目，包括劳动保护费、办公费、差旅费、董事会费、咨询费、诉讼费、租赁及物业费、车辆使用费、长期待摊费用摊销、房产税、车船税、土地使用税、印花税等；③ 税法给予优惠的费用项目，可以进行税前加计扣除，比如研发费用等。因此，对于销售费用的税收筹划，重点放在如何使得有扣除项目的费用项目突破扣除标准。

1. 费用性质的税收筹划

以业务招待费为例。业务招待费是指企业为生产、经营业务的合理需要而发生支付的应酬费用。其中包括企业生产经营需要而宴请或者工作餐的开支、需要赠送纪念品的开支、需要而发生的旅游景点参观费和交通费等其他费用的开支、需要而发生的业务关系人员的差旅费开支。税法规定，企业发生的与生产、经营活动有关的业务招待费支出，按照发生额的60%扣除，但最高不得超过当年销售收入的5‰，且超支部分不得向以后年度结转。

业务宣传费是指企业开展业务宣传活动所支付的费用，主要是指未通过媒体传播的广告支出，包括企业发放的印有企业标志的礼品、纪念品等。企业发生的符合条件的广告费和业务宣传费支出，除国务院财政、税务主管部门另有规定外，不超过当年销售（营业）收入15%的部分（化妆品制造或销售、医药制造以及酒类制造之外的饮料制造企业的扣除比例为30%），准予扣除；超过部分，准予在以后纳税年度结转扣除。这种费用结转扣除的处理，给企业所得税带来了很大的税收筹划空间。

因此，可以利用业务招待费与业务宣传费的内容有相互替代的性质，进行项目之间的转换。例如，企业外购用于赠送的礼品应作为业务招待费，但如果礼品上印有企业标记，对企业的形象、产品有宣传作用，也可作为业务宣传费，因为广告费和业务宣传费支出不超过当年销售收入15%的部分可据实扣除，超过比例的部分可结转到以后年度扣除。

案例

某公司外购100万元的礼品赠送给客户，并将其列为业务招待费。公司当年销售收入为2 000万元。应如何进行税收筹划？

【筹划思路与方案】

根据税法规定，业务招待费的扣除标准1：100×60%=60（万元）

扣除标准2：2 000×5‰=10（万元）

故该公司仅可在税前抵扣10万元。筹划重点在于转换业务招待费性质。

若该公司将礼品印上企业标记，其对企业的形象、产品有宣传作用，则可作为业务宣传费，因为广告费和业务宣传费支出不超过当年销售收入15%的部分可据实扣除，超过比例的部分可结转到以后年度扣除。因此，有：

2 000×15%=300（万元）

故该公司可在税前扣除100万元。可见业务招待费与业务宣传费之间的转化在一定情况下可以达到节税的目的。

专栏

餐费是业务招待费的主要组成部分，
那么企业不同情况发生的餐费，是否都属于餐费？

因业务开展的需要，招待客户就餐，会计核算上列“招待费”；

员工食堂就餐、活动聚餐、加班聚餐，会计核算上列“职工福利费”；

员工出差就餐，在标准内的餐费，会计核算上列“差旅费”；

企业组织员工职业培训，培训期间就餐，会计核算上列“职工教育经费”；

公司在酒店召开会议，会议期间就餐，会计核算上列“会议费”；

公司筹建期间发生的餐费，会计核算上列“开办费”；

以现金形式发放的员工餐费补贴，会计核算上列“工资薪金”；

企业召开董事会，董事会期间发生的餐费，会计核算上列“董事会费”；

工会组织员工活动，活动期间发生的餐费，会计核算上列“工会经费”。

2. 企业架构的税收筹划

对于业务招待费、业务宣传费规模较大的公司或企业集团，可以考虑将企业进行分拆，将费用分摊在不同的企业中。同时，关联企业之间进行交易，可以提高整体的收入基数。这样，在总体利润总额不变的情况下，可以增加业务招待费和业务宣传费的扣除限额。

案例

某企业集团正处于不断开发产品和市场的阶段。集团中，一主力公司的年销售额预计 25 000 万元，广告费和业务宣传费预计 6 500 万元。应如何进行税收筹划？

【筹划思路】

如果不进行税收筹划，那么主力公司广告费和业务宣传费的扣除限额为 3 750 万元（即 25 000 × 15%），剩下的 2 750 万元无法在当年扣除。因此就需要进行税收筹划，尽可能实现广告费和业务宣传费扣除限额最大化。

【筹划方案】

方案 1：成立独立的销售公司。

主力公司可以将销售部门分离出去，专门成立一个独立核算的销售公司。主力公司将产品以 20 000 万元卖给销售公司，销售公司再以 25 000 万元对外销售。同时，6 500 万元的广告费和业务宣传费在两个公司分配：主力公司承担 2 800 万元，销售公司承担 3 700 万元。

方案 2：分散广告费和业务宣传费。

集团中很多公司的广告都是让集团整体受益，但是其中的一些公司很少发生广告费用。因此，税收筹划的核心就在于如何分散这 6 500 万元的广告费和业务宣传费。

具体操作思路是：依据销售额分摊广告费用，即依据销售额的 15%，来确定各个公司“应该承担的广告费用额度”，让各个公司依据承担的“额度”，分别与媒体或广告公司签订广告合同。

方案 1：在总体利益不变的情况下，广告费和业务宣传费就以两家企业的销售收入为依据计算扣除限额，计算结果如下：

主力公司：广告费和业务宣传费发生额为 2 800 万元，而扣除限额为 3 000 万元（即 20 000×15%），2 800 万元可全部在税前列支。

销售公司：广告费和业务宣传费发生额为 3 700 万元，而扣除限额为 3 750 万元（即 25 000×15%），3 700 万元可全部在税前列支。

方案 2：假如主力公司的年销售额 25 000 万元，那么其与媒体或广告公司签订的广告合同额度，就应该控制在 3 750 万元（即 25 000×15%）以下。余下的 2 750 万元（即 6 500−3750）广告费用，尚需 18 333.33 万元（即 2 750÷15%）的销售额指标消化，在其他几个尚有扣除额度的公司中进行分配。

【筹划拓展】

方案 1 中，在企业所得税税率相同的前提下，主力公司与销售公司之间的交易价格不会影响整体的企业所得税，但会影响两个公司各自的税收水平。生产企业以多少价款把产品卖给销售公司，才能保证两个企业都不亏损，需要进行核算。如果导致一方亏损另一方盈利，那么亏损的一方就无法充分发挥抵税作用。所以，交易一定要仔细核算，以免发生不必要的损失。

同时，生产企业和销售公司如果是关联企业，则在确定交易价格时，也要注意关联交易的限制规定，以免带来税务风险。在实务中，产品大都有批发价和零售价，还可以根据批量的大小确定不同的价格。所以，生产企业和销售公司确定交易价格有很大的税收筹划空间。

成立单独部门分散营销费用时，也要注意对企业增值税负担的影响。如果筹划发生在一般纳税人且是同等税率的企业之间，一方是进项税额，另一方是销项税额，那么企业之间的货物流动不会对增值税总体税负产生影响。但如果是不同增值税税率水平的一般纳税人之间，则要考虑增值税总体上的得失。如果有的企业不允许增值税抵扣，则不适用该方案。

此外，在实际生活中，一些地区会根据收入的 1‰征收防洪基金等费用，应确保该方案增加的收入所带来的基金费用小于方案节约的税费。

三、税收筹划风险及防范

（一）销售方式的税收筹划风险

在企业对销售方式的选择过程中，税收成本只是其中一个影响因素，企业的销售方式更多取决于消费者偏好、市场行情等。因此，企业应当对这些因素做出综合考量，最终选择使企业利润最大化的方案。

（二）销售地点选择的税收筹划风险

企业如果为了享受税收优惠，选择在税收扶持力度较高的地区设立公司或者整体搬迁，需要充分考虑生产经营的生命周期，为了享受税收优惠政策而产生的企业利润的改变，以及因为搬迁带来的成本与费用及新注册地与老注册地在信息、技术来源、客户开拓等方面的差异，进行全面分析，对有关的经济技术数据进行测算，然后做出相应决策。

（三）关联交易的税收筹划风险

《国家税务总局关于完善关联申报和同期资料管理有关事项的公告》（国家税务总局公告2016年第42号）指出，关联交易主要包括：① 有形资产使用权或者所有权的转让。有形资产包括商品、产品、房屋建筑物、交通工具、机器设备、工具器具等。② 金融资产的转让。金融资产包括应收账款、应收票据、其他应收款项、股权投资、债权投资和衍生金融工具形成的资产等。③ 无形资产使用权或者所有权的转让。无形资产包括专利权、非专利技术、商业秘密、商标权、品牌、客户名单、销售渠道、特许经营权、政府许可、著作权等。④ 资金融通。资金包括各类长短期借贷资金（含集团资金池）、担保费、各类应计息预付款和延期收付款等。⑤ 劳务交易。劳务包括市场调查、营销策划、代理、设计、咨询、行政管理、技术服务、合约研发、维修、法律服务、财务管理、审计、招聘、培训、集中采购等。

企业通过关联交易转让定价时要注意税务机关的反避税调查。关联交易应满足真实性原则、公允性原则。① 真实性原则。关联企业之间的业务必须基于真实的经济原则进行规划并按照实际情况交易。② 公允性原则。关联企业之间的业务须按照市场价格进行交易。通过关联企业的关联交易实现利润的转移，关联交易价格必须在税法允许的范围之内，否则税务机关将对关联交易价格进行相应的调整。

（四）结算方式的筹划税收风险

在进行结算方式的税收筹划时，不能一味地考虑节税而将纳税义务发生时间推迟。纳税义务发生时间往往是发货时间、开票时间或收取货款的时间，影响交易双方的货物、资金的流动，也影响企业的信誉以及同业竞争力。同时，如果企业享受税收优惠，收入的提前实现可以享受更多的税收减免额。因此，企业在确认结算方式时应从交易现实出发，适当考虑税收成本的税收筹划。

（五）销售运营的税收筹划风险

企业扩大扣除项目的税收筹划只能在合理、合法的范畴内进行。费用的分摊应结合企业的真实经营性质与规模进行筹划，满足真实性、合理性、相关性，以及收益与成本相匹配的实质要求。

第六节　企业投资阶段的所得税筹划

一、相关税收政策

（一）投资资产的税务处理

投资资产是指企业对外进行权益性投资和债权性投资而形成的资产。

1. 投资资产的成本

投资资产按以下方法确定投资成本：

（1）通过支付现金方式取得的投资资产，以购买价款为成本。

（2）通过支付现金以外的方式取得的投资资产，以该资产的公允价值和支付的相关税费为成本。

2. 投资资产的成本扣除方法

企业对外投资期间，投资资产的成本在计算应纳税所得额时不得扣除，企业在转让或者处置投资资产时，投资资产的成本准予扣除。

3. 投资企业撤回或减少投资的税务处理

投资企业从被投资企业撤回或减少投资，其取得的资产中，相当于初始出资的部分，应确认为投资收回；相当于被投资企业累计未分配利润和累计盈余公积按减少实收资本比例计算的部分，应确认为股息所得；其余部分确认为投资资产转让所得。

被投资企业发生的经营亏损，由被投资企业按规定结转弥补；投资企业不得调整减低其投资成本，也不得将其确认为投资损失。

（二）股息红利的税收政策

企业向投资者支付的股息、红利等权益性投资收益款项不得在计算企业所得税应纳税所得额时扣除。

二、筹划关键点与案例解析

（一）初始投资：投资地点、方式与方向的税收筹划

1. 投资地点的税收筹划

国家为了适应各地区不同的情况，针对一些地区制定了不同的税收政策。例如，现行税法中规定的享受减免税优惠政策的地区主要包括国务院批准的老少边穷地区、西部地区、东北老工业基地、经济特区、经济技术开发区、沿海开放城市、保税区、旅游度假区等。这些优惠的税收政策为企业进行注册地点选择的税收筹划提供了空间。企业在设立之初或为扩大经营进行投资时，可以选择低税负水平的地区，以享受税收优惠的好处。

2. 投资方式的税收筹划

按投资者能否直接控制其投资资金的运用进行划分，企业投资可分为直接投资和间接投资。直接投资是指投资者用于开办企业、购置设备、收购和兼并其他企业等的投资行为，其主要特征是投资者能够有效地控制各类投资资金的使用，并能实施全过程的管理。间接投资主要是指投资者购买金融资产的行为，可以分为股票投资、债券投资等。不同投资所得会面临不同的税收待遇，比如国债利息收入属于免税收入。企业应综合考虑不同收益类型所适用的所得税政策对税后收益率的影响，选择税后收益率最大的投资方案。

案例

某公司有500万元的闲置资金，打算近期进行投资。其面临两种选择：一种是选择年利率为5%的国债投资；另一种是选择年收益率为8%的其他债券投资，企业所得税税率为25%。请问从财务角度分析，哪种方式更合适？

【筹划思路】

企业投资国债，利息收入免税；投资其他债券，利率较高，但是利息收入需要交税。因此，需要综合计算。

【筹划方案】

若选择投资国债，则：

投资收益 $=500\times5\%=25$（万元）

由于税法规定国债利息收入免征企业所得税，所以税后收益为25万元。

若选择投资其他债券，则：

投资收益 $=500\times8\%=40$（万元）

税后收益 $=40-40\times25\%=30$（万元）

【结论分析】

选择投资其他债券更有益。

3. 投资方向的税收筹划

《中华人民共和国企业所得税法》是以“产业优惠为主、区域优惠为辅”作为税收优惠导向的。无论是初次投资还是追加投资，都可以根据税收优惠政策加以选择，充分享受税收产业优惠政策。

（1）选择减免税项目进行投资。

第一，投资于农、林、牧、渔业项目的所得，可以免征、减征企业所得税。投资于基础农业，如蔬菜、谷物、薯类、油料、豆类、棉花、麻类、糖料、水果、坚果的种植，牲畜、家禽的饲养，农作物新品种的选育等可以享受免征企业所得税的待遇。投资于高收益的农、林、牧、渔业项目，如花卉、茶以及其他饮料作物和香料作物的种植，可以减半征收企业所得税。

第二，投资于公共基础设施项目及环境保护、节能节水项目，从项目取得第一笔生产、经营收入所属纳税年度起实行“三免三减半”的税收优惠政策。

第三，投资于依法成立且符合条件的集成电路设计企业和软件企业，自获利年度起计算优惠期，实行“两免三减半”以及其他税收优惠政策。

（2）创业投资企业对外投资的税收筹划。

创业投资企业（公司制）采取股权投资方式投资于未上市的中小高新技术企业2年（24个月）以上，凡符合条件的，可以按照其对中小高新技术企业投资额的70%，在股权持有满2年的当年抵扣该创业投资企业的应纳税所得额；当年不足抵扣的，可以在以后纳税年度结转抵扣。

公司制创业投资企业采取股权投资方式直接投资于种子期、初创期科技型企业满2年（24个月）的，可以按照投资额的70%在股权持有满2年的当年抵扣该公司制创业投资企业的应纳税所得额；当年不足抵扣的，可以在以后纳税年度结转抵扣。

案例

某创业投资有限责任公司甲，于2022年12月采取股权投资方式投入资本2 000万元，在某高新技术开发区设立A高新技术企业（小型），职工人数120人，A企业主要从事软件开发，已取得软件企业资质并通过高新技术企业认定。A企业2023年实现利润200万元，2024年预计实现利润300万元。2024年11月，该公司计划转让A企业的股权，转让价格为3 500万元。请问甲公司应该缴纳多少税额？这种安排是否存在税收筹划的空间？（暂不考虑小微企业的税收优惠）

【筹划思路】

甲公司是A企业的投资方，享有100%的股权。根据财政部、国家税务总局《关于集成电路设计和软件产业企业所得税政策的公告》（财税部2019年第68号）的规定，我国境内新创办的符合条件的软件企业，经认定后，在2018年12月31日前自获利年度起计算优惠期，第一年至第二年免征企业所得税，第三年至第五年按照25%的法定税率减半征收企业所得税，并享受至期满为止。因此，A 企业在前两年免征企业所得税，两年共获利 500 万元，全部分配给甲公司，而甲公司从 A 企业分得的利润属于免税收入，不必缴纳企业所得税。

2024 年 11 月，甲公司转让了 A 企业的股权，转让价格为 3 500 万元，则：

股权转让所得 =3 500−2 000=1 500（万元）

应缴企业所得税 =1 500 × 25%=375（万元）

需要注意的是，甲公司工商登记为“创业投资有限责任公司”，经营范围符合《创业投资企业管理暂行办法》的规定，投资设立的 A 企业已通过高新技术企业认定，如果投资年限满 2 年，则可以享受按投资额的一定比例抵扣应纳税所得额的优惠。

【筹划方案】

如果甲公司转让股权的时间延迟至 2025 年，则：

甲公司可以抵扣的应纳税所得额的限额 =2 000 × 70%=1 400（万元）

应缴企业所得税 =（1 500−1 400）× 25%=25（万元）

少缴纳所得税 350 万元。

（二）投资持有：取得收益的税收筹划

企业投资阶段取得的股息或者分红，需要考虑被投资方是居民企业还是个人，是否满足权益性投资收益免税的条件。

案例

甲公司对一家制造企业乙投资 600 万元，取得乙企业 10% 的股权。甲公司参与了乙企业的生产运营管理，为未来的战略发展与账务管理模式提供了相应的咨询服务。乙企业拟支付 100 万元以服务费或者税后利润的形式分红给甲公司。请问甲公司应如何选择？

【筹划思路】

假如以税后利润分红取得收入，居民企业之间的权益性投资收益免税，甲公司取得收入后不必再缴纳企业所得税。但是乙企业支付的成本，也会因为无法取得对应的发票，不能在税前得到扣除。

假如以服务费形式取得收入，不能免税，但是乙企业支付了服务费，可以计入费用，在企业所得税税前扣除。

【筹划方案】

以税后利润分红取得收入，乙企业支付了 100 万元，却无法取得对应的发票，不能在税前得到扣除，相当于税负为 25 万元。

以服务费形式取得收入，乙企业可以节约企业所得税 =100 ÷（1+6%）× 25%=23.58 万元，并可以获得 100 ÷（1+6%）× 6%=5.66 万元进项税额。

相对而言，甲公司需要计算 5.66 万元增值税销项税额，同时缴纳城市维护建设税、教育费附加与地方教育附加共 5.66 ×（7%+3%+2%）=0.68 万元。企业所得税方面，缴纳 100 ÷（1+6%）× 25%=23.58 万元。

【结论分析】

将两个方案进行对比，从总税负角度看，方案 1 中两个企业的总税负为 25 万元，方案 2 的总税负为 0.68 万元，方案 2 是较优的选择。而从甲公司的角度看，方案 1 为最优选择。因此，选择哪种筹划方案，需要两个企业进行协商。

（三）投资退出：股权转让的税收筹划

企业投资退出阶段的税收筹划重点在于如何降低股权转让的税负水平。符合条件的居民企业之间的股息、红利等权益性投资收益为免税收入，因此，企业若想转让股权，应当在分得红利后进行转让，从而降低应纳税所得额，减轻企业所得税负担。

案例

甲公司于 2020 年 3 月 15 日以银行存款 1 000 万元投资于乙公司，占乙公司（非上市企业）股本总额的 70%，乙公司当年获得净利润 500 万元。甲公司现有以下两个方案来处理这笔利润。

方案 1：乙公司保留盈余不分配。2024 年 6 月，甲公司将其拥有的乙公司 70% 的股权全部转让给丙公司，转让价为 1 210 万元。转让过程中发生的税费为 0.7 万元。

方案 2：2024 年 4 月，乙公司董事会决定将税后利润的 30% 用于分配，甲公司分得利润 105 万元。6 月，甲公司将其拥有的乙公司的 70% 的股权全部转让给丙公司，转让价为 1 100 万元。转让过程中发生的税费为 0.6 万元。

甲公司应选择哪种方案？

【筹划思路与方案】

方案 1 中，乙公司未分配利润，甲公司直接转让股权，就无法享受企业之间权益性投资收益免税的优惠政策。

方案 1：甲公司直接转让该股权。

股权转让所得 =1 210–1 000–0.7=209.3（万元）

应纳企业所得税 =209.3 × 25%=52.325（万元）

税后净利润 =209.3–52.325=156.975（万元）

方案2：甲公司先获得分配的利润，然后再转让股权。在这种方案下，甲公司获得的105万元股息属于免税收入，不需要缴纳企业所得税。

股权转让所得=1 100−1 000−0.6=99.4（万元）

应纳企业所得税=99.4×25%=24.85（万元）

税后净利润=105+99.4−24.85=179.55（万元）

【结论分析】

方案2比方案1甲公司多获得净利润=179.55−156.975=22.575（万元），丙公司未来将少取得股息105万元，但转让价款降低了110万元，丙公司获益5万元。因此，甲公司应该选择方案2，在股权转让之前获得股息所得，从而有效防止了股息所得转变为股权转让所得，避免重复征税。

案例

甲公司于2020年3月15日以银行存款1 000万元投资于乙公司，占乙公司（非上市企业）股本总额的10%。2024年，甲公司拟将股权作价2 000万元全部转让给丙公司。股票转让前，乙公司的净资产为20 000万元，其中实收资本10 000万元，盈余公积5 000万元，未分配利润5 000万元。请问应如何筹划此次股权转让行为？

【筹划思路】

筹划的重点在于如何更好地利用企业之间的股息收入免税政策。

【筹划方案】

方案1：直接转让股权。

甲公司股权转让所得=2 000−1 000=1 000（万元）

应缴企业所得税=1 000×25%=250（万元）

甲公司在乙公司享有的未分配利润、盈余公积份额不能直接扣减。

方案2：先分红后转让。

根据持股比例，甲公司分得分红=5 000×10%=500（万元）

分红后甲公司股权转让收入=2 000−500=1 500（万元）

甲公司分得股息红利500万元免税，股权转让所得=1 500−1 000=500（万元）

股权转让所得缴纳企业所得税=500×25%=125（万元）

比较起方案1来，少缴税125万元。

方案3：先分红，然后盈余公积转增资本，再转让。

乙公司先分红，分红后甲公司股权转让收入是1 500万元。由于盈余公积无法分红，可以采取盈余公积转增资本的方式，增加股权的计税基础从而减轻税负。《中华人民共和国公司法》规定，分配当年税后利润时，应当提取利润的10%列入公司法定公积金。公司法定公积金累计额为公司注册资本的50%以上的，可以不再提取。法定公积金转为资本时，所留存的该项公积金不得少于转增前公司注册资本的25%。乙公司可以将2 500万元盈余公积转增资本，转股后公司的注册资本增加至1.25亿元，其中甲公司的投资成本变为1 250万元（即12 500×10%）。因此：

甲公司股权转让所得=1 500−1 250=250（万元）

应缴企业所得税=250×25%=62.5（万元）

方案4：先盈余公积转增资本，再分红，再转让。

乙公司可以将2 500万元盈余公积转增资本，转股后公司的注册资本增加至1.25亿元，其中甲公司的投资成本变为1 250万元。甲公司分得股息红利500万元免税，股权转让收入为1 500万元。

甲公司应缴企业所得税=（1 500−1 250）×25%=62.5（万元）

方案5：先撤资，后增资。

甲公司和乙公司达成协议，按照《中华人民共和国公司法》的规定先从乙公司撤出10%的出资，获得2 000万元的补偿，然后再由丙公司和乙公司签订增资协议，规定由丙公司出资2 000元，占乙公司10%的股权。按照《国家税务总局关于企业所得税若干问题的公告》（国家税务总局公告2011年第34号），甲公司获得的2 000万元补偿，其中1 000万元算投资资本的收回，不缴纳企业所得税，按撤资比例10%应享有的乙公司盈余公积和未分配利润的份额（5 000+5 000）×10%=1 000万元应确认为股息所得，不缴纳企业所得税，其余部分2 000−1 000−1 000=0应确认为股权转让所得，应缴企业所得税0万元。而丙公司的出资行为除了增资印花税外不涉及其他税种。

【筹划拓展】

需要注意的是，五种方案中，丙企业取得股权的计税基础存在差异。方案1中，丙公司取得股权的计税基础为2 000万元。其他四种方案，由于甲企业都是以1 500万元转让，因此丙公司取得股权的计税基础为1 500万元。

三、税收筹划风险及防范

初始投资阶段，企业在选择投资方式时应当对各类投资项目的投资报酬率和风险指数做出合理评估，科学安排投资组合，保证报酬率的同时避免过高的投资风险。涉及税收优惠的公共基础设施项目以及投资种子期、初创期科技型企业投资期长，资本回利慢，投资收益存在较大的收回风险，涉及与政府共同出资的项目还需要处理好与政府的关系。除此之外，优惠地区通常为老少边穷地区，营商环境较差，预期回报率相对较低。因此，企业应当权衡利用这些税收优惠所获得的收益与投资以上项目的劣势，做出科学的投资决策。

股权转让时，税法规定，企业转让股权收入，应于转让协议生效且完成股权变更手续时，确认收入的实现。如果企业采取分期收取股权转让款，可以在签订合同时约定，等收到全部或绝大部分股权转让款再办理股权变更手续。这样可以延迟缴纳企业所得税。同时，股权转让收入的规模需要准确核算。《国家税务总局关于企业取得财产转让等所得企业所得税处理问题的公告》（国家税务总局公告 2010 年第 19 号）第 1 条规定：企业取得财产（包括各类资产、股权、债权等）转让收入、债务重组收入、接受捐赠收入、无法偿付的应付款收入等，不论是以货币形式、还是非货币形式体现，除另有规定外，均应一次性计入确认收入的年度计算缴纳企业所得税。

第七节 企业融资阶段的所得税筹划

融资活动是企业财务管理的重要内容之一，企业融资方式的选择直接影响企业的未来期间的持续生产和经营。根据融资性质不同，企业融资可分为债务性融资和权益性融资两种。其中，债务性融资的具体方式包括发行债券、长期借款、商业信用、租赁等；权益性融资的具体方式包括发行股票、留存收益等。不同的融资方式会形成不同的融资成本，包括税收成本，企业应该选择合理的融资渠道以最大化自身的价值。本节主要对融资活动中涉及的企业所得税进行税收筹划分析。

一、相关税收政策

（一）利息费用的税收政策

企业在生产经营活动中所发生的利息费用，按以下规定扣除：

（1）非金融企业向金融企业借款的利息支出、金融企业的各项存款利息支出和同业拆借利息支出、企业经批准发行债券的利息支出可据实扣除。

（2）非金融企业向非金融企业借款的利息支出，不超过按照金融企业同期同类贷款利率计算的数额的部分可据实扣除，超过部分不允许扣除。

（3）关联企业利息费用的扣除。企业从其关联方接受的债权性投资与权益性投资的比例超过规定标准而发生的利息支出，不得在计算应纳税所得额时扣除，其接受关联方债权性投资与其权益性投资比例为：金融企业 5∶1；其他企业 2∶1。

（4）企业向自然人借款的利息支出扣除。

① 企业向股东或其他与企业有关联关系的自然人借款的利息支出，处理方法同前述“关联企业利息费用的扣除”。

② 企业向除①规定以外的内部职工或其他人员借款的利息支出，其借款情况同时

符合以下条件的，其利息支出在不超过按照金融企业同期同类贷款利率计算的数额的部分，准予扣除：企业与个人之间的借贷是真实、合法、有效的，并且不具有非法集资目的或其他违反法律、法规的行为；企业与个人之间签订了借款合同。

（二）借款费用资本化的税收政策

（1）企业生产经营活动中发生的合理的不需要资本化的借款费用，准予扣除。

（2）企业为购置、建造固定资产、无形资产和经过12个月以上的建造才能达到预定可销售状态的存货发生借款的，在购置、建造期间发生的合理的借款费用，应予以资本化，计入相关资产的成本；有关资产交付使用后的借款利息，可在发生当期扣除。

（3）企业通过发行债券、取得贷款、吸收保护储金等方式融资而发生的合理的费用支出，符合资本化条件的，应计入相关资产成本；不符合资本化条件的，应作为财务费用，准予税前扣除。

（三）租赁费的税收政策

企业根据生产经营活动需要租入固定资产支付的租赁费，按照以下方法扣除：

（1）以经营租赁方式租入的固定资产发生的租赁费支出，按照租赁期限均匀扣除。

（2）以融资租赁方式租入的固定资产发生的租赁费支出，按照规定构成融资租入固定资产价值的部分应当提取折旧费用，分期扣除。

二、筹划关键点与案例解析

（一）企业内部融资的税收筹划

企业通过自我积累的方式进行融资，一般所需时间较长，无法满足绝大多数企业正常的生产经营需要。另外，资金的占用和使用融为一体，会使企业承担较高的风险。从税收的角度来看，自我积累的资金也没有利息税前扣除的抵税效应。

企业采用内部集资的方式进行融资，需要考虑集资对象。如果向股东或其他与企业有关联关系的自然人借款，企业从其接受的债权性投资与权益性投资的比例超过规定标准而发生的利息支出，不得在计算应纳税所得额时扣除；如果向内部职工或其他人员借款，则应注意其产生的利息支出，税前扣除的额度不得高于按照金融机构同类同期贷款利率计算的数额以内的部分。

案例

某公司职工人数为1 000人，人均月工资为3 000元。该公司年度生产经营需要1 000万元贷款，由于各种原因，难以继续向银行借款，公司财务部门提出三种筹资方案：

方案1：向社会上的个人借款，借款利率为10%。

方案2：向公司职工集资，人均集资10 000元，年利率为10%。

方案3：向职工集资，将集资利率降到7%，将另外3%的部分以职工工资、薪金的方式支付。

当年该公司税前会计利润为300 000元（利息支出全部扣除），同期同类银行贷款利率为年利率7%。该企业应选择哪种筹资方案？

【筹划思路与方案】

筹划的重点在于如何将利息支出控制在税法允许扣除的标准范围内。

方案1：该公司向社会上的个人借款，所支付的超过银行同期同类贷款利率的部分利息不得扣除。

该公司年度实际支付的利息总额 =10 000 000×10%=1 000 000（元）

该公司应代扣代缴利息所得个人所得税 =1 000 000×20%=200 000（元）

个人税后净收益 =1 000 000−200 000=800 000（元）

该公司允许在企业所得税税前扣除的利息 =10 000 000×7%=700 000（元）

纳税调整增加额 =1 000 000−700 000=300 000（元）

该公司应纳企业所得税 =（300 000+300 000）×25%=150 000（元）

该公司实现净利润 =300 000−150 000=150 000（元）

方案2：该公司内部职工借款的利息支出，超过银行同期同类贷款利率的部分不得扣除。

该公司实际支付的利息总额 =10 000 000×10%=1 000 000（元）

该公司应代扣代缴利息所得个人所得税 =1 000 000×20%=200 000（元）

个人税后净收益 =1 000 000−200 000=800 000（元）

该公司允许在企业所得税税前扣除的利息 =10 000 000×7%=700 000（元）

纳税调整增加额 =1 000 000−700 000=300 000（元）

该公司应纳企业所得税 =（300 000+300 000）×25%=150 000（元）

该公司实现净利润 =300 000−150 000=150 000（元）

方案3：该公司向职工集资，将集资利率降到7%，将另外3%的部分以职工工资、薪金的方式支付。

该公司人均月工资为3 000元，企业通过提高工资待遇的方式来弥补职工在利息上受到的损失，即将300元（即10 000 000÷1 000×3%）平均摊入一年的工资中，每月增加工资25元。由于职工个人的月工资没有超过《中华人民共和国个人所得税法》所规定的费用扣除标准，因此，职工也不需要为此缴纳个人所得税。另外，企业所支付的集资利息就可以在税前全额扣除，且人均工资增加的25元也可以在企业所得税税前全额扣除。

该公司应代扣代缴利息所得个人所得税 =10 000 000×7%×20%=140 000（元）

该公司实际支付的利息总额（含以工资、薪金形式支付的部分）=10 000 000×（7%+3%）=1 000 000（元）

个人税后净收益 =1 000 000−140 000=860 000（元）

该公司应纳企业所得税 =300 000×25%=75 000（元）

该公司实现净利润 =300 000−75 000=225 000（元）

【结论分析】

方案 3 比方案 1、方案 2 少缴纳企业所得税 75 000 元，多获取税后收益 75 000 元；个人少缴纳个人所得税 60 000 元，多获取税后收益 60 000 元。因此，该公司应该选择方案 3。企业在向社会上的个人借款与向职工集资利率相同的情况下，优先考虑向职工集资，将利率中超过银行同期同类贷款利率的部分以工资、薪金的形式支付给职工，这样不但减轻了企业的税收负担，同时也减轻了职工取得利息所得应缴纳的个人所得税负担。

案例

某公司注册资本 1 000 万元，有 A、B 两个自然人股东。年初通过市场调研后，该公司决定新上一生产经营项目，经测算需新增资金 3 000 万元，A、B 股东商定该笔资金由公司股东按原出资比例分别筹集。截至当年年末，该公司所有者权益 1 000 万元，其他公积金和未分配利润为零。股东现有三种资金投入方式：

方案 1：通过股权投资的方式对公司投入 3 000 万元。

方案 2：公司向股东借款 3 000 万元。

方案 3：股东向公司股权投资 350 万元，公司向股东借款 2 650 万元。

假设此投资项目不包括利息支出的年应纳税所得 500 万元；该公司本年度除向股东借款外没有向其他关联方借款，并且年度内没有变化，年利率 10%；该年度金融企业同期同类贷款利率为 11.5%。该公司应选择哪种方案融资？

【筹划思路与方案】

该需要综合考虑企业和股东的综合税负。同时，股东借款的利息支出可以在税前扣除，但是需要综合权衡债资比与同时期贷款利率等多种因素。

方案 1：增资扩股，A、B 两个自然人股东通过股权投资的方式为该公司增资 3 000 万元。

应缴企业所得税 =500×25%=125（万元）

股东应纳股息分红个人所得税 =（500−125）×20%=75（万元）

应纳税额合计 =125+75=200（万元）

股东收益 =500−125−75=300（万元）

方案 2：向股东借款 3 000 万元。

企业向股东或其他与企业有关联关系的自然人借款的利息支出，应根据企业关联方利息支出税前扣除标准有关税收政策计算企业所得税扣除额。该公司向企业股东借款，按与股东权益性投资比例不超过 2 ∶ 1 的借款额计算的利息可在所得税前列支，超过部分不得列支。

关联债资比例 =3 000 ÷ 1 000=3>2

利息支出共计 =3 000 × 10%=300（万元）

不得扣除利息支出 =300 ×（1-2 ÷ 3）=100（万元）

可扣除的利息支出 =300-100=200（万元）

该公司应纳税所得额 =500-200=300（万元）

该公司应纳企业所得税 =300 × 25%=75（万元）

股东利息收入应纳个人所得税 =3 000 × 10% × 20%=60（万元）

可分配利润 =500-300-75=125（万元）

股东股息分红收入应纳个人所得税 =125 × 20%=25（万元）

股东应纳个人所得税 =60+25=85（万元）

应纳税额合计 =75+85=160（万元）

股东收益 =（300-60）+（125-25）=340（万元）

方案 3：既扩股又借款，股东向公司股权投资 350 万元，公司向股东借款 2 650 万元。

关联债资比例 =2 650 ÷ 1 350=1.96<2

利息支出共计 =2 650 × 10%=265（万元）

该公司的借款比例没有超出税法规定，实际支付的 265 万元利息可全额扣除。

应纳税所得额 =500-265=235（万元）

应纳企业所得税 =235 × 25%=58.75（万元）

股东利息收入应纳个人所得税 =265 × 20%=53（万元）

可分配利润 =500-265-58.75=176.25（万元）

股东股息分红收入应纳个人所得税 =176.25 × 20%=35.25（万元）

股东应纳个人所得税 =53+35.25=88.25（万元）

应纳税额合计 =58.75+88.25=147（万元）

股东收益 =（265-53）+（176.25-35.25）=353（万元）

【结论分析】

方案 3 比方案 1 股东收益多 53 万元（即 353-300），比方案 2 股东收益多 13 万元（即 353-340）。因此，该公司应该选择方案 3。

（二）企业外部融资的税收筹划

债务性融资所产生的利息费用可以在企业所得税前扣除，因此债务性融资具有利息抵税效应。在企业息税前利润率不低于负债成本率的前提下，负债比例越高，节税效果越明显，税后权益资本收益率也越高。因此，企业可以通过提高负债比例进行税收筹划。

案例

某公司计划投资100万元用于生产一个新项目，公司财务和战略部为此项目设定了三个方案。

方案1：债务资本与权益资本的比例为0∶100。

方案2：债务资本与权益资本的比例为20∶80。

方案3：债务资本与权益资本的比例为60∶40。

每个方案的债务利率均为10%，假设该公司预计年息税前利润为30万元，企业所得税税率为25%。请对该公司该项业务进行税收筹划。

【筹划思路与方案】

企业债务资本比重越高，可以抵扣的利息支出就越多，企业的净利润水平就越低。

三种方案的比较如表4-6所示。

表4-6 不同融资方案比较

项目	方案1	方案2	方案3
资本结构（债务资本：权益资本）	0∶100	20∶80	60∶40
息税前利润（万元）	30	30	30
负债利率（%）	10	10	10
负债利息（万元）	0	20×10%=2	60×10%=6
税前利润（万元）	30-0=30	30-2=28	30-6=24
应纳企业所得税税额（万元）	30×25%=7.5	28×25%=7	24×25%=6
税后利润（万元）	30-7.5=22.5	28-7=21	24-6=18
税前权益资本收益率	30/100=30%	28/80=35%	24/40=60%
税后权益资本收益率	22.5/100=22.5%	21/80=26.25%	18/40=45%

【结论分析】

对比该公司不同资本结构下权益资本收益率可以发现，在息税前利润和银行贷款利率不变的条件下，当该公司的债务比例增加的时候，该公司的权益资本利润率也随之增加。方案 3 与其他两个方案相比，权益资本收益率是最高的，因此该公司应该选择方案 3。

【筹划拓展】

需要注意到，过高的债务资本比重也可能带来风险。如果企业的权益资本（即股东投入的资金）相对于债务资本较低，那么在企业经营不利的情况下，权益资本可能不足以覆盖债务，导致企业面临偿债压力甚至破产的风险。此外，较高的债务水平还可能导致企业的财务成本上升，因为贷款机构可能会要求更高的利率来补偿增加的风险。

因此，企业在决定其资本结构时需要权衡债务资本与权益资本之间的关系。合理的资本结构应该能够平衡利用债务带来的税收优惠和其他利益与维持足够的财务稳健性之间的关系。

（三）融资租赁的税收筹划

融资租赁是一种特殊的融资方式，是指企业委托租赁公司代为购买所需的资产，然后企业以租赁的方式从租赁公司租入该项资产，从而达到融通资金的目的。融资租赁方式实质上转移了与资产所有权有关的全部或绝大部分风险，承租人有购买租赁资产的选择权，资产的所有权可能发生转移也可能不发生转移。

企业可以通过融资租赁迅速获取所需资产，这样做相当于获取了一笔分期付款的贷款。另外，从税收的角度来看：第一，融资租入的固定资产可以计提折旧，计入成本费用，从而可以减少利润、减轻税负，资产也将比用加速折旧法在更短的寿命期内折旧完；第二，支付的租金利息也可按规定在所得税前扣除，从而降低了纳税基数，降低了税负水平，使税收抵免作用更为明显。

案例

某公司计划购进某大型先进设备，预计需要资金 200 万元，该设备预计可使用寿命为 6 年，预计净残值为 8 万元。该公司对于固定资产采取的是直线法进行折旧，折现率为 10%。该公司适用企业所得税税率为 25%。现在该公司有两种融资方案可供选择。

方案 1：通过向银行取得贷款购买设备（5 年期，利率为 10%，每年偿付 40 万元本金及利息）。

方案 2：融资租赁（融资手续费用率为 1%，融资利率为 9%，该公司需要每年支付租赁费 40 余万元）。

请对该公司该项业务进行税收筹划。

【筹划思路与方案】

方案需要考虑多种因素：利息、手续费与租金支出的扣除，以及资金的时间成本。两种方案的现金流量及相应现值如表 4–7 和表 4–8 所示。

表 4–7　方案 1 现金流量及对应现值　　单位：万元

时期	本金的偿还	利息	本息和	年折旧	节约税款数	现金流出额（税后）	折现率	现金流出额现值（税后）
1	40	20	60	32	（20+32）×25%=13	60–13=47	0.91	42.77
2	40	16	56	32	（16+32）×25%=12	56–12=44	0.83	36.52
3	40	12	52	32	（12+32）×25%=11	52–11=41	0.75	30.75
4	40	8	48	32	（8+32）×25%=10	48–10=38	0.68	25.84
5	40	4	44	32	（4+32）×25%=9	44–9=35	0.62	21.7
6				32	32×25%=8	–8	0.56	–4.48
						–8	0.56	–4.48
合计	200	60	260	192	63	189		148.62

表 4–8　方案 2 现金流量及对应现值　　单位：万元

时期	融资租赁费用（成本）	租赁手续费	利息	融资租赁总成本	年折旧	节约税款数	现金流出额（税后）	折现率	现金流出额现值（税后）
1	40	0.4	18	58.4	32	（0.4+18+32）×25%=12.6	58.4–12.6=45.8	0.91	41.68
2	40	0.4	14.4	54.8	32	（0.4+14.4+32）×25%=11.7	54.8–11.7=43.1	0.83	35.77
3	40	0.4	10.8	51.2	32	（0.4+10.8+32）×25%=10.8	51.2–10.8=40.4	0.75	30.3
4	40	0.4	7.2	47.6	32	（0.4+7.2+32）×25%=9.9	47.6–9.9=37.7	0.68	25.64

续表

时期	融资租赁费用（成本）	租赁手续费	利息	融资租赁总成本	年折旧	节约税款数	现金流出额（税后）	折现率	现金流出额现值（税后）
5	40	0.4	3.6	44	32	（0.4+3.6+32）×25%=9	44−9=35	0.62	21.7
6					32	32×25%=8	−8	0.56	−4.48
							−8	0.56	−4.48
合计	200	2	54	256	192	62	186		146.13

【结论分析】

企业税收筹划的目标是股东利益最大化。通过上述计算分析可以看出，采用融资租赁的方法购入该设备税后现金流出额现值相对较低，为 146.13 万元，而采用向金融企业贷款购买设备税后现金流出额现值为 148.62 万元。因此对于该公司来说，方案 2 是最优的购买方案。

三、税收筹划风险及防范

（一）企业内部融资的税收筹划风险

企业在向企业内部员工或其他人员借款的利息支出，只有在借款利息满足下列条件时，才能在税前扣除：① 企业与个人之间的借款真实、合法、有效，不存在非法集资目的或其他违法违规行为。② 企业与个人已签订借款合同。③ 利息支出不超过按金融机构同期同类贷款利率计算的金额，才能税前扣除。支付利息时，单位需要取得个人开具的发票作为财务费用税前支出的凭证，借款合同应作为附件处理。同时，个人收取的利息，需要注意是否需要按照 3% 的税率缴纳增值税；需要对个人取得的“利息收入”全额征收 20% 的税。

（二）融资结构的税收筹划风险

在对企业融资结构进行税收筹划时，理论上只要企业息税前投资收益率高于负债成本率，那么企业提高负债额度、比重，就会带来权益资本收益水平提高的效应。但随着负债比重的提高，企业的财务风险及融资风险成本必然相应增加，以致负债的水平超过息税前投资收益率，从而使债务融资呈现出负杠杆效应，即权益资本收益率随着负债额度、比重的提高而下降。另外，负债比重的提高会提高企业的资产负债率，如果企业经营不善或效益较低，当负债额度提高到一定程度，会导致企业资金紧张，甚至陷入财务危机。因此，企业要充分认识融资活动所得税税收筹划过程中可能带来的风险，根据企业实际经营情况与财务状况，确定适当的负债额度，保持合理的负债比重，防范税收筹划风险。

第八节　企业分配阶段的所得税筹划

利润分配活动是将企业年度决算后实现的利润总额，按照国家财务制度规定的分配形式和分配顺序，在国家、企业和投资者之间进行分配，最终形成了国家的所得税收入、投资者的投资收益和企业的留用利润等项目。利润分配是企业财务管理活动的最后一个环节，是企业未来发展和股东权益的重要保障。本节对企业利润分配活动进行了税收筹划分析。

一、相关税收政策

（一）亏损弥补的税收政策

企业某一纳税年度发生的亏损可以用下一纳税年度的所得弥补，下一纳税年度的所得不足以弥补的，可以逐年延续弥补，但是延续弥补期最长不得超过 5 年。企业筹办期间不计算为亏损年度，企业开始生产经营的年度为开始计算企业损益的年度。

为支持高新技术企业和科技型中小企业发展，《财政部 税务总局关于延长高新技术企业和科技型中小企业亏损结转年限的通知》（财税〔2018〕76 号）规定，自 2018 年 1 月 1 日起，当年具备高新技术企业或科技型中小企业资格的企业，其具备资格年度之前 5 个年度发生的尚未弥补完的亏损，准予结转以后年度弥补，最长结转年限由 5 年延长至 10 年。

（二）利润分配的税收政策

（1）符合条件的居民企业之间的股息、红利等权益性投资收益免征企业所得税。该项所称符合条件的居民企业之间的股息、红利等权益性投资收益，是指居民企业直接投资于其他居民企业取得的投资收益。

（2）在中国境内设立机构、场所的非居民企业从居民企业取得与该机构、场所有实际联系的股息、红利等权益性投资收益，免征企业所得税。该项所称股息、红利等权益性投资收益，不包括连续持有居民企业公开发行并上市流通的股票不足 12 个月取得的投资收益。

（三）公益性捐赠的税收政策

公益性捐赠是指企业通过公益性社会组织或者县级（含县级）以上人民政府及其部门，用于《中华人民共和国公益事业捐赠法》规定的公益事业的捐赠。

企业发生的公益性捐赠支出，在年度利润总额 12% 以内的部分，准予在计算应纳税所得额时扣除；超过年度利润总额 12% 的部分，准予结转以后三年内在计算应纳税所得额时扣除。年度利润总额是指企业依照国家统一会计制度的规定计算的年度会计利润。

企业当年发生以及以前年度结转的公益性捐赠支出，不超过年度利润总额12%的部分，准予扣除。企业发生的公益性捐赠支出未在当年税前扣除的部分，准予向以后年度结转扣除，但结转年限自捐赠发生年度的次年起计算最长不得超过三年。企业在对公益性捐赠支出计算扣除时，应先扣除以前年度结转的捐赠支出，再扣除当年发生的捐赠支出。

企业通过中国境内非营利的社会团体、国家机关向教育事业的捐赠，准予在企业所得税和个人所得税前全额扣除。

二、筹划关键点与案例解析

（一）亏损弥补的税收筹划

亏损弥补政策是我国企业所得税中的一项重要优惠措施，是国家为了扶持纳税人发展，从政策上帮助纳税人渡过难关的一项优惠措施。企业要充分利用亏损弥补政策，以取得最大的节税效益。亏损弥补的税收筹划通常有两种思路：第一，如果企业在某年度发生亏损，则应通过增加业务收入、降低业务成本费用等方法，尽可能在未来相邻纳税年度内实现较多的利润，从而尽早弥补亏损；第二，如果企业组建初期预计未来几年可能发生亏损，应尽可能地先安排企业的亏损，再安排企业的盈利，同时对各年度的亏损与利润通过合法手段进行调整，确保亏损能在规定的期限内得到全额弥补。

案例

甲企业2018—2022年的会计利润分别为：-30万元、5万元、4万元、6万元、5万元。至2023年12月1日，甲企业已实现的应纳税所得额为7万元，另外，甲企业有意在近期销售一批产品，预计销售利润为3万元。假设甲企业各年度无其他所得税纳税调整项目，2024年度预计获取利润10万元。现有两种方案。

方案1：在2023年12月31日之前完成产品销售。

方案2：将该笔销售业务放在2024年度实现。

甲企业应选择哪种方案（暂不考虑小微企业的税收优惠）？

【筹划思路与方案】

企业有即将到期的未弥补亏损，筹划重点在于如何更大化税前扣除规模。

方案1具体各年度应纳税所得额和应纳企业所得税如表4-9所示。

表 4-9　方案 1 各年度税负　　单位：万元

年份	2018	2019	2020	2021	2022	2023	2024
应纳税所得额	-30	5	4	6	5	10	10
应纳税额	0	0	0	0	0	0	2.5

2023 年应纳税所得额 =-30+5+4+6+5+（7+3）=0（万元）

2024 年应纳企业所得税 =10×25%=2.5（万元）

方案 2 具体各年度应纳税所得额和应纳企业所得税如表 4-10 所示。

表 4-10　方案 2 各年度税负　　单位：万元

年份	2018	2019	2020	2021	2022	2023	2024
应纳税所得额	-30	5	4	6	5	7	13
应纳税额	0	0	0	0	0	0	3.25

2023 年应纳税所得额 =-30+5+4+6+5+7=-3（万元）

2023 年实现的利润全部用于弥补亏损后，还有 3 万元的未弥补亏损，但是在 2024 年度就超过了 5 年的亏损弥补时限，不能抵减 2024 年度应纳税所得额。因此：

该公司 2024 年应纳企业所得税 =13×25%=3.25（万元）

【结论分析】

方案 1 比方案 2 少缴纳企业所得税 0.75 万元，因此，该企业应选择方案 1。企业可以通过合理的方法与手段，提前实现利润，保证在亏损弥补期内最大限度地弥补亏损，从而避免或降低因亏损未弥补完而产生的损失。

【筹划拓展】

除此之外，企业还可以利用企业合并、分立、汇总纳税等优惠条款消化亏损。按照税法规定，汇总纳税、合并纳税的成员企业发生的亏损，可直接冲抵其他成员企业的所得额或并入母公司的亏损额，不需要用本企业以后年度所得进行弥补。对于符合特殊性税务处理条件的企业合并，被合并企业的亏损可以在税法规定的年限和限额内由合并企业弥补。所以，对于一些长期处于高盈利状态的企业，可以通过合并一些亏损企业，来减少其应纳税所得额，达到节税的目的。特别是一些大型集团公司，应尽量采取汇总纳税、合并纳税的方式，用盈利企业的所得额冲抵亏损企业的亏损额，从而减少应纳税额。

（二）股利分配的税收筹划

企业在选择股利支付方案时，需要综合考虑企业财务状况、股东需求、税务影响以及市场信号等多方面因素，以实现企业价值最大化和股东利益的平衡。

案例

某非上市股份公司，股本为 10 000 万股。年底未分配利润为 3 000 万元，年底股利支付方案有三个。

方案 1：采取固定股利支付比例政策，每年的股利支付比例为 50%。

方案 2：采取稳定股利政策，每股股利为 0.1 元。

方案 3：采取剩余股利政策，该公司的目标资本结构（最佳资本结构）为债权资本 40%，股东股权资本 60%。

企业预计第二年有一项目需要投资 2 000 万元，资金成本为 10%。假设企业股东全为自然人股东，仅从税负的角度考虑，请选择较优的股利支付方案。

【筹划思路与方案】

固定股利支付比例政策是指事先确定一个股利占公司税后利润的比率，然后长期按此比率对股东支付股利。剩余股利政策是指公司将税后利润首先用于再投资，剩余部分才用于股利发放。具体选择哪种股利支付方案，筹划需要综合考虑企业与股东个人的税负。

方案 1：采取固定股利支付比例政策。

股东层面：

支付股利金额 =3 000 × 50%=1 500（万元）

股东应付个人所得税 =1 500 × 20%=300（万元）

股东税后净收益 =1 500−300=1 200（万元）

公司层面：

该公司剩余未分配利润金额 =3 000−1 500=1 500（万元）

新的项目需再筹资金额 =2 000−1 500=500（万元）

筹资成本 =500 × 10%=50（万元）

由于债务融资利息支出可以抵税，因此筹资的实际成本为：

50 ×（1−25%）=37.5（万元）

因此，在固定股利支付比例方案下公司股利支付及筹资的实际成本为：

1 500+37.5= 1 537.5（万元）

方案 2：采取稳定股利政策。

股东层面：

股利支付金额 =0.1 × 10 000=1 000（万元）

股东应付个人所得税 =1 000 × 20%=200（万元）

股东税后净收益 =1 000–200=800（万元）

公司层面：

该公司剩余未分配利润金额 =3 000–1 000=2 000（万元）

新的项目需再筹资金额 =2 000–2 000=0（万元）

因此，在稳定股利方案下公司股利支付及筹资的实际成本为 1 000 万元。

方案 3：采取剩余股利政策。

股东层面：

第二年项目所需 2 000 万元资金中需要股权融资金额 =2 000 × 60%=1 200（万元）

第二年项目所需 2 000 万元资金中需要债权融资金额 =2 000 × 40%=800（万元）

剩余可用于支付股利金额 =3 000–1 200=1 800（万元）

股东应付个人所得税 =1 800 × 20%=360（万元）

股东税后净收益 =1 800–360=1 440（万元）

公司层面：

该公司债务筹资成本 =800 × 10%=80（万元）

由于债务融资利息支出可以抵税，因此筹资的实际成本为：

80 ×（1–25%）=60（万元）

因此，在剩余股利政策下公司股利支付及筹资的实际成本为：

1 800+60=1 860（万元）

【结论分析】

综上，该公司应选择方案 2，采用稳定股利政策。

【筹划拓展】

公司有收益率较高的投资项目或处于成长期需要大量运营资金时，可选择剩余股利政策，即根据企业最佳资本结构，测算出未来年度投资活动所需的权益资金，优先从税后利润中留存相应部分，剩余利润再用于派发股利。采用稳定股利政策的企业，能够增强股东信心，稳定股票价格。但由于股利支付水平与公司盈余情况相脱节，因此，在其盈利水平较差的年度容易产生流动性风险。在固定股利支付比例政策下，企业每年分配的股息红利随盈利状况的变化而变化，股利支付与公司经营状况相结合，但各年股利随企业利润水平的变化容易对股东的信心造成影响，不利于股票价格的稳定。正常股利加额外股利政策与其他股利政策相比表现出明显的灵活性，企业一方面可以根据当年财务状况调整股利支付，另一方面能保证股东获得相对固定的股利收入。企业在对股利分配政策进行筹划时，应该根据其所处的阶段和公司的偿债能力、现金流动性、投资机会及投资者对企业的信心、税收负担等因素，选择合理的分配政策。

（三）公益性捐赠的税收筹划

企业捐赠虽然是一笔支出，但企业的公益性捐赠体现了企业的社会责任，有利于树立企业良好的社会形象。企业进行捐赠，可以取得促进公益性事业建设、提高知名度、节税等多重效果。需要注意的是，税法对公益性捐赠提出了捐赠渠道与捐赠对象的要求。

案例

某企业2023年和2024年预计会计利润分别为1 000万元和1 500万元，企业所得税税率为25%。该企业为提高其产品知名度及竞争力，树立良好的社会形象，决定向贫困地区捐赠200万元。企业共提出三套方案：方案1是2023年年底直接捐给某贫困地区；方案2是2023年年底通过省级民政部门捐赠给贫困地区；方案3是2023年年底通过省级民政部门捐赠100万元，2024年年初通过省级民政部门捐赠100万元。请从税收筹划角度进行分析哪种方案更合适。

【筹划思路与方案】

筹划的重点在于公益性捐赠支出能否全部扣除，需要考虑捐赠渠道和捐赠规模。

方案1：该企业2023年年底直接向贫困地区捐赠200万元，不符合捐赠的渠道条件，不得在税前扣除。当年应纳企业所得税为250万元（即1 000×25%）。

方案2：该企业2023年年底通过省级民政部门向贫困地区捐赠200万元，只能在税前扣除120万元（即1 000×12%），超过120万元的部分不得在税前扣除。当年应纳企业所得税为220万元［即（1 000-1 000×12%）×25%］。

方案3：该企业分两年进行捐赠，由于2023年和2024年的会计利润均为1 000万元以上，因此每年捐赠的100万元均没有超过扣除限额，均可在税前扣除。

【结论分析】

通过比较，该企业应选择方案3。尽管都是对外捐赠200万元，但方案3与方案2相比两年可以节税20万元［即（100+100-120）×25%］，与方案1比较两年共计可节税50万元［即（100+100）×25%］。

除了满足捐赠的条件外，对于一般性盈利企业而言，捐赠筹划的重点在于使得捐赠能够在最短的时间内得到税前扣除。

案例

甲企业近三年每年利润总额均约为1 000万元，第一年实际公益性现金捐赠支出为

500万元。

【筹划思路与方案】

每年可税前扣除的公益性捐赠支出 =1 000×12%=120（万元），三年之后还有140万元捐赠支出无法在所得税前扣除。

纳税人通过中国境内非营利的社会团体、国家机关向教育事业捐赠，准予在企业所得税和个人所得税前全额扣除。

企业重新规划捐赠方案：教育事业捐赠200万元，其他公益性捐赠300万元。

教育事业捐赠支出200万元在当年可以全额税前扣除，而其他300万元公益性捐赠支出满足三年的年利润总额12%的税前扣除限额。

【筹划拓展】

企业在捐赠前应该预测三年内的利润总额，使其捐赠金额尽可能在三年内利润总额的12%以内，从而得以充分扣除。若企业的捐赠金额超过限额，企业可以采取分期捐赠的方式，使捐赠金额尽可能在税前扣除。在捐赠的方向上，扶贫捐赠可以据实在税前扣除，其他公益性捐赠税前扣除受会计利润12%的限制，因此，当企业年度应纳税所得额在不超过300万元过多的情况下，建议选择扶贫捐赠降低应纳税所得额。

三、税收筹划风险及防范

（一）股利分配的税收筹划风险

企业在分配阶段进行所得税筹划时，应注意股利分配方案的可行性。第一，企业制定的利润分配方案应符合公司章程、《中华人民共和国公司法》及中国证券会发布的有关法律法规、规范性文件。第二，企业应根据自身情况，综合考虑当年及未来现金流、股东税负等因素，科学制定筹划方案，合理确定股利分配政策和股利支付方式，不能因股利分配给企业经营带来不利影响。

（二）亏损弥补的税收筹划风险

合并亏损企业可能给企业带来一定的税收利益，但是企业只有符合特殊性税务重组条件才能弥补所合并企业的亏损。因此，企业利用合并亏损企业进行税收筹划时需要满足合理商业目的、持续性经营以及不能转让股权等条件，限制了企业对未来发展的自由安排。另外，亏损企业内部本身存在较大的问题，吸收合并亏损企业可能为企业自身发展背上沉重的包袱。

（三）公益性捐赠的税收筹划风险

尽可能避免实物捐赠，不然会产生增值税的视同销售。企业应该合理安排捐赠发生的时间，应该在正常的纳税年度捐赠，避免在免税期和亏损年度捐赠，以保证其捐赠金额可以按规定限额在税前扣除。

第九节 企业重组阶段的所得税筹划

重组活动是企业资本运营的手段之一。企业通过并购重组，在扩大规模、提高自身经营利润的同时，也促进了整个行业相关资源的优化整合，进而推动了整个产业结构的升级。企业重组的整个过程联系紧密，环环相扣。税收问题贯穿整个重组活动的始终，科学合理的税收筹划方案是帮助企业有效减轻并购重组税负的有效途径，有利于实现企业长远发展的战略目标。本节对企业重组阶段所得税的税收筹划思路进行了介绍。

一、相关税收政策

企业重组是指企业在日常经营活动以外发生的法律结构或经济结构重大改变的交易，包括企业法律形式改变、债务重组、股权收购、资产收购、合并、分立等。企业发生重组事项的所得税处理可分为一般性税务处理和特殊性税务处理。

（一）一般性税务处理

1. 企业法律形式改变

企业由法人转变为个人独资企业、合伙企业等非法人组织，或将登记注册地转移至中华人民共和国境外（包括港、澳、台地区），应视同企业进行清算、分配，股东重新投资成立新企业。企业的全部资产以及股东投资的计税基础均应以公允价值为基础确定。

企业发生其他法律形式简单改变的，可直接变更税务登记，除另有规定外，有关企业所得税纳税事项（包括亏损结转、税收优惠等权利和义务）由变更后的企业承继，但因住所发生变化而不符合税收优惠条件的除外。

2. 企业债务重组

债务重组是指在债务人发生财务困难的情况下，债权人按照其与债务人达成的书面协议或者法院裁定书，就其债务人的债务做出让步的事项。

（1）以非货币资产清偿债务，应当分解为转让相关非货币性资产、按非货币性资产公允价值清偿债务两项业务，确认相关资产的所得或损失。

（2）发生债权转股权的，应当分解为债务清偿和股权投资两项业务，确认有关债务清偿所得或损失。

（3）债务人应当按照支付的债务清偿额低于债务计税基础的差额，确认债务重组所得；债权人应当按照收到的债务清偿额低于债权计税基础的差额，确认债务重组损失。

（4）债务人的相关所得税纳税事项原则上保持不变。

3. 企业股权收购、资产收购重组交易

股权收购是指一家企业（以下称为收购企业）购买另一家企业（以下称为被收购企业）的股权，以实现对被收购企业控制的交易。收购企业支付对价的形式包括股权支付、非股权支付或两者的组合。

资产收购是指一家企业（以下称为受让企业）购买另一家企业（以下称为转让企业）实质经营性资产的交易。受让企业支付对价的形式包括股权支付、非股权支付或两者的组合。

股权支付是指企业重组中购买、换取资产的一方支付的对价中，以本企业或其控股企业的股权、股份作为支付的形式；非股权支付是指以本企业的现金、银行存款、应收款项、本企业或其控股企业股权和股份以外的有价证券、存货、固定资产、其他资产以及承担债务等作为支付的形式。

（1）被收购企业应确认股权、资产转让所得或损失。

（2）收购企业取得股权或资产的计税基础应以公允价值为基础确定。

（3）被收购企业的相关所得税事项原则上保持不变。

4. 企业合并

合并是指一家或多家企业（以下称为被合并企业）将其全部资产和负债转让给另一家现存或新设企业（以下称为合并企业），被合并企业股东换取合并企业的股权或非股权支付，实现两个或两个以上企业的依法合并。

（1）合并企业应按公允价值确定接受被合并企业各项资产和负债的计税基础。

（2）被合并企业及其股东都应按清算进行所得税处理。

（3）被合并企业的亏损不得在合并企业结转弥补。

5. 企业分立

分立是指一家企业（以下称为被分立企业）将部分或全部资产分离转让给现存或新设的企业（以下称为分立企业），被分立企业股东换取分立企业的股权或非股权支付，实现企业的依法分立。

（1）被分立企业对分立出去的资产应按公允价值确认资产转让所得或损失。

（2）分立企业应按公允价值确认接受资产的计税基础。

（3）被分立企业继续存在时，其股东取得的对价应视同被分立企业分配进行处理。

（4）被分立企业不再继续存在时，被分立企业及其股东都应按清算进行所得税处理。

（5）企业分立相关企业的亏损不得相互结转弥补。

（二）特殊性税务处理

企业重组同时符合下列条件的，适用特殊性税务处理：

（1）具有合理的商业目的，且不以减少、免除或者推迟缴纳税款为主要目的。

（2）被收购、合并或分立部分资产或股权比例符合规定的比例。

（3）企业重组后的连续 12 个月内不改变重组资产原来的实质性经营活动。

（4）重组交易对价中涉及股权支付金额符合规定的比例。

（5）企业重组中取得股权支付的原主要股东，在重组后连续 12 个月内，不得转让所取得的股权。

企业重组符合上述特殊性税务处理条件的，交易各方对其交易中的股权支付部分，可以按以下规定进行特殊性税务处理。

1. 债务重组、债权转股权

企业债务重组确认的应纳税所得额占该企业当年应纳税所得额 50% 以上，可以在 5 个纳税年度的期间内，均匀计入各年度的应纳税所得额。

企业发生债权转股权业务，对债务清偿和股权投资两项业务暂不确认有关债务清偿所得或损失，股权投资的计税基础以原债权的计税基础确定。

2. 股权收购

收购企业购买的股权不低于被收购企业全部股权的 50%，且收购企业在该收购发生时的股权支付金额不低于其交易支付总额的 85%，可以选择按以下规定进行处理：① 被收购企业的股东取得收购企业股权的计税基础，以被收购股权的原有计税基础确定；② 收购企业取得被收购企业股权的计税基础，以被收购股权的原有计税基础确定；③ 收购企业、被收购企业的原有各项资产和负债的计税基础和其他相关所得税事项保持不变。

3. 资产收购

受让企业收购的资产不低于转让企业全部资产的 50%，且受让企业在该资产收购发生时的股权支付金额不低于其交易支付总额的 85%，可以选择按以下规定进行处理：① 转让企业取得受让企业股权的计税基础，以被转让资产的原有计税基础确定；② 受让企业取得转让企业资产的计税基础，以被转让资产的原有计税基础确定。

4. 企业合并

企业股东在该企业合并发生时取得的股权支付金额不低于其交易支付总额的 85%，以及同一控制下且不需要支付对价的企业合并，可以选择按以下规定进行处理：① 合并企业接受被合并企业资产和负债的计税基础，以被合并企业的原有计税基础确定；② 被合并企业合并前的相关所得税事项由合并企业承继；③ 可由合并企业弥补的被合并企业亏损的限额 = 被合并企业净资产公允价值 × 截至合并业务发生当年年末国家发行的最长期限的国债利率；④ 被合并企业股东取得合并企业股权的计税基础，以其原持有的被合并企业股权的计税基础确定。

5. 企业分立

被分立企业所有股东按原持股比例取得分立企业的股权，分立企业和被分立企业均不改变原来的实质经营活动，被分立企业股东在该企业分立发生时取得的股权支付金额不低于其交易支付总额的 85%，可以选择按以下规定进行处理：① 分立企业接受被分立企业资产和负债的计税基础，以被分立企业的原有计税基础确定；② 被分立企业已分立出去资产相应的所得税事项由分立企业承继；③ 被分立企业未超过法定弥补期限的亏损额可按分立资产占全部资产的比例进行分配，由分立企业继续弥补。

6. 其他

重组交易各方按照上述规定对交易中股权支付暂不确认有关资产的转让所得或损失的，其非股权支付仍应在交易当期确认相应的资产转让所得或损失，并调整相应资产的计税基础。

非股权支付对应的资产转让所得或损失 =（被转让资产的公允价值 − 被转让资产的计税基础）×（非股权支付金额 ÷ 被转让资产的公允价值）

二、筹划关键点与案例解析

（一）企业债务重组的税收筹划

对企业的债务重组活动进行税收筹划，应选择最佳的重组方式，以最大限度地减轻企业税收负担。

案例

甲公司欠乙公司 600 万元的债务，由于甲公司资金周转出现困难，到期无法偿还，双方协商用 200 件商品抵偿该债务，该商品公允价值为 2 万元 / 件，成本价为 1 万元 / 件。现有两种方案进行债务重组。

方案 1：直接以 200 件商品抵债。

方案 2：甲企业先将 200 件商品以 1.8 万元 / 件的价格销售给乙企业，然后用该金额偿还乙企业的债务，不足偿还的部分，甲、乙企业协商予以豁免。

甲、乙双方应选择哪种方案偿还债务（不考虑增值税）？

【筹划思路与方案】

两个方案的差异在于甲企业货物的价格，对乙企业带来的损失不一样。

方案 1：直接以商品抵债。

甲企业应交所得税 =［200×（2-1）+（600-200×2）］×25%=100（万元）

乙企业债务重组损失可抵减所得税额 =（600-200×2）×25%=50（万元）

方案 2：先销售再偿债。

甲企业应交所得税 =［200×（1.8-1）+（600-200×1.8）］×25%=100（万元）

乙企业债务重组损失可抵减所得税额 =（600-200×1.8）×25%=60（万元）

【结论分析】

甲公司应该选择方案 2 进行债务重组，先销售再抵债与直接以商品抵债相比可以减轻企业的税收负担。

（二）企业并购重组的税收筹划

并购重组主要有三种支付方式，即现金并购、股票交换和综合支付方式，企业可以根据自身的实际情况进行选择。

现金并购是指并购双方以现金作为支付手段完成交易，直接收购企业，获得目标企业管理和控制权的经济行为。现金并购方式最为快速直接，使用时较为方便。并购企业支付现金之后，公司原有的资本结构不会改变，但企业需要承担较大的财务压力。现金并购重组适用一般性税务处理的规定，因此企业获得的被并购企业的原有固定资产会按照公允价值重新评估，企业可以享受由折旧额的增加带来的税收抵免。被并购企业取得了现金支付，属于企业所得税的纳税范围，应以其转让收入计算纳税。另外，由于不满足特殊性税务处理规定的条件，被并购企业的亏损额不能抵减并购企业的应纳税所得额，对于被并购企业而言税收成本较大。

股票交换是指并购企业以增发新股的方式，等价交换和被并购企业价值相对应的股权。并购重组交易结束后，被并购企业依旧掌握控制权。该方式对现金的需求量较低，同时被并购企业有权分享并购企业未来的利润。在税收成本上，对目标企业而言，如果取得的支付价款中有不低于 85% 是股权支付，那么被并购企业因交换而获得的资本所得不缴纳所得税，而且由于被并购企业仍然存续，没有进行清算，所以直到股票出售或者并购企业出售企业资产取得现金所得时才确认缴纳所得税，被并购企业无形中实现了递延纳税并获得了相应的税收收益。另外，并购企业继承了目标企业并购前的有关所得税事宜，因此可以用其亏损抵消合并后企业的盈利。

综合支付方式是指在收购目标企业时，除了可用现金、股票进行支付外，还可以用可转换债券、公司债券等方式综合组成的资产组合进行支付，以完成资产交易或者股权交易。选择综合支付方式，可以使不同支付方式结合起来取长补短，更好地实现并购的战略目标，达到税负最小化的目的。从税收筹划的角度考虑，当目标企业存在大额亏损时，可以创造条件使得股权支付金额占总支付金额的比例大于 85%，从而适用企业所得税特殊性税务重组规定的方法，既可用目标企业的亏损去抵消合并企业的盈利，又能够以资产评估后的公允价值作为计提折旧的基础，与之前按照账面价值计提折旧相比折旧额增加，应税所得额减少，企业所得税的负担减轻。

案例

甲公司是2006年成立的一家互联网公司，2011年在中国创业板公开上市。甲公司的产品路线一向以全面著称，涵盖互联网视频、影视制作及发行、智能终端等各个领域。乙公司成立于2009年，是一家集投资、制作和发行于一体的影视公司。在甲公司正式展开对乙公司的并购战略之前，甲、乙公司已经存在长期的深度版权合作关系。

甲公司已发行股票8 000万股，股票市值为每股30元，总市值达240亿元，2023年甲公司利润为2.46亿元。乙公司2023年上半年资产总额为2.24亿元，净资产额为1.06亿元，净利润6 016万元。甲公司聘请了专业的评估机构，以2023年6月30日为评估基准日，对乙公司价值进行了科学的评估。根据资产评估报告，最终确定乙公司的评估价值为9.04亿元。甲公司在资产评估报告的基础上，根据自身的情况，确定了两套并购交易的支付方案。两种方案均为股票与现金混合支付方式。

方案1：甲公司用1 400万股新股和4.8亿元现金的方式购买乙公司100%的股权（合并时甲公司股票的市价为30元/股）。

方案2：甲公司用2 600万股新股和1.3亿元现金的方式购买乙公司100%的股权（假设合并后资产的折旧年限为10年，年折旧率为10%）。

甲公司应选择哪种方案的支付方式？

【筹划思路与方案】

在股权并购的设计中，应重点关注方案是否能够符合特殊性税务处理的条件。

方案1：甲公司支付的1 400万股的股票的公允价值为4.2亿元，现金支付金额为4.8亿元，在交易支付总额中，股权支付金额所占的比例为46.67% < 85%，因此，该并购重组适用一般性税务处理。甲公司承接乙公司各项资产和负债时，其计税基础为资产和负债的公允价值。乙公司的各项资产均应按照交易价格确认资产转让所得或损失，并在此基础上计算缴纳各项税额。

由于资产按照公允价值计量，实现了评估增值，因此甲公司企业所得税的计算如下：

获得的加计折旧的金额 =（9.04−1.06）/10=0.8（亿元）

加计折旧抵减税额 =0.8 × 25%=0.2（亿元）

税后利润 =2.46 ×（1−25%）+0.2=2.05（亿元）

乙公司企业所得税应纳税额 =（9.04–1.06）× 25%=2（亿元）

并购重组后的税收成本 =2.46 × 25%–0.2+2=2.42（亿元）

方案 2：甲公司在购买乙公司 100% 的股权时，支付了 2 600 万股新股（公允价值 7.8 亿元）和 1.3 亿元现金，股权支付金额占交易支付总额的比例为 85.71% ＞ 85%，符合关于企业重组业务特殊性税务处理的规定，可以按照相关规定计算应纳税额。甲公司接受乙公司所有资产和负债的计税基础以乙公司原有的账面价值为基础确定，乙公司不确认资产转让所得或损失，但是非股权支付金额 1.3 亿元所对应的增值额应当确认为当期应纳税所得，计算缴纳企业所得税。

甲公司税后利润 =2.46 ×（1–25%）=1.85（亿元）

乙公司应纳税所得额 =（9.04–1.06）× 1.3 ÷（7.8+1.3）=1.14（亿元）

乙公司应纳所得税额 =1.14 × 25%=0.29（亿元）

并购重组后的税收成本 =2.46 × 25%+0.29=0.91（亿元）

【结论分析】

两种方案相比较，可以看出方案 2 不仅税收负担较轻，而且需要支付的现金也比较少，减轻了企业的筹资压力，也保证了企业资金具有更好的流动性。所以选择方案 2 比较好。企业在选择并购重组的支付方式时，应尽可能地满足特殊性税务处理的条件，合理利用目标企业的亏损弥补和税收优惠等政策，通过税收筹划尽可能减少企业并购重组的应纳税额。

（三）企业分立的税收筹划

分立是指一家企业（被分立企业）将部分或全部资产分离转让给现存或新设的企业（分立企业），被分立企业股东换取分立企业的股权或非股权支付，实现企业的依法分立。企业分立一方面可以发挥专业分工优势，促使企业生产经营能力的提高，另一方面可以有效开展税收筹划，降低企业税负水平。

案例

某建筑安装公司主要经营工程承包建筑、安装和各种建筑装饰劳务，2024 年度共实现应纳税所得额 400 万元，其中建筑、安装和装饰劳务的年度应纳税所得额分别为 125 万元、140 万元、135 万元。企业有职工 200 人，资产总额为 3 000 万元，则该建筑安装公司的企业所得税为多少？应如何进行税收筹划？

【筹划思路与方案】

小型微利企业包括三个标准：年度应纳税所得额不超过 300 万元；从业人数不超过

300 人；资产总额不超过 5 000 万元。则该建筑安装公司不属于小微企业。

2024 年度应纳企业所得税 =400×25%=100（万元）

把建筑安装公司进行分立，设立甲、乙和丙三个独立的公司，其中甲对乙和丙实行 100% 控股，三者分别经营建筑、安装和装饰业务。则三个企业都符合小型微利企业的标准，可以享受税收优惠。

【结论分析】

甲公司 2024 年度企业所得税 =125×20%×25%=6.25（万元）

乙公司 2024 年度企业所得税 =140×20%×25%=7（万元）

丙公司 2024 年度企业所得税 =135×20%×25%=6.75（万元）

总税负 =6.25+7+6.75=20（万元）

比筹划前节省 80 万元（即 100-20）。

【筹划拓展】

注意，通过企业分立进行税收筹划，要综合权衡公司分立所花费的各种成本（如注册费、各种管理费等）、节税带来的效益、公司未来的业务发展规划战略等因素，选择科学合理的方案。

（四）企业清算的税收筹划

企业清算是指企业宣告终止以后，除因合并与分立事由外，终止企业法律关系，取消其法人资格的法律行为。进入衰退期的企业，由于经营不善或其他原因，可能选择通过清算的方式实现资源的优化配置。企业在办理注销登记之前，就其清算所得向税务机关申报并依法缴纳企业所得税。

根据税法规定，企业在清算当年，应划分为两个纳税年度：从清算当年的 1 月 1 日到清算开始日前作为一个生产经营纳税年度，从清算开始日到清算结束日的清算期间为一个清算纳税年度。企业在依法清算时，可根据企业盈利情况对清算日期的选择进行税收筹划，从而减少清算所得，降低所得税。

案例

甲公司由于亏损严重，决定于 2024 年 3 月 31 日宣布解散，并于 2024 年 4 月 1 日开始正式清算。甲公司在成立清算组之前进行了内部清算，发现 2024 年 1 月至 2024 年 3 月公司盈利 170 万元。由于甲公司尚未进行公告和税务申报，股东大会再次通过决议将公司解散日期推迟至 2024 年 4 月 30 日，并于次日开始清算。甲公司在 4 月 1 日至 4 月 30 日共发生管理费用 240 万元。假设甲公司的清算所得为 120 万元。现有两个方案。

方案1：清算开始日期为2024年4月1日。

方案2：清算开始日期为2024年5月1日。

【筹划思路与方案】

筹划的重点在于4月发生的管理费用何时能在税前扣除。

方案1：甲公司2024年1月至2024年3月应缴纳企业所得税为170×25%=42.5（万元）；清算所得为120-240=-120（万元），无须缴纳企业所得税。

因此，该方案应缴纳企业所得税42.5万元。

方案2：税法规定，企业清算期间应单独作为一个纳税年度，所以4月发生的240万元属于清算期间的管理费用。甲公司2024年1月至2024年4月应纳税所得额为170-240=-70（万元），无须缴纳企业所得税；甲公司清算所得为120万元，应先抵减上期亏损的70万元后再缴纳企业所得税，所以甲公司清算期间应缴纳企业所得税为（120-70）×25%=12.5（万元）。

【结论分析】

比较两个方案可以看出，甲公司应选择方案2的清算日期，这样管理费用可以得到扣除，减少纳税42.5-12.5=30（万元）。

（五）企业特殊性税务重组的税收筹划

在特殊性税务处理下，企业以股权作为对价支付的部分，不确认重组所得，不缴纳企业所得税，可以递延纳税。递延纳税属于时间性差异，能够获取资金的时间价值。

案例

为扩大生产经营规模，甲公司决定向乙公司收购其持股比例100%的丙公司。双方达成收购协议，丙公司所有资产经评估后的净资产价值为17 300万元（计税基础14 700万元），乙公司对丙公司初始投资成本为8 000万元。甲公司向乙公司支付了以下两项对价：现金1 300万元，其控股公司20%的股权公允价值16 000万元（计税基础10 000万元）。假设当事各公司均是居民企业，所得税税率均为25%。

【筹划思路】

收购的方案应首先评估其是否适用特殊性税务处理的要求。如果适用，再进行税负的测算。

【筹划方案】

若适用一般性税务处理：

甲公司转让控股公司股权公允价值与计税基础之间的差额6 000万元（即16 000-10 000），

应当确认为股权转让所得，缴纳企业所得税金额为 1 500 万元（即 6 000×25%）；乙公司转让丙公司股权，转让所得价款 17 300 万元，与初始投资成本为 8 000 万元之间的差额 9 300 万元，应当缴纳企业所得税 2 325 万元（即 9 300×25%）。甲、乙公司合计需要缴纳企业所得税款 3 825 万元（即 1 500+2 325）。

满足特殊性税务处理的条件：

甲公司收购丙公司股权比例 100%，超过 50%；甲公司支付的对价中，股权支付比例为 92.5%（即 16 000÷17 300），超过 85%，可以适用特殊性税务处理。则乙公司转让股权，其获得股权支付部分暂时不纳税，收取现金部分需要确认转让所得 698.84 万元（即 9 300×1 300÷17 300）；乙公司取得甲公司控股公司股权的计税基础是 7 301.16 万元（即 8 000−698.84）；甲公司支付其控股公司股权 6 000 万元增值额暂时不纳税；甲公司取得丙公司股权的计税基础，按自己转让股权的计税基础即 11 300 万元（即 10 000+1 300）确定。

【结论分析】

由此可见，与一般性税务处理相比，特殊性税务处理递延纳税节税效应明显。

三、税收筹划风险及防范

（一）企业分立的税收筹划风险

企业利用分立方式进行税收筹划时，除了要关注分立改制的条件是否满足，还应当权衡分立给企业带来的节税收益和设立、管理等成本，综合判定企业分立的税收筹划效果，选择使企业整体利益最大化的税收筹划方案。除此之外，分立可能导致股权比例、管理层结构等发生变化，因此有上市计划的企业应当谨慎采用。

（二）特殊性税收重组的税收风险

企业在重组阶段进行税收筹划时，主要是将原本不符合重组特殊性税务处理标准的资产购买、股权转让等事项通过分立、收购、再合并等分步骤重组方式，达到购买比例和股权支付比例等标准，此过程需按照实质重于形式的原则充分考虑税务风险。

第一，重组特殊性税务处理要求，企业重组后的连续 12 个月内不改变重组资产原来的实质性经营活动，企业重组中取得股权支付的原主要股东，在重组后连续 12 个月内，不得转让所取得的股权。则筹划过程中每一步骤结束后都需要在 12 个月以后才能进行下个步骤，时间跨度长，往往现实中无法满足时效性的要求，操作具有一定的局限性。

第二，每个重组步骤均需满足合理的商业目的，合并和分立本来就是两个相对独立的经济行为，其与合理的重组的商业目的在一定程度是相矛盾的。因此，企业需考虑能否真正满足具有合理商业目的。

第三，企业发生符合规定的特殊性重组条件并选择特殊性税务处理的，当事各方应在该重组业务完成当年企业所得税年度申报时，向主管税务机关提交书面备案资料，证明其符合各类特殊性重组规定的条件。企业未按规定书面备案的，一律不得按特殊性重组业务进行税务处理。在现实的重组筹划中，如果将当事各方在合并之前的股权结构和交易事项进行了解，按照实质重于形式的原则，很有可能被税务机关认定为一项以免除或者推迟缴纳税款为主要目的的重组事项，如备案不成功，则前功尽弃，税务机关则有权对原少缴税款予以追缴。

第四，股权转让中，股东有可能将有历史遗留问题的公司转让。在此情况下，税务机关会向欠税的主体公司追缴税款。为了防范此类风险，可以借助并购前的税务尽职调查予以化解，同时在股权收购合同中增加“涉税担保”条款。

课后思考

1. 企业在选择设立子公司与分公司时，应该考虑哪些因素？
2. 企业公益性捐赠时需要考虑哪些税收因素？
3. 请论述税收如何影响企业的投融资决策。
4. 企业在运营费用的税收筹划中，应遵循哪些思路？
5. 企业重组中，一般性税务处理与特殊性税务处理都适用哪些情况？

即测即评

扫描二维码，进行本章在线测试。

第五章

个人所得税的税收筹划

导　　言　本章重点讲解了个人所得税税收筹划的思路、方法与风险防范，包括综合所得、年终奖、利息、股息、红利、财产转让所得与经营所得等不同性质所得。通过本章的学习，应熟悉相关法律规定；熟悉并掌握个人所得税的税收筹划方法，且能结合企业实际情况，熟练运用各种税收筹划方法，同时防范税收风险。

重　　点　纳税人身份的税收筹划；综合所得规模与形式的税收筹划。

难　　点　年终奖的税收筹划；非公司制企业组织形式的选择。

思维导图

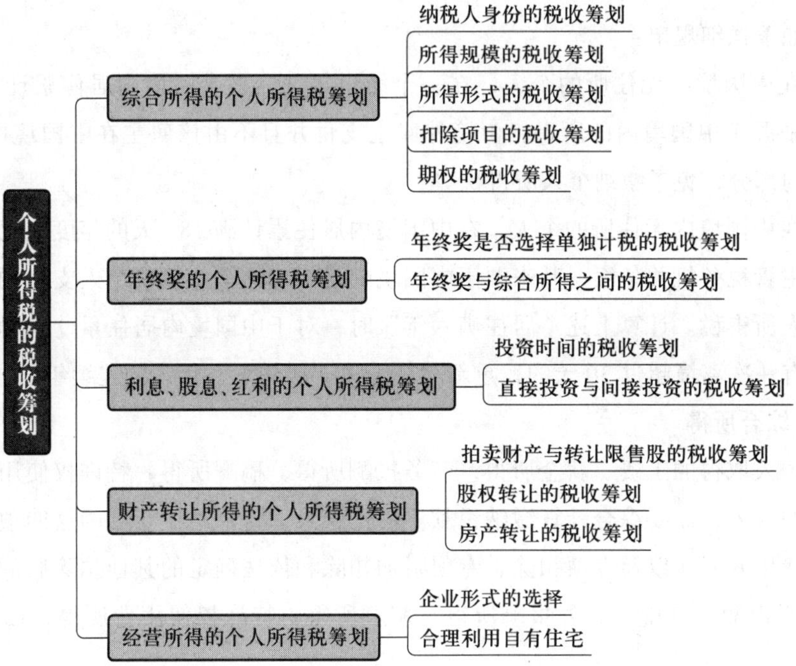

第一节 综合所得的个人所得税筹划

一、相关税收政策

（一）纳税人

个人所得税的纳税人包括中国公民、个体工商业户、个人独资企业、合伙企业投资者、在中国有所得的外籍人员（包括无国籍人员）和香港、澳门、台湾同胞等。上述纳税人依据住所和居住时间两个标准，区分为居民个人和非居民个人，其分别负有不同的纳税义务。

其中，居民个人负有无限纳税义务，其所取得的应纳税所得，无论是来源于中国境内还是中国境外任何地方，都要在中国缴纳个人所得税。根据《中华人民共和国个人所得税法》的规定，居民个人是指在中国境内有住所或者无住所而一个纳税年度内在中国境内居住累计满183天的个人。所谓境内居住满183天，是指在一个纳税年度（自公历1月1日起至12月31日止）中在中国境内居住183天。此外，现行税法中关于"中国境内"的概念，是指中国大陆地区，目前还不包括香港、澳门和台湾地区。

非居民个人是指不符合以上居民个人判定标准（条件）的纳税人。非居民个人承担有限纳税义务，即仅就其来源于中国境内的所得向中国缴纳个人所得税。《中华人民共和国个人所得税法》规定，非居民个人是在中国境内无住所又不居住，或者无住所而一个纳税年度内在中国境内居住累计不满183天的个人。对于非居民个人所得的征税，税法中又有如下详细规定：

（1）在中国境内无住所的个人，在一个纳税年度内在中国境内居住累计不超过90天的，其来源于中国境内的所得，由境外雇主支付并且不由该雇主在中国境内的机构、场所负担的部分，免予缴纳个人所得税。

（2）在中国境内无住所的个人，在中国境内居住累计满183天的年度连续不满六年的，经向主管税务机关备案，其来源于中国境外且由境外单位或者个人支付的所得，免予缴纳个人所得税。计算上述"居住满六年"时，对于中国境内居住累计满183天的任一年度中有一次离境超过30天的，重新起算上述"居住满六年"的连续年限。

（二）综合所得

居民个人取得的工资、薪金所得，劳务报酬所得，稿酬所得，特许权使用费所得这四种形式的收入，需要综合计算缴纳税款。居民个人以每一纳税年度的这四项收入额合计，减除费用6万元以及专项扣除、专项附加扣除和依法确定的其他扣除后的余额，作为应纳税所得额。其中，劳务报酬所得、稿酬所得、特许权使用费所得，以收入减除

20% 的费用后的余额为收入额，同时，稿酬所得的收入额再减按 70%计算。

1. 工资、薪金所得

工资、薪金所得是指个人因任职或者受雇而取得的工资、薪金、奖金、年终加薪、劳动分红、津贴、补贴以及与任职或者受雇有关的其他所得。除工资、薪金以外，奖金、年终加薪、劳动分红、津贴、补贴也被确定为工资、薪金范畴。其中，年终加薪、劳动分红不分种类和取得情况，一律按工资、薪金所得课税，津贴、补贴等则有例外。根据我国目前个人收入的构成情况，规定对于一些不属于工资、薪金性质的补贴、津贴或者不属于纳税人本人工资、薪金所得项目的收入，不予征税。这些项目包括：① 独生子女补贴。② 执行公务员工资制度，未纳入基本工资总额的补贴、津贴差额和家属成员的副食品补贴。③ 托儿补助费。④ 差旅费津贴、误餐补助。其中，误餐补助是指按照财政部规定，个人因公在城区、郊区工作，不能在工作单位或返回就餐的，根据实际误餐顿数，按规定的标准领取的误餐费。单位以误餐补助名义发给职工的补助、津贴不能包括在内。

2. 劳务报酬所得

劳务报酬所得是指个人从事劳务取得的所得，包括从事设计、装潢、安装、制图、化验、测试、医疗、法律、会计、咨询、讲学、翻译、审稿、书画、雕刻、影视、录音、录像、演出、表演、广告、展览、技术服务、介绍服务、经纪服务、代办服务以及其他劳务取得的所得。是否存在雇佣与被雇佣关系，是判断一种收入是属于劳务报酬所得还是属于工资、薪金所得的重要标准。劳务报酬所得是个人独立从事某种技艺、独立提供某种劳务取得的所得；工资、薪金所得则是个人从事非独立劳动，从单位领取的报酬。后者存在雇佣被雇佣的关系，而前者则不存在这种关系。个人担任董事、监事，且不在公司任职、受雇的情形，属于劳务报酬性质，按劳务报酬所得征税。对商品营销活动中，企业和单位对营销业绩突出的非雇员以培训班、研讨会、工作考察等名义组织旅游活动，通过免收差旅费、旅游费对个人实行营销业绩奖励（包括实物、有价证券等），应根据所发生费用的全额作为该营销人员当期的劳务收入，按照劳务报酬所得项目征收个人所得税，并由提供上述费用的企业和单位预扣预缴。个人兼职取得的收入，应按照劳务报酬所得项目缴纳个人所得税。

3. 稿酬所得

稿酬所得是指个人因其作品以图书、报刊等形式出版、发表而取得的所得。这里所说的“作品”，是指包括中外文字、图片、乐谱等能以图书、报刊方式出版、发表的作品，具体包括本人的著作、翻译的作品等。个人取得遗作稿酬，应按稿酬所得项目计税。

4. 特许权使用费所得

特许权使用费所得是指个人提供专利权、商标权、著作权、非专利技术以及其他特许权的使用权取得的所得。提供著作权的使用权取得的所得，不包括稿酬所得。专利权是指由国家专利主管机关依法授予专利申请人或其权利继承人在一定期间内实施其发明创造的专有权。商标权是指商标注册人享有的商标专用权。著作权，即版权，是指作者依法对文学、艺术和科学作品享有的专有权。

综合所得适用七级超额累进税率，税率为3%~45%，具体见表5-1。

表5-1 个人所得税税率（综合所得适用）

级数	全年应纳税所得额	税率（%）	速算扣除数
1	不超过36 000元的	3	0
2	超过36 000元至144 000元的部分	10	2 520
3	超过144 000元至300 000元的部分	20	16 920
4	超过300 000元至420 000元的部分	25	31 920
5	超过420 000元至660 000元的部分	30	52 920
6	超过660 000元至960 000元的部分	35	85 920
7	超过960 000元的部分	45	181 920

（三）专项扣除与专项附加扣除

1. 专项扣除

专项扣除包括居民个人按照国家规定的范围和标准缴纳的基本养老保险、基本医疗保险、失业保险等社会保险费和住房公积金等。

2. 专项附加扣除

专项附加扣除包括婴幼儿照护、子女教育、继续教育、大病医疗、住房贷款利息或者住房租金、赡养老人等支出。个人所得税专项附加扣除在纳税人本年度综合所得应纳税所得额中扣除，本年度扣除不完的，不得结转以后年度扣除。

（1）婴幼儿照护。

纳税人照护3岁以下婴幼儿子女的相关支出，按照每个婴幼儿每月2 000元的标准定额扣除。父母可以选择由其中一方按扣除标准的100%扣除，也可以选择由双方分别按扣除标准的50%扣除，具体扣除方式在一个纳税年度内不能变更。

（2）子女教育。

纳税人的子女接受全日制学历教育的相关支出，按照每个子女每月2 000元的标准定额扣除。

学历教育包括义务教育（小学和初中教育）、高中阶段教育（普通高中、中等职业、技工教育）、高等教育（大学专科、大学本科、硕士研究生、博士研究生教育）。

年满 3 岁至小学入学前处于学前教育阶段的子女，按上述规定执行。

学前教育阶段，为子女年满 3 周岁当月至小学入学前一月。学历教育阶段，为子女接受全日制学历教育入学的当月至全日制学历教育结束的当月。学历教育期间，包含因病或其他非主观原因休学但学籍继续保留的休学期间，以及施教机构按规定组织实施的寒暑假等假期。

父母可以选择由其中一方按扣除标准的 100% 扣除，也可以选择由双方分别按扣除标准的 50% 扣除，具体扣除方式在一个纳税年度内不得变更。

（3）继续教育。

纳税人在中国境内接受学历（学位）继续教育的支出，在学历（学位）教育期间按照每月 400 元定额扣除。同一学历（学位）继续教育的扣除期限不能超过 48 个月。纳税人接受技能人员职业资格继续教育、专业技术人员职业资格继续教育支出，在取得相关证书的当年，按照 3 600 元定额扣除。

个人接受本科及以下学历（学位）继续教育，符合上述规定扣除条件的，可以选择由其父母扣除，也可以选择由本人扣除。

学历（学位）继续教育阶段，为在中国境内接受学历（学位）继续教育入学的当月至学历（学位）继续教育结束的当月，同一学历（学位）继续教育的扣除期限最长不得超过 48 个月。技能人员职业资格继续教育、专业技术人员职业资格继续教育，为取得相关证书的当年。学历（学位）继续教育的期间，包含因病或其他非主观原因休学但学籍继续保留的休学期间，以及施教机构按规定组织实施的寒暑假等假期。

纳税人接受技能人员职业资格继续教育、专业技术人员职业资格继续教育的，应当留存相关证书等资料备查。同时接受多个学历继续教育或者取得多个专业技术人员职业资格证书，多个学历（学位）继续教育不可同时享受，多个职业资格继续教育不可同时享受。学历（学位）继续教育与职业资格继续教育可以同时享受。学历（学位）教育，最后没有取得学历（学位）证书也可享受继续教育扣除，凭学籍信息扣除，不考察最终是否取得证书，最长扣除 48 个月。48 个月后，换一个专业就读（属于第二次继续教育），可以重新按第二次参加学历（学位）继续教育扣除，还可以继续扣 48 个月。

（4）大病医疗。

在一个纳税年度内，纳税人发生的与基本医保相关的医药费用支出，扣除医保报销后个人负担（医保目录范围内的自付部分）累计超过 15 000 元的部分，由纳税人在办理年度汇算清缴时，在 80 000 元限额内据实扣除。

纳税人发生的医药费用可以选择由本人或者其配偶扣除；未成年子女发生的医药费用支出可以选择由其父母一方扣除。

纳税人及其配偶、未成年子女发生的医药费用支出，按上述规定分别计算扣除额。

（5）住房贷款利息。

纳税人本人或配偶单独或者共同使用商业银行或者住房公积金个人住房贷款为本人或者其配偶购买中国境内住房，发生的首套住房贷款利息支出，在实际发生贷款利息的年度，按照每月 1 000 元的标准定额扣除。扣除期限最长不超过 240 个月。纳税人只能享受一次首套住房贷款的利息扣除。

经夫妻双方约定，可以选择由其中一方扣除，具体扣除方式在一个纳税年度内不得变更。

夫妻双方婚前分别购买住房发生的首套住房贷款，其贷款利息支出，婚后可以选择其中一套购买的住房，由购买方按扣除标准的 100% 扣除，也可以由夫妻双方对各自购买的住房分别按扣除标准的 50% 扣除，具体扣除方式在一个纳税年度内不能变更。

住房贷款利息专项附加扣除的时间为贷款合同约定开始还款的当月至贷款全部归还或贷款合同终止的当月，扣除期限最长不得超过 240 个月。

（6）住房租金。

纳税人在主要工作城市没有住房而发生的住房租金支出，可以按照以下标准定额扣除：直辖市、省会（首府）城市、计划单列市以及国务院确定的其他城市，扣除标准为每月 1 500 元；上述城市以外，市辖区户籍人口超过 100 万的，扣除标准为每月 1 100 元；市辖区户籍人口不超过 100 万的，扣除标准为每月 800 元。

纳税人的配偶在纳税人的主要工作城市有自有住房的，视同纳税人在主要工作城市有自有住房。主要工作城市是指纳税人任职受雇的直辖市、计划单列市、副省级城市、地级市（地区、州、盟）全部行政区域范围；纳税人无任职受雇单位的，为受理其综合所得汇算清缴的税务机关所在城市。夫妻双方主要工作城市相同的，只能由一方扣除住房租金支出。纳税人及其配偶在一个纳税年度内不能同时分别享受住房贷款利息和住房租金专项附加扣除。住房租金专项附加扣除的时间为租赁合同（协议）约定的房屋租赁期开始的当月至租赁期结束的当月。提前终止合同（协议）的，以实际租赁期限为准。

（7）赡养老人。

纳税人赡养一位及以上被赡养人的赡养支出，统一按照以下标准定额扣除：

纳税人为独生子女的，按照每月 3 000 元的标准定额扣除。

纳税人为非独生子女的，由其与兄弟姐妹分摊每月 3 000 元的扣除额度，每人分摊的扣除额不能超过每月 1 500 元。可以由赡养人均摊或者约定分摊，也可以由被赡养人指定分摊。约定或者指定分摊的须签订书面分摊协议，指定分摊优先于约定分摊。具体分摊方式和额度在一个纳税年度内不能变更。

上述所称被赡养人是指年满 60 岁的父母，以及子女均去世的年满 60 岁的祖父母、外祖父母。赡养老人的专项附加扣除时间为被赡养人年满60周岁的当月至赡养义务终止的年末。

（四）股权激励相关规定

1. 股票期权的税收政策

企业员工股票期权（以下简称“股票期权”）是指上市企业按照规定的程序授予本公司及其控股企业员工的一项权利，该权利允许被授权员工在未来时间内以某一特定价格购买本公司一定数量的股票。员工接受实施股票期权计划企业授予的股票期权时，除另有规定外，一般不作为应税所得征税。

员工行权时，其从企业取得股票的实际购买价（施权价）低于购买日公平市场价（该股票当日的收盘价，下同）的差额，是因员工在企业的表现和业绩情况而取得的与任职、受雇有关的所得，应按“工资、薪金所得”适用的规定计算缴纳个人所得税。对因特殊情况，员工在行权日之前将股票期权转让的，以股票期权的转让净收入计算征收个人所得税。

$$行权环节股票期权收入 = （行权股票的每股市场价 - 员工取得该股票期权支付的每股施权价）\times 股票数量$$

$$应纳税额 = 股权激励收入 \times 适用税率 - 速算扣除数$$

员工将行权后的股票再转让时获得的高于购买日公平市场价的差额，是因个人在证券二级市场上转让股票等有价证券而获得的所得，应按照“财产转让所得”计算缴纳个人所得税。目前，按现行税法和政策规定，个人将行权后的境内上市企业股票再行转让而取得的所得，暂不征收个人所得税；员工因拥有股权而参与企业税后利润分配取得的所得，应按照“利息、股息、红利所得”适用的规定计算缴纳个人所得税。

2. 股票增值权的税收政策

股票增值权是指上市企业授予公司员工在未来一定时期和约定条件下，获得规定数量的股票价格上升所带来收益的权利。被授权人在约定条件下行权，上市企业按照行权日与授权日二级市场股票差价乘以授权股票数量，发放给被授权人现金。股票增值权被授权人获取的收益，是由上市企业根据授权日与行权日股票差价乘以被授权股数，直接向被授权人支付的现金。

被授权人取得股票增值权时，个人所得税计征方式如下：

$$股票增值权某次行权收入 = \left(\frac{行权日}{股票价格} - \frac{授权日}{股票价格}\right) \times 行权股票份数$$

$$应纳税额 = 股权激励收入 \times 适用税率 - 速算扣除数$$

3. 限制性股票的税收政策

限制性股票是指上市企业按照股权激励计划约定的条件，授予公司员工一定数量本公司的股票。个人因任职、受雇从上市企业取得的限制性股票所得，由上市企业或其境内机构按照“工资、薪金所得”项目和“股票期权所得”个人所得税计税方法，依法扣缴其个人所得税。

被授权人取得限制性股票个人所得税计征方式如下：

限制性股票收入 =（股票登记日股票市价 + 本批次解禁股票当日市价）÷ 2 × 本批次解禁股票份数 – 被激励对象实际支付的资金总额 ×（本批次解禁股票份数 ÷ 被激励对象获取的限制性股票总份数）

应纳税额 = 股权激励收入 × 适用税率 – 速算扣除数

纳税义务发生时间为每一批次限制性股票解禁的日期。

被授权人限制性股票解禁后再转让的，免征个人所得税。

4. 股权激励的计税方式

《关于延续实施上市公司股权激励有关个人所得税政策的公告》（财政部　税务总局公告 2023 年第 25 号）规定，上市企业股权激励单独计税优惠政策，执行期限延长至 2027 年 12 月 31 日。居民个人取得股票期权、股票增值权、限制性股票、股权奖励等股权激励（以下简称股权激励），符合相关条件的，不并入当年综合所得，全额单独适用综合所得税率表，计算纳税。计算公式为：

应纳税额 = 股权激励收入 × 适用税率 – 速算扣除数

居民个人一个纳税年度内取得两次以上（含两次）股权激励的，应合并计算纳税。

（五）公积金有关规定

根据《住房公积金管理条例》以及建设部、财政部、中国人民银行发布的《关于住房公积金管理若干具体问题的指导意见》（建金管〔2005〕5 号）等规定精神，单位和个人分别在不超过职工本人上一年度月平均工资 12% 的幅度内，其实际缴存的住房公积金，允许在个人应纳税所得额中扣除。单位和职工个人缴存住房公积金的月平均工资不得超过职工工作地所在设区城市上一年度职工月平均工资的 3 倍，具体标准按照各地有关规定执行。单位和个人超过上述规定比例和标准缴付的住房公积金，应将超过部分并入个人当期的工资、薪金收入，计征个人所得税。

个人实际领（支）取原提存的基本养老保险金、基本医疗保险金、失业保险金和住房公积金时，免征个人所得税。

二、筹划关键点与案例解析

（一）纳税人身份的税收筹划

我国税法将个人所得税纳税人分为居民和非居民，这两种不同身份的纳税人承担的纳税义务有所不同。非居民纳税义务人仅就其来源于中国境内所得依照我国个人所得税法规定纳税。筹划思路包括两个层面：第一，针对在中国境内停留时间较长的外籍公民，可考虑跨年度在中国境内停留。第二，针对在一个纳税年度时间内停留超过 183 天的外籍公民，可经向主管税务机关备案，其来源于中国境外且由境外单位或者个人支付的所得，免予缴纳个人所得税。以上两种筹划的根本所在是避免成为中国的居民纳税人，筹划对象主要是跨国纳税人。

案例

德国高管大卫受雇于一家位于德国的公司。他受德国公司指派需要在 2023—2024 年于中国的某企业担任为期七个月的财务总监，大卫应当如何选择工作的时间来避免成为中国的居民纳税人？

【筹划思路与方案】

如果大卫选择在 2023 年 1 月 1 日入境，2023 年 7 月 31 日离境，则在该纳税年度内停留时间超过 183 天，符合居民纳税人身份认定，需要对来源于境内境外全部所得缴纳所得税。

方案 1：采取跨年度停留的方式。如 2023 年 10 月 1 日入境，2024 年 4 月 30 日离境，则该外籍公民 2023 年度在中国境内居住 92 天，为非居民纳税义务人；2024 年度在中国境内居住 120 天，亦为非居民纳税义务人。2023 年度和 2024 年度，均仅就来源于中国境内的所得在我国缴纳个人所得税。

方案 2：申请向主管税务机关备案。在 2023 年 1 月 1 日入境，2023 年 7 月 31 日离境，其 2023 年度在中国境内居住的时间超过 183 天，其来源于中国境外且由境外单位或者个人支付的所得，免予缴纳个人所得税，仍仅就来源于中国境内的所得在我国缴纳个人所得税。

（二）所得规模的税收筹划

1. 工资、薪金福利化

筹划的重点在于降低名义收入，把个人现金性所得转为提供必需的福利待遇，这样既满足了消费需求，又可少缴个人所得税。一方面，提高公共福利待遇，比如企业的食堂、员工宿舍等，员工既可以享受这些福利设施，也不会相应带来税负的增加。另一方面，企业支付给个人的工资中必然包括一部分对这些支出的补贴，如常见的交通费与餐费、通信费等支出，如果由企业直接为个人支付，不仅企业可以将这些支出作为费用减少企业所得税应纳税额，同时也减少了个人的名义收入，而实际上在这一过程中员工的工资水平并没有发生变化，这样的做法可以为企业和个人都达到减税的目的。在实务中，企业主要可以通过以下方面来进行薪酬费用化：

（1）为职工提供与公司经营业务有关的培训。需要注意的是，并非所有的培训都可以通过这种方式免交个人所得税。举例说明，如果一家生产木材的企业为员工支付瑜伽班培训费用，显然主营业务与瑜伽并没有太大关联，在这一情况下培训费用需要计入工资、薪金所得进行纳税。相反，如果是会计师事务所的员工接受注册会计师培训有关的继续教育支出，不仅可以由企业代为支付作为企业的职工教育经费于税前扣除，还可以免除员工的个人所得税。

（2）用餐补贴。员工因公务不能在工作单位或返回就餐的，可以按标准领取误餐费，不扣缴个人所得税；类似的员工出差时发生的餐费，也在标准内领取差旅费补贴，不扣缴个人所得税。但是，企业为员工设立食堂提供的免费用餐和直接给员工发放伙食补贴是需要计入工资、薪金缴纳个人所得税的。

（3）为员工提供劳保用品。企业为员工提供的实际属于工作条件的劳保用品，不属于个人所得，但是企业以“劳动保护”名义向职工发放的实物以及货币性资金需要缴纳个人所得税。

（4）为员工提供便利交通。企业可以配备车辆接送员工上下班，这部分的支出可以从员工的工资中扣除，降低名义收入，员工也不需要为此缴纳个人所得税。也可以选择给员工发放交通补贴，标准内不需扣缴个人所得税（各省的标准不一，企业在发放时需要注意不可超过标准发放，否则可能增加员工的税负）。

案例

A会计师事务所员工甲某想参加某培训班组织的注册会计师培训班，学费为5 000元/月，为期一年，甲某每月工资为12 000元，请问甲某应如何与就职事务所进行沟通来进行个人所得税筹划？

【筹划思路】

由于甲某的学费与自己的工作实际相关，筹划的重点在于转移这笔学费的负担。

【筹划方案】

甲某与事务所协商，由事务所承担培训学费，同时甲某每月工资降低至7 000元，对于甲某而言，实际收入不变；对于事务所而言，每月5 000元的支出可以作为职工教育经费在企业所得税税前扣除。

【结论分析】

原方案下，甲某每月从事务所领取12 000元工资，学费自行承担，则在不考虑其他扣除以及各类保险的情况下，甲某当年需缴纳个人所得税为（$12\,000\times12-60\,000$）×

10%-2 520=5 880 元。

筹划后，甲某当年需缴纳个人所得税为（7 000×12-60 000）×3%=720 元。减税金额为 5 880-720=5 160 元。

2. 费用承担转移

为他人承担劳务以取得报酬的个人，可以考虑由对方提供一定的福利，将本应由自己承担的费用改由对方承担，以达到规避个人所得税的目的。比如餐饮服务、报销交通费、提供住宿、提供办公用具、安排实验设备等日常开支，如果由个人负担，就不能在应纳税所得额中扣除。如果将这些自己承担的费用开支转由对方承担，可相应地降低自己的劳务报酬总额。

案例

甲某到某公司开办讲座，并签订合同约定 30 000 元报酬。在开办讲座期间，甲某发生的交通、住宿、用餐等费用共计 5 000 元。假设甲某每月另有 10 000 元工资薪金收入，不考虑其他扣除，是否存在税收筹划空间？

【筹划思路】

筹划的重点在于讲座期间发生的支出承担主体。

【筹划方案】

甲某可与该公司协商在合同中约定报酬为 25 000 元，而交通、住宿、用餐等费用由该公司承担。

【结论分析】

现有方案下，甲某应纳个人所得税 =［10 000×12+30 000×（1-20%）-60 000］×10%-2 520=5 880（元）

筹划后，甲某应纳个人所得税 =［10 000×12+25 000×（1-20%）-60 000］×10%-2 520=5 480（元）

减税金额 =5 880-5 480=400（元）

（三）所得形式的税收筹划

1. 工资、薪金转化为劳务报酬

根据税法的规定，居民个人的综合所得，以每一纳税年度的收入额减除费用 6 万元以及专项扣除、专项附加扣除和依法确定的其他扣除后的余额，为应纳税所得额。也就是说，无论纳税人有多少处工资、薪金来源，每年也只能扣除费用 6 万元。因此，如果纳税人每月能从两处或多处（兼职）均取得工资、薪金，建议选定一处收入作为工资、薪金项目，其余各处收入作为劳务报酬项目，因为劳务报酬所得收入减除20%的费用后的余额为收入额。

案例

甲某每月均能从三家企业取得收入5 000元，应当如何筹划使其税负降到最低呢？

【筹划思路】

筹划的重点在于区分工资、薪金收入与劳务报酬收入计入个人所得税应纳税所得额的规定存在差异。

【筹划方案】

当甲某选择三处收入均作为工资、薪金项目，则其应纳税所得额=5 000×12×3-60 000-专项扣除-专项附加扣除-其他扣除=120 000-专项扣除-专项附加扣除-其他扣除。

当选择一处收入作为工资、薪金项目，其他两处收入作为劳务报酬项目，则其应纳税所得额=5 000×12+5 000×12×2×80%-60 000-专项扣除-专项附加扣除-其他扣除=96 000-专项扣除-专项附加扣除-其他扣除。

【结论分析】

显然，只选择一处收入作为工资、薪金应纳税所得额比前一种情况少24 000元，则应缴纳的个人所得税也会相应减少。

2. 股息转化为工资、薪金

个人投资者获取收益的方式有税前领取工资和税后分配股息、红利两种。在选择领取报酬的方式时，若能充分利用工资和股息之间所适用税率的差别，把部分股息所得转化为工资、薪金所得，就能减轻投资者的整体税收负担。

案例

甲某与其余四位朋友投资组建一商贸公司，投资比例每人各占20%。公司共有员工20人，2024年实际支付工资600 000元。五位股东均在企业任职，每人每月工资8 000元。假设2024年该公司预计实现税前会计利润500 000元，企业所得税适用税率25%，税后利润全部按投资比例分配，没有其他纳税调整项目。该公司应如何进行税收筹划？

【筹划思路与方案】

该公司 2024 年应缴纳企业所得税 =500 000 × 25%=125 000（元）

五位股东工资、薪金所得应缴纳个人所得税 =（8 000 × 12–60 000）× 3% × 5=5 400（元）

五位股东股息所得应缴个人所得税 =（500 000–125 000）× 20%=75 000（元）

经过专业人士的税收筹划，将预计分配的股利 375 000 元平均增加到五位股东各月的工资当中，每人每月增加 6 250 元工资。

实际发放工资总额 =600 000+375 000=975 000（元）

则可多扣除的工资、薪金支出为 375 000 元，可多扣除的职工福利费为 52 500 元（即 375 000 × 14%），可多扣除的工会经费为 7 500 元（即 375 000 × 2%），可多扣除的职工教育经费为 9 375 元（即 375 000 × 2.5%），筹划方案实施后共计可多扣除费用 444 375 元。

该公司 2023 年应缴纳企业所得税 =（500 000–444 375）× 25%=13 906.25（元）

五位股东每人每月实发工资 =8 000+6 250=14 250（元）

五位股东工资、薪金所得应缴纳个人所得税 =［（14 250 × 12–60 000）× 10%–2 520］× 5=42 900（元）

五位股东股息所得应缴个人所得税 =（500 000–444 375）×（1–25%）× 20%=8 343.75（元）

【结论分析】

筹划前，企业所得税和个人所得税共计：

125 000+5 400+75 000=205 400（元）

筹划后，企业所得税和个人所得税共计：

13 906.25+42 900+8 343.75=65 150（元）

因此，实现节税 140 250 元（即 205 400–65 150）。

3. 工资、薪金转化为经营所得

可以考虑将高薪分出一部分作为经营所得。比如提供专业服务的技术人员，就可以成立个体经济组织，把个人劳动服务转变为组织技术服务，薪酬收入就可以转化为经营所得，实行单独计税。

（四）扣除项目的税收筹划

《个人所得税专项附加扣除操作办法（试行）》中规定纳税人享受子女教育、继续教育、大病医疗、住房贷款利息或者住房租金、赡养老人、婴幼儿抚养等专项附加扣除，以上几项限定于对纳税人综合所得进行扣除，但是在扣除方法上给了纳税人一定的选择空间。纳税人应该充分利用现有政策，采取最合适的方式让自己享受最大程度的减税。

1. 房贷利息的扣除

在房贷利息的扣除上，税法规定，在实际发生贷款利息的年度，按照每月 1 000 元标准定额扣除。经夫妻双方约定，可以选择由其中一方扣除，具体扣除方式在一个纳税年度内不能变更。房贷利息的扣除也需要在夫妻双方中统筹决定。

案例

甲和乙为夫妻，甲每月工资 9 000 元，乙每月工资 4 000 元，两人的工资、薪金为唯一收入，且工资收入均已减除了专项扣除。此外，2022 年 7 月，甲、乙在婚后首次购买住宅一套，且享受首套房贷款利率，贷款期限为 20 年。那么，甲、乙应如何选择房贷利息的扣除？

【筹划思路】

筹划的重点在于夫妻二人边际税率不一致时，应由谁享受房贷利息的专项附加扣除。

【筹划方案】

当夫妻双方有一方工资低于 5 000 元，另一方高于 5 000 元或者在两方收入均高于 5 000 元时，减除 5 000 元基本费用后，一人适用税率高，一人适用税率低时，房贷利息扣除均应当全部选在工资收入高的一方扣除，以最大限度降低个人所得税缴纳水平。

【结论分析】

如果每月 1 000 元的专项扣除全部由甲扣除，此时甲当月需纳个人所得税为（9 000−5 000−1 000）× 3%=90（元），乙无须扣税，两者合计个人所得税为 90 元。

如果每月 1 000 元的专项扣除全部由乙扣除，甲当月需要扣缴个人所得税为（9 000−5 000）× 10%−210=190（元），乙仍无须扣税，两者合计个人所得税为 190 元。

显然应由收入较高的甲进行扣除。

2. 子女教育扣除

在子女教育扣除上，税法规定，纳税人子女接受学前教育和学历教育的相关支出，可以按照每个子女每年 24 000 元（每月 2 000 元）的标准定额扣除。但在扣除方法上，受教育子女的父母分别按扣除标准的 50% 扣除；经父母约定，也可以选择由其中一方按扣除标准的 100% 扣除。在这种规定下，一个家庭就可以选择不同的扣除方式来达到筹划的目的。

案例

甲和乙育有一子一女，他们都处在学历教育阶段。甲月收入为 11 000 元，乙月收入为 8 000 元，不考虑年终奖收入和其他扣除，该家庭应当如何选择子女教育扣除方式来减轻家庭总税负？

【筹划思路】

筹划的重点在于子女教育的专项附加扣除应如何分配。

【筹划方案】

方案 1：由甲全额扣除，则家庭共计应纳税额 =（11 000−2 000 × 2−5 000）× 12 × 3%+（8 000−5 000）× 12 × 3%=1 800（元）。

方案 2：由乙全额扣除，则家庭共计应纳税额 =（11 000−5 000）× 12 × 10%−2 520=4 680（元）。

方案 3：由两人分别按标准的 50% 进行扣除，则家庭共计应纳税额 =（11 000−1 000 × 2−5 000）× 12 × 10%−2 520+（8 000−1 000 × 2−5 000）× 12 × 3%=2 640（元）。

【结论分析】

应当选择方案 1，子女教育附加都由收入较高的甲进行扣除。

3. 其他专项附加扣除项目

根据《个人所得税专项附加扣除操作办法（试行）》，除了上述房贷利息、子女教育专项扣除有选择空间以外，对于一个家庭来说，赡养老人、住房租金这几项附加扣除也可以自行选择扣除方式来达到节税效果。从原理上分析，在一个家庭中，一般选择收入较高的个体来分摊这些扣除项，因为其收入较高，适用的税率较高，享受扣除以后节税的效果更大。

（五）期权的税收筹划

股票期权以行权日作为纳税义务日，而对于个人将行权后的境内上市公司股票再行转让而取得的所得，暂不征收个人所得税，这使得对股票期权的个人所得税筹划成为可能。股票期权的市价在行权有效期内是波动的，被激励对象可以通过在行权有效期内合理选择行权日，尽可能选择在股票市价接近行权价的日期行权，从而降低应纳税所得额，达到个人所得税节税的目的。

此外，我国税法规定对股票期权独立征收个人所得税，股票期权所得在一年内多次取得的要合并计算（分次取得的合并为一次计税）。因此，纳税人可结合年终奖筹划方式测算最低税负方案，在工资、股票期权以及年终奖之间进行转换，通过降低适用税率减少应纳税额。

案例

境内某上市公司于2021年实行股票期权计划。2021年1月1日，甲某因业绩表现突出被授予20 000股股票期权，授予日股票价格为5元/股，可以在一年后以5元/股的价格购买该公司20 000股股票。假设2024年1月10日该股票市价为10元/股，2024年5月1日该股票市价为12元/股。甲某可以选择以下两种行权方案，请分析哪种方案税负更低？

方案1：甲某于2024年5月1日行权，购买20 000股股票。

方案2：甲某于2024年1月10日行权，购买20 000股股票，并于2024年5月1日将该股票转让。

【筹划思路与方案】

采取方案1，应纳个人所得税的计算如下：

当甲某于2024年5月1日行权时，应按照工资、薪金所得缴纳个人所得税。应纳税所得额为该股票的市场价与施权价的差额，即：

$(12-5)\times 20\ 000=140\ 000$（元）

适用10%的税率，则：

应纳个人所得税 $=140\ 000\times 10\%-2\ 520=11\ 480$（元）

采取方案2，应纳个人所得税的计算如下：

甲某于2024年1月10日行权时，应纳税所得额为：

$(10-5)\times 20\ 000=100\ 000$（元）

适用10%的税率，则：

应纳个人所得税 $=100\ 000\times 10\%-2\ 520=7\ 480$（元）

2024年5月1日转让股票，获得财产转让所得：

$(12-10)\times 20\ 000=40\ 000$（元）

个人将行权后的境内上市公司股票再行转让而取得的所得，暂不征收个人所得税。

【结论分析】

通过以上两种方案的比较，可以看出在股价较低时行权、在股价较高时卖出更为节税。

案例

2022年1月1日，某上市企业授予某高级管理人员甲某10 000股股票期权，可在两年后以25元/股购买10 000股公司股票。在2024年12月31日当天，股票的市场价格为35元/股（假定2024年度甲某无年终奖）。请问甲某应该如何筹划？

【筹划思路】

不考虑筹划的情况下，甲某股票期权的应纳税额的具体计算如下：

应纳税所得额 =（35-25）×10 000=100 000（元）

适用的税率为 10%，速算扣除数为 2 520，故：

应纳税额 =100 000×10%-2 520=7 480（元）

筹划的重点在于如何分解股票期权行权的收入。

【筹划方案】

根据以上分析得出的税收筹划思路，我们为甲某设计以下两种筹划方案：

方案 1：企业将可行权价格定为 28 元，其余的 30 000 元［即（28-25）×10 000］以全年一次性奖金的形式发放。

方案 2：企业在 2023 年与 2024 年年初分别向甲某发放 5 000 股股票期权。2023 年年末、2024 年年末的行权价格分别为 20 元 / 股、25 元 / 股，预计 2023 年年末、2024 年年末公司股票的市场价格分别为 30 元 / 股、35 元 / 股。

方案 1：甲某应纳税额计算如下：

股票期权所得应纳税所得额 =（35-28）×10 000=70 000（元）

适用税率为 10%，速算扣除数为 2 520，故：

股票期权所得应纳税额 =70 000×10%-2 520=4 480（元）

全年一次性奖金应纳税额 =30 000×3%=900（元）

应纳税总额 =4 480+900=5 380（元）

方案 2：甲某应纳税额计算如下：

2023 年：

应纳税所得额 =（30-20）×5 000=50 000（元）

应纳税额 =50 000×10%-2 520=2 480（元）

2024 年：

应纳税所得额 =（35-25）×5 000=50 000（元）

应纳税额 =50 000×10%-2 520=2 480（元）

两年应纳税总额 =2 480+2 480=4 960（元）

【结论分析】

由此看出，以上两种筹划方案均降低了甲某的个人所得税税负，方案 2 的节税效果更为明显。方案 1 利用股票期权所得与全年一次性奖金所得在确定适用税率时分别根据每种方式的收入确定，当每种方式取得的收入较少时，适用的税率也较低。因此，将收入分解可以使总体税负水平下降。方案 2 是借助分年度取得的方法，利用累进税率模式的特点，通过分摊的方式同样降低了税负水平。需要注意的是，工资、薪金所得不同的发放方式可能产生交易成本的差异，所以在进行筹划时，必须将这些因素考虑在内，税收筹划并不局限于纳税额的减少，而要追求综合收益的最大化。

三、税收筹划风险及防范

（一）纳税人身份的税收筹划

在对非居民纳税人身份筹划的过程中，需要注意避免使该外籍个人因被判定“在中国境内有住所”而被划分为居民纳税人（因户籍、家庭、经济利益关系而在中国境内习惯性居住的个人）。在对入境时间筹划时需要注意，如果在中国境内居住累计满183天的年度连续满六年的，也需要就其来源于境外所得缴纳个人所得税。因此，外籍个人在筹划时应当避免被认定为在中国境内习惯性居住，这里所说的习惯性居住是判定纳税人属于居民还是非居民的一个重要依据。实践中，一般是根据纳税人“户籍、家庭、经济利益关系”等具体情况，综合判定是否属于“习惯性居住”这一状态。“习惯性居住”相当于定居的概念，指的是个人在较长时间内，相对稳定地在一地居住。它是指个人因学习、工作、探亲等原因消除之后，没有理由在其他地方继续居留时所要回到的地方，而不是指实际居住或在某一个特定时期内的居住地。从这一点可以看出，“有住所”并不等于“有房产”。

（二）所得规模与形式的税收筹划

筹划的前提是保证职工的实际收入水平，不以降低收入为代价而筹划。在工资、薪金福利化这一筹划方式上，企业必须依照税法相关规定合法合规地进行筹划。在实务中，有许多企业通过发放实物福利来代替部分员工工资从而使员工得以逃避缴纳部分个人所得税，但这种实物福利本质上也属于工资、薪金的一种，应当按照合理的价格计算缴纳个人所得税，因此这种行为属于逃税的一种，也是税务稽查中的重点风险区域。同样地，企业以各种发票报销会议费、邮电费、差旅费等方式套取现金，支付给个人手续费、回扣、奖励、交通补贴（如油费）、误餐补助、加班补助、通信费补贴等，也应计入其工资、薪金所得代扣代缴个人所得税。对于企业而言，如果希望通过合法途径来为员工发放福利同时减少个人所得税的缴纳，就必须严格按照税法要求通过提供业务相关培训、交通补贴以及劳保补贴等方式进行筹划。

（三）期权的税收筹划

由于税法规定，股票期权的应纳税所得额是指员工行权价（施权价）低于购买日公平市场价的差额。而在大多数上市公司股票期权激励计划中，股票期权的被授予对象往往是对公司实际管理经营有着相当影响力的高级管理人员。因而导致在此税收制度规定下，高管存在强烈的动机操纵行权日股票价格至低位以压低该所得的个人所得税税基，来最小化股票期权激励所需缴纳的个人所得税，这样通过操纵股价的利益侵占属于《中华人民共和国证券法》中明令禁止的违法行为。同时，对于股票期权的被授予对象而言，公开市场股票价格往往难以准确估计，其中也存在着一定的价格波动风险。

第二节　年终奖的个人所得税筹划

一、相关税收政策

《财政部　税务总局关于延续实施全年一次性奖金个人所得税政策的公告》（财政部　税务总局公告2023年第30号）规定，全年一次性奖金单独计税优惠政策，执行期限延长至2027年12月31日。居民个人取得全年一次性奖金，符合规定的，不并入当年综合所得，以全年一次性奖金收入除以12个月得到的数额，按照按月换算后的综合所得税率表（见表5-2），确定适用税率和速算扣除数，单独计算纳税。计算公式为：

应纳税额 = 全年一次性奖金收入 × 适用税率 − 速算扣除数

居民个人取得全年一次性奖金，也可以选择并入当年综合所得计算纳税。

表5-2　按月换算后的综合所得税率表

级数	全月应纳税所得额	税率（%）	速算扣除数
1	不超过3 000元的	3	0
2	超过3 000元至12 000元的部分	10	210
3	超过12 000元至25 000元的部分	20	1 410
4	超过25 000元至35 000元的部分	25	2 660
5	超过35 000元至55 000元的部分	30	4 410
6	超过55 000元至80 000元的部分	35	7 160
7	超过80 000元的部分	45	15 160

二、筹划关键点与案例解析

对全年一次性奖金收入的税收筹划主要包括三个方面，一是是否对年终奖进行单独计税；二是避免年终奖的“税收陷阱”；三是如何对员工包括年终奖在内的全年所得进行安排，以达到最低税负。

（一）是否选择单独计税

居民个人取得全年一次性奖金，符合相关规定的，可以选择是并入当年综合所得还是进行单独计税。假设纳税人的综合所得（不包括年终奖）为A，全部扣除项目总和为B，年终奖为C，具体筹划方案可以分为以下几种情况考虑。

（1）当纳税人的收入水平较低，综合所得低于可扣除的项目之和时，即 $A<B$ 时，可以考虑将年终奖与综合所得合并计税。

案例

甲某 2024 年每月工资收入 9 000 元，个人承担的专项扣除 2 000 元，专项附加扣除 3 000 元，无其他综合所得和扣除项目。2024 年 12 月发放全年一次性奖金 48 000 元。甲某应如何对年终奖进行筹划？

【筹划思路】

甲某如果选择对年终奖单独计税，则工资收入不必交税，而年终奖的税率为 10%。两者边际税率存在较大差距，因此可以考虑将年终奖合并入综合所得。

【筹划方案】

方案 1：选择工资、薪金与年终奖分别计算。

2024 年综合所得工资、薪金部分应纳税额为 0。

年终奖单独计算，应纳税额 =48 000 × 10%–210=4 590（元）

合计纳税 =0+4 590=4 590（元）

方案 2：选择工资、薪金与年终奖合并计算。

2024 年综合所得 =9 000 × 12–2 000 × 12–3 000 × 12–60 000+48 000=36 000（元）

应纳税额 =36 000 × 3%=1 080（元）

【结论分析】

甲某应选择合并计税，少交税 4 590–1 080=3 510（元）。

（2）当纳税人的所得水平逐渐增加，比如当 $A>B$，且 $A+C-B<36\,000$ 元时，年终奖是否单独核算，并不会对纳税人的税负造成影响。

案例

甲某 2024 年每月工资收入 11 000 元，个人承担的专项扣除 2 000 元，专项附加扣除 3 000 元，无其他综合所得和扣除项目。2024 年 3 月发放全年一次性奖金 20 000 元。甲某应如何对年终奖进行筹划？

【筹划思路】

如果工资与年终奖分别计税，工资收入与年终奖的边际税率均为 3%。合并计税后税率也为 3%，两者并不存在差别。

【筹划方案】

方案 1：选择工资、薪金与年终奖分别计算。

2024 年综合所得应纳税额 =（11 000−2 000−3 000−5 000）× 3% × 12=360（元）

年终奖单独计算，应纳税额 =20 000 × 3%=600（元）

合计纳税 =360+600=960（元）

方案 2：选择工资、薪金与年终奖合并计算。

2024 年综合所得 =（11 000−2 000−3 000）× 12−60 000+20 000=32 000（元）

应纳税额 =32 000 × 3%=960（元）

【结论分析】

两种情况下，所缴纳的个人所得税数额相同。

（3）当纳税人的所得较高，$A+C-B \geqslant 36\ 000$ 元时，年终奖是否需要单独核算，就需要依据全年所得水平进行统筹考虑。

案例

甲某 2024 年每月工资收入 15 000 元，个人承担的三险一金 2 000 元，专项附加扣除 3 000 元，无其他综合所得和扣除项目。2024 年 12 月发放全年一次性奖金 120 000 元。甲某应如何对年终奖进行筹划？

【筹划思路】

筹划的重点在于测算工资与年终奖征税的边际税率。

【筹划方案】

如果选择奖金单独纳税，其奖金应纳税额为：

120 000 × 10%−210=11 790（元）

甲某 2024 年综合所得应纳税所得额为：

（150 000−2 000−3 000−5 000）× 12=60 000（元）

应纳税额为：60 000 × 10%−2 520=3 480（元）

共计应纳税额为：11 790+3 480=15 270（元）

如果选择将奖金与工资、薪金合并纳税，则综合所得应纳税所得额为：

（150 000−2 000−3 000−5 000）× 12+120 000=180 000（元）

应纳税额为：180 000 × 20%−16 920=19 080（元）

【结论分析】

甲某选择合并纳税时要承担更多的个人所得税，因此应选择对年终奖单独计税。

【筹划拓展】

当个人的收入水平较高时，最好选择对年终奖采用单独计税方式，因为合并纳税会导致适用的税率更高，纳税更多。

（二）年终奖“税收陷阱”的避免

年终奖的“税收陷阱”，是指当年终奖规模处于某些特定的范围内，即使年终奖增加了，但由于其适用的税率档次上升导致应缴纳的税款增加幅度大于年终奖的增加幅度，使得员工到手的实际收入反而减少的现象。

案例

某企业 2024 年 12 月底发放全年一次性奖金，员工甲获得奖金 36 000 元，员工乙获得奖金 36 001 元。甲、乙两位员工都选择年终奖单独纳税的计算方式，请分别计算两位员工年终奖的应纳个人所得税。

【筹划思路】

36 000 元是年终奖单独纳税时的税率临界点，需要警惕临界点带来的边际税率的“跳跃”。

【筹划方案】

如果给员工甲发放 36 000 元年终奖，需要缴纳个人所得税 $36\ 000 \times 3\%=1\ 080$ 元，到手 34 920 元。

对于员工乙来说，年终奖部分适用税率为 10%，个人所得税需要缴纳 $36\ 001 \times 10\%-210=3\ 390.1$ 元，到手 32 610.9 元。

由此可见，多发了 1 元年终奖，导致员工乙缴纳的个人所得税税额多出了 2 309.1 元。

【筹划拓展】

为了更准确地推算年终奖的“税收陷阱”，根据应纳税额 = 全年一次性奖金收入 × 适用税率 − 速算扣除数，则个人的税后收入 = 奖金收入 ×（1− 适用税率）+ 速算扣除数。各税率档次下，假设奖金收入为 a 元，税后收入金额如表 5-3 所示。

表 5-3 年终奖税后所得情况

单位：元

年终奖数值	税后所得
0~36 000	$a \times 0.97$
36 000~144 000	$a \times 0.9+210$
144 000~300 000	$a \times 0.8+1\ 410$

续表

年终奖数值	税后所得
300 000~420 000	$a \times 0.75$+2 660
420 000~660 000	$a \times 0.7$+4 410
660 000~960 000	$a \times 0.65$+7 160
>96 000	$a \times 0.55$+15 160

可以发现，当 a=36 000 时，税后所得为 34 920 元；当 a=36 001 时，税后所得为 32 610.9 元。这是由于我国个人所得税采用的是累进税率制度，当年终奖达到某个临界点时，适用的税率档次会提升，从而导致税后收入的减少。因此，应警惕每个区间的临界点，如果年终奖的规模落入这些临界点附近的区间，可能会导致员工“多发少拿”的情况。经过计算，年终奖的税收陷阱区间如表 5-4 所示。

表 5-4　年终奖的税收陷阱区间

级数	奖金收入级距	适用税率	年终奖的税收陷阱区间
1	不超过 36 000 元的部分	3%	无
2	超过 36 000 元至 144 000 元的部分	10%	超过 36 000 元至 38 567 元的部分
3	超过 144 000 元至 300 000 元的部分	20%	超过 144 000 元至 160 500 元的部分
4	超过 300 000 元至 420 000 元的部分	25%	超过 300 000 元至 318 333 元的部分
5	超过 420 000 元至 660 000 元的部分	30%	超过 420 000 元至 447 500 元的部分
6	超过 660 000 元至 960 000 元的部分	35%	超过 660 000 元至 706 538 元的部分
7	超过 960 000 元的部分	45%	超过 960 000 元至 1 120 000 元的部分

（三）年终奖与综合所得的最优筹划方案设计

当个人的年收入总和基本固定时，通过合理分配综合所得与年终奖的规模，可以有效优化税负。

案例

甲某预计 2025 年全年的个人所得税应纳税所得额为 320 000 元（已扣除了各项基本减除费用、专项扣除、专项附加扣除以及依法确定的其他扣除等）。甲某面临两种薪金方案：方案 1 是每月发放工资薪金 17 000 元，剩余部分 116 000 元作为全年一次性奖金发放；方案 2 是每月发放工资薪金 13 000 元，剩余部分 164 000 元作为全年一次性奖金发放。从税负最优角度考虑，应该选择哪种方案？

【筹划思路与方案】

两种方案下，甲某面临的综合所得与年终奖适用的边际税率不一致。

方案 1：

综合所得应纳税所得额 =（17 000–5 000）×12=144 000（元）

应纳税额 =144 000×10%–2 520=11 880（元）

奖金部分应纳税额 =116 000×10%–210=11 390（元）

共计应纳税额 =11 880+11 390=23 270（元）

方案 2：

综合所得应纳税所得额 =（13 000–5 000）×12=96 000（元）

应纳税额 =96 000×10%–2 520=7 080（元）

奖金部分应纳税额 =164 000×20%–1 410=31 390（元）

共计应纳税额 =7 080+31 390=38 470（元）

【结论分析】

在不考虑资金时间价值的情况下，甲某应该选择方案 1 来减少应纳税额，减轻个人所得税负。

【筹划拓展】

从税负优化的角度出发，个人应如何合理分配综合所得与年终奖呢？

（1）纳税人的年应纳税所得额为 0~72 000 元。

纳税人的应纳税所得额为 0~72 000 元时，最优的税收筹划方案是综合所得与年终奖的金额都适用于 3% 的税率。例如，当所得额达到 72 000 元时两者都安排为 36 000 元，那么对于两种所得都不会适用 10% 这一较高的税率档次。

（2）应纳税所得额为 72 000~180 000 元。

纳税人的应纳税所得额为 72 000~180 000 元时，如果全部所得归入综合所得或者全部作为年终奖，则会适用较高的 20% 的税率。因此，收入应在年终奖与综合所得之间分摊。当应纳税所得额为 72 000 元时，如果增加 1 元，无论是放在年终奖还是综合所得中，都将带来税率级次的提升。如果年终奖超过 36 000 元，就会适用 10% 的税率与 210 元的速算扣除数；如果综合所得超过 36 000 元，就会适用 10% 的税率与 2 520 元的速算扣除数。因此，应将年终奖控制在 36 000 元，保持 3% 的较低税率，剩下的部分归入综合所得。

（3）年应纳税所得额为 180 000~288 000 元。

随着纳税人的所得逐渐增加，到 180 000 元时，归入综合所得的部分为 144 000 元，年终奖的部分为 36 000 元，在此基础上增加 1 元，无论是放在年终奖还是综合所得，都会带来税率级次的提升。如果将增加的所得放在综合所得中，则适用的最高税率级次就会上升至20%，速算扣除数为16 920元，应纳税额 = 综合所得 ×20%−16 920+ 36 000×3%。如果将增加的所得放在年终奖中，则适用的税率级次为10%，速算扣除数为210元，应纳税额 = 综合所得 ×10%−2 520+ 年终奖 ×10%−210。

可以发现，当应纳税所得额小于等于203 100元时，增加的所得放在综合所得中的税额较低；当其大于203 100元时，增加的所得放在年终奖时税额较低。

依次运用以上测算方法，可以得到表5–5中所示的综合所得与年终奖的最优筹划方案。

表5–5　年终奖与综合所得的最优筹划方案

预计年所得（$A+C-B$）	年终奖金额（C）
0~36 000元	不限
36 000~203 100元	36 000元
203 100~672 000元	144 000元
672 000~1 277 500元	300 000元
1 277 500~1 452 500元	420 000元
1 452 500元以上	660 000元

三、税收筹划风险及防范

年终奖的税收筹划需要根据工资、薪金，劳务报酬等多种所得，进行全年的统筹安排。全年一次性奖金计税方法对每个纳税人一个纳税年度内只允许采用一次。企业可以选择最佳时机发放年终奖，以优化员工的税后收入。同时，企业要注意的是，年终奖计税具有陷阱区间，在实际发放年终奖时要避免落入陷阱区间，导致给员工发放金额增加但员工实际到手金额减少的情况。

第三节　利息、股息、红利的个人所得税筹划

一、相关税收政策

利息、股息、红利所得，是指个人拥有债权、股权而取得的利息、股息、红利所得。利息是指个人拥有债权而取得的利息，包括存款利息、贷款利息和各种债券的利息。税法规定，个人取得的利息所得，除国债和国家发行的金融债券利息外，应当依法缴纳个人所得税。

利息、股息、红利所得以个人每次取得的收入额为应纳税所得额，不得从收入额中

扣除任何费用。其中，每次取得的收入是指支付单位或者个人每次支付利息、股息、红利时，个人所取得的收入。对于个人从股份公司获得的以股票形式发放的股息红利（简称红股），以派发红股的股票票面金额为收入额，计算征收个人所得税。

个人从公开发行和转让市场取得的上市公司股票，持股期限在1个月以内（含1个月）的，其股息、红利所得全额计入应纳税所得额；持股期限在1个月以上至1年（含1年）的，暂减按50%计入应纳税所得额；持股期限超过1年的，股息、红利所得暂免征收个人所得税。上述所得统一适用20%的税率计征个人所得税。

应纳税额 = 应纳税所得额（每次收入额）× 适用税率

二、筹划关键点与案例解析

（一）投资时间的税收筹划

个人转让上市公司股票取得的资本利得与持有上市公司股票分得的股息、红利所得适用不同的税收待遇，即前者可以享受免税优惠，而后者需要缴纳个人所得税。另外，对于持有上市公司股票取得的股息、红利所得应缴纳的个人所得税也会因持股期限的长短而有所不同，即持股期限越长，个人所得税的实际税负越轻。在进行股票投资时，纳税人可以充分利用这些税收待遇的差异来进行税收筹划，以减轻自身税负。一方面，如果上市公司保留利润不做分配，这在一定程度上会促使股价上涨，当个人投资者转让所持有的股票时，就能将股息、红利性质的所得转化为股票资本利得，进而可以享受免征个人所得税的优惠。另一方面，纳税人可以利用持股期限的临界点进行筹划，尽可能延长持股期限，使获得的股息、红利所得可以适用更低的实际税率，甚至享受免税待遇。

案例

甲某于2023年12月1日起持有我国上海证券交易所某上市公司的股票100万股。该上市公司于2024年9月25日公布了2022年度的利润分配方案，方案规定本次利润分配采取派发现金红利方式，每10股派发现金红利2元，股权登记日为2024年9月30日，现金红利发放日为2024年10月9日。甲某应如何进行税收筹划？

【筹划思路与方案】

由于截至股权登记日甲某持有股票的时间不足1年，根据税法规定，该上市公司在发放现金红利时暂不代扣代缴个人所得税。

若分得现金红利后，甲某立即转让该上市公司股票，由于其股票持有期限在1个月以上至1年以内，根据税法规定，他的股息、红利所得暂减按50%计入应纳税所得额。因此，甲某在转让股票时应补缴个人所得税：

$$100 \div 10 \times 2 \times 50\% \times 20\%=2（万元）$$

如果甲某等到 2023 年 12 月 1 日以后再转让该上市公司股票，由于其股票持有期限在 1 年以上，根据税法规定，他的股息、红利所得暂免征收个人所得税，则甲某在转让股票时无须补缴个人所得税。因此，甲某通过延长股票的持有时间可节约税款 2 万元。

（二）直接投资与间接投资的税收筹划

在实务中，我们需要将个人获得的股息、红利所得分为两种情况来考虑，分别是个人获得股息、红利所得不存在税收优惠以及存在优惠，相应的直接投资与间接投资涉税问题分析如下：

1. 直接投资的涉税问题分析

个人投资于公司制企业获得股息、红利所得需要按照“利息、股息、红利”所得缴纳 20% 的个人所得税。

2. 间接投资的涉税问题分析

与直接投资方式相比，间接投资方式下增加了中间公司——个人股东通过持有子公司的股份进而持有孙公司的股份，因而在对个人股东所得进行分析时，增加了子公司与孙公司之间的关系。

符合条件的居民企业之间的股息、红利所得等权益性投资收益属于免税收入。个人投资于公司制企业获得股息、红利所得需要按照利息、股息、红利所得缴纳 20% 的个人所得税。

案例

甲某在北京设立了一家有限责任公司 A，打算再成立一家 B 公司。假设 A 公司的年利润为 3 000 万元，而预计新设立的 B 公司的年利润为 500 万元。在这种情况下，甲某应该选择以个人股东的身份直接投资设立 B 公司，还是应该以现有的 A 公司名义间接投资设立 B 公司作为子公司？（假设此案例中个人获得股息红利所得不存在税收优惠）

【筹划思路与方案】

如果甲某直接持有 A 公司以及 B 公司的股份，在不考虑会计与税法差异及计提盈余公积（由于盈余公积最终归股东所有，因此可以忽略盈余公积的影响）的情况下，甲某所得的计算过程为：

1. 来自 A 公司的所得

应纳企业所得税 =3 000 × 25%=750（万元）

税后利润 =3 000−750=2 250（万元）

应纳个人所得税 =2 250×20%=450（万元）

甲某实际所得 =2 250−450=1 800（万元）

2. 来自 B 公司的所得

应纳企业所得税 =500×25%=125（万元）

税后利润 =500−125=375（万元）

应纳个人所得税 =375×20%=75（万元）

甲某实际所得 =375−75=300（万元）

甲某实际所得合计 =1 800+300=2 100（万元）

如果甲某通过持有 A 公司间接持有 B 公司的股份，在不考虑会计与税法差异及计提盈余公积的情况下，甲某所得的计算过程为：

1. B 公司

应纳企业所得税 =500×25%=125（万元）

税后利润 =500−125=375（万元）

B 公司将税后利润分配给其母公司 A 公司。

2. A 公司

从 B 公司分得的 375 万元股息属于免税收入。

应纳企业所得税 =3 000×25%=750（万元）

税后利润 =375+3 000−750=2 625（万元）

甲某分得的股息、红利为 2 625 万元。

应纳个人所得税 =2 625×20%=525（万元）

甲某实际所得 =2 625−525=2 100（万元）

【结论分析】

在个人股东获得股息、红利所得不存在税收优惠时，个人股东无论直接持有还是间接持有公司制企业股份，最终股息红利所得都是相同的。

案例

甲某为有限责任公司 A 的股东，预长期持有上市企业 B 的股权。面临两种方案：一是甲某直接持股上市企业；二是甲某通过公司 A 持股上市企业。已知 A 公司的税前年利润额为 3 000 万元，上市企业每年可以分 200 万元的股息红利。从税收筹划角度考虑，哪种方案比较合适？

【筹划思路与方案】

需要综合考虑企业与个人所得税的双重税负，以及上市企业股息红利的税收优惠。

1. 直接持有上市公司的股份

（1）来自A公司的所得：

应纳企业所得税=3 000×25%=750（万元）

税后利润=3 000−750=2 250（万元）

应纳个人所得税=2 250×20%=450（万元）

甲某实际所得=2 250−450=1 800（万元）

（2）来自上市公司的所得：

应纳个人所得税=0（万元）[①]

甲某实际所得=200（万元）

甲某实际所得合计=1 800+200=2 000（万元）

2. 间接持有上市公司的股份

上市公司向A公司派发200万元股息、红利属于免税收入。

应纳企业所得税=3 000×25%=750（万元）

税后利润=200+3 000−750=2 450（万元）

甲某分得的股息、红利为2 450万元。

应纳个人所得税=2 450×20%=490（万元）

甲某实际所得=2 450−490=1 960（万元）

【结论分析】

从上述分析过程中，我们可以看到，甲某直接长期持有上市公司股份可以获得的股息、红利合计为2 000万元，而间接持有上市公司股份可以获得的股息、红利合计为1 960万元，即甲某应该直接持有上市公司股份。

【筹划拓展】

结合以上两个案例分析我们可以看到，个人直接持有上市公司的股份获得的股息、红利高于个人通过非上市公司间接持有上市公司股份获得的股息、红利。之所以直接持有上市公司股份能够获得更多的股息、红利，根源在于当个人长期持有上市公司股票时所获得股息、红利可以享受减税优惠，而一旦通过非上市公司间接持有上市公司股票，则获得的股息、红利无法享受减征个人所得税的税收优惠。

① 个人从公开发行和转让市场取得的上市公司股票，持股期限超过1年的，股息红利所得暂免征收个人所得税。如果甲某持股期限在1个月以内（含1个月），则应缴纳个人所得税=200×20%=40（万元）；如果持股期限在1个月以上至1年（含1年），则应缴纳个人所得税=200×50%×20%=20（万元）。

三、税收筹划风险及防范

对于持有上市公司股票取得的股息、红利所得应缴纳个人所得税的纳税人来说，通过改变持有期限来减少个人所得税缴纳的同时也需要面对股价波动所带来的影响。也就是说，当个人为了享受长期持股带来的股息所得优惠而延长持股时间时，也可能遭遇到转让股票时价格下跌最终导致所得减少的情况。另外，对于工资、薪金转为股息的税收筹划方案而言，因为股息所得不能在企业所得税税前列支，因此在个人所得税筹划时应充分考虑工资、股息两种不同支付方式对企业所得税的影响。综上所述，纳税人在以上两种筹划方案中必须综合考虑除应纳税所得的其他因素，筹划的目的不应局限于使缴纳的税额更低，而应着眼于如何选择才能使自己的收益达到最大化。

在设计持股方案时，还需要考虑多种法律责任、公司治理等非税因素。个人直接作为股东，法律责任相对独立，管理上较为灵活；通过有限责任公司间接投资，可以在一定程度上分离个人与公司之间的法律责任，但同时也意味着需要遵守更多的公司治理规则，但也更有利于企业的未来融资。

第四节　财产转让所得的个人所得税筹划

一、相关税收政策

财产转让所得，是指个人转让有价证券、股权、合伙企业中的财产份额、不动产、机器设备、车船以及其他财产取得的所得。

（一）应纳税所得额计算

财产转让所得，以转让财产的收入额减除财产原值和合理费用后的余额，为应纳税所得额。其计算公式为：

$$应纳税所得额 = 每次收入额 - 财产原值 - 合理税费$$

财产原值按照下列方法确定：

（1）有价证券，为买入价以及买入时按照规定交纳的有关费用。

（2）建筑物，为建造费或者购进价格以及其他有关费用。

（3）土地使用权，为取得土地使用权所支付的金额、开发土地的费用以及其他有关费用。

（4）机器设备、车船，为购进价格、运输费、安装费以及其他有关费用。

纳税人未提供完整、准确的财产原值凭证，不能按照本规定的方法确定财产原值的，由主管税务机关核定财产原值。

（二）股票转让的税收政策

我国税法规定，对股票转让所得征收个人所得税的办法，由财政部另行制定，报国务院批准施行。鉴于我国证券市场发育还不成熟，股份制还处于试点阶段，国务院决定，对股票转让所得暂不征收个人所得税。

（三）量化资产股份转让的税收政策

集体所有制企业在改制为股份合作制企业时，对职工个人以股份形式取得的拥有所有权的企业量化资产，暂缓征收个人所得税；待个人将股份转让时，就其转让收入额减除个人取得该股份时实际支付的费用支出和合理转让费用后的余额，按财产转让所得项目计征个人所得税。

（四）限售股转让的税收政策

自2010年1月1日起，对个人转让限售股取得的所得，按照财产转让所得征收个人所得税。我国税法规定，个人转让限售股或发生具有转让限售股实质的其他交易，取得现金、实物、有价证券和其他形式的经济利益均应缴纳个人所得税。

（五）股权转让的税收政策

个人转让股权，以股权转让收入减除股权原值和合理费用后的余额为应纳税所得额，按财产转让所得缴纳个人所得税。合理费用是指股权转让时按照规定支付的有关税费。

转让方取得与股权转让相关的各种款项，包括违约金、补偿金以及其他名目的款项、资产、权益等，均应当并入股权转让收入。纳税人按照合同约定，在满足约定条件后取得的后续收入，应当作为股权转让收入。股权转让收入应当按照公平交易原则确定。

符合下列情形之一的，主管税务机关可以核定股权转让收入：

（1）申报的股权转让收入明显偏低且无正当理由的。

（2）未按照规定期限办理纳税申报，经税务机关责令限期申报，逾期仍不申报的。

（3）转让方无法提供或拒不提供股权转让收入的有关资料。

（4）其他应核定股权转让收入的情形。

符合下列情形之一，视为股权转让收入明显偏低：

（1）申报的股权转让收入低于股权对应的净资产份额的。其中，被投资企业拥有土地使用权、房屋、房地产企业未销售房产、知识产权、探矿权、采矿权、股权等资产的，申报的股权转让收入低于股权对应的净资产公允价值份额的。

（2）申报的股权转让收入低于初始投资成本或低于取得该股权所支付的价款及相关税费的。

（3）申报的股权转让收入低于相同或类似条件下同一企业同一股东或其他股东股权转让收入的。

（4）申报的股权转让收入低于相同或类似条件下同类行业的企业股权转让收入的。

（5）不具合理性的无偿让渡股权或股份。

（6）主管税务机关认定的其他情形。

（六）房产转让的税收政策

个人出售自有住房取得的所得应按照财产转让所得项目征收个人所得税。

对个人转让自用5年以上，并且是家庭唯一生活用房取得的所得，免征个人所得税。

《财政部 国家税务总局关于个人无偿受赠房屋有关个人所得税问题的通知》（财税〔2009〕78号）规定，以下情形的房屋产权无偿赠与，对当事双方不征收个人所得税：

（1）房屋产权所有人将房屋产权无偿赠与配偶、父母、子女、祖父母、外祖父母、孙子女、外孙子女、兄弟姐妹。

（2）房屋产权所有人将房屋产权无偿赠与对其承担直接抚养或者赡养义务的抚养人或者赡养人。

（3）房屋产权所有人死亡，依法取得房屋产权的法定继承人、遗嘱继承人或者受遗赠人。

对受赠人无偿受赠房屋计征个人所得税时，其应纳税所得额为房地产赠与合同上标明的赠与房屋价值减除赠与过程中受赠人支付的相关税费后的余额。赠与合同标明的房屋价值明显低于市场价格或房地产赠与合同未标明赠与房屋价值的，税务机关可依据受赠房屋的市场评估价格或采取其他合理方式确定受赠人的应纳税所得额。

受赠人转让受赠房屋的，以其转让受赠房屋的收入减除原捐赠人取得该房屋的实际购置成本以及赠与和转让过程中受赠人支付的相关税费后的余额，为受赠人的应纳税所得额，依法计征个人所得税。受赠人转让受赠房屋价格明显偏低且无正当理由的，税务机关可以依据该房屋的市场评估价格或其他合理方式确定的价格核定其转让收入。

二、筹划关键点与案例解析

（一）拍卖财产与转让限售股的税收筹划

根据税法规定，个人拍卖物品，应以其转让收入额减除财产原值和合理费用后的余额为应纳税所得额，按照财产转让所得项目适用20%的税率缴纳个人所得税。纳税人凭合法有效凭证，如税务机关监制的正式发票、相关境外交易单据或海关报关单据、完税证明等，可从其转让收入额中减除相应的财产原值、拍卖财产过程中缴纳的税金及有关合理费用作为应纳税所得额。

如果纳税人不能提供合法、完整、准确的财产原值凭证（包括提供的财产原值凭证内容填写不规范，或者一份财产原值凭证包括多件拍卖品且无法确认每件拍卖品一一对应的原值），不能正确计算财产原值的，按转让收入额乘以3%的征收率计算缴纳个人所得税。

此外，国家税务总局还进一步针对个人取得房屋拍卖收入征收个人所得税问题做出了明确规定，即个人通过拍卖市场取得的房屋拍卖收入在计征个人所得税时，其房屋原值应按照纳税人提供的合法、完整、准确的凭证予以扣除；不能提供完整、准确的房屋原值凭证，不能正确计算房屋原值和应纳税额的，统一按转让收入全额的 3% 计算缴纳个人所得税。

同样，对个人转让限售股，如果纳税人未能提供完整、真实的限售股原值凭证，不能准确计算限售股原值的，主管税务机关一律按限售股转让收入的 15% 核定限售股原值及合理税费。如果纳税人保存有完整、真实的限售股原值凭证，那么上述税法规定就为纳税人提供了税收筹划机会。纳税人可以通过比较限售股原值和转让限售股过程中发生的合理税费之和是否大于限售股转让收入的 15% 来决定是否提供限售股原值凭证。

从上述税法规定可以发现，对于个人通过拍卖市场取得的财产拍卖所得以及个人转让限售股取得的转让所得适用“财产转让所得”项目计征个人所得税时，存在两种计算方法：一种是按照应纳税所得额适用 20% 的税率计算应纳税额；另一种是按照税务机关另行规定的比率来计算。这两种计算方法计算的应纳税额往往会存在很大差异。

案例

甲某计划将已经解禁的 120 万限售股全部减持。已知该批限售股的原始取得成本为 150 万元，转让收入预计 1 400 万元，印花税、佣金、过户费等税费 10 万元。甲某保存有完整、真实的限售股原值凭证。应如何进行筹划？

【筹划思路】

在本案例中，甲某持有的 120 万股限售股的实际原值和转让限售股发生的合理税费共计 160 万元（即 150+10）。根据税法规定，如果甲某未能提供完整、真实的限售股原值凭证，那么主管税务机关一律按限售股转让收入的 15% 核定限售股原值及合理税费，即核定的限售股原值及合理税费为 210 万元（即 1 400 × 15%），大于实际的限售股原值及合理税费之和 160 万元。

【筹划方案】

如果甲某凭限售股原值凭证进行扣除，应缴纳的个人所得税为：

（1 400−160）× 20%=248（万元）

为了减轻自身税负，甲某可选择按照税务机关核定的限售股原值及合理税费 210 万元而不是 160 万元在税前扣除，甲某应缴纳的个人所得税为：

（1 400−210）× 20%=238（万元）

两者相差税款 10 万元（即 248−238）。

（二）股权转让的税收筹划

1. 合理利用“正当理由”低价转让

根据《股权转让所得个人所得税管理办法（试行）》（以下简称办法）的规定，个人转让股权，以股权转让收入减除股权原值和合理费用后的余额为应纳税所得额，因此存在通过低价转让股权等方式来减少应纳税额的情况。但是税法同样明确规定，股权转让收入应当按照公平交易原则确定，不可明显偏低。而要实现股权低价转让，需要符合法定情形：

（1）能出具有效文件，证明被投资企业因国家政策调整，生产经营受到重大影响，导致低价转让股权。

（2）继承或将股权转让给其能提供具有法律效力身份关系证明的配偶、父母、子女、祖父母、外祖父母、孙子女、外孙子女、兄弟姐妹以及对转让人承担直接抚养或者赡养义务的抚养人或者赡养人。

（3）相关法律、政府文件或企业章程规定，并有相关资料充分证明转让价格合理且真实的本企业员工持有的不能对外转让股权的内部转让。

例如在第一种情形下，转让方在转让一些当前经济环境下发展较为困难的行业的股权，如煤炭等夕阳产业，就可以进行相应筹划；第二种情形可以为家族企业内部转让股权提供筹划路径；第三种情形适用于企业员工之间的股权内部转让，可以采用修改公司章程、相关协议进行内部低价转让等方式。

2. 通过变更实际经营地，合理利用税收优惠及补贴

近年来，为了招商引资，推动地方经济发展，国家及地方层面都出台了一定数量的区域性税收优惠政策。纳税人可以通过将转让目标公司的实际经营地址变更到优惠政策适用地区，调整经营范围，以满足特定的政策要求来享受以上的政策福利。

3. 合理转变股权转让性质

股权转让所得的个人所得税，按照财产转让所得适用 20% 税率一次性计税。如果能将股权转让性质转变成非货币性资产投资，则在符合规定的情况下可以适用分期缴纳税收的优惠。

案例

甲某直接持有 A 公司 100% 的股权。为了方便后续的经营需要，计划引入控股公司，甲某通过控股公司间接持有 A 公司的股权。现在面临三种方案，请从税收筹划的角度进行分析。

方案 1：将股权以成本价格转让给控股公司。

方案 2：将股权无偿赠送给控股公司。

方案3：将持有的股权作为出资资产，投资到控股公司。

【筹划思路与方案】

股权转让的税收安排是税收征管关注的重点。股权转让在设计中，需要保证转让价格的公允性。

方案1中，根据《国家税务总局关于发布〈股权转让所得个人所得税管理办法（试行）〉的公告》（国家税务总局公告2014年第67号），如果股权转让过程中，申报的股权转让收入“明显偏低”且“无正当理由”，税务机关有权核定股权转让收入。如果A公司的盈利能力较好，则以“平价”转让股权，有可能被税务机关认定为“明显偏低”，且没有“正当理由”，存在一定的税务风险。

方案2中，根据《中华人民共和国个人所得税法》第8条第1款第1项规定的“有下列情形之一的，税务机关有权按照合理方法进行纳税调整：（一）个人与其关联方之间的业务往来不符合独立交易原则而减少本人或者其关联方应纳税额，且无正当理由”，甲某会被税务机关进行纳税调整，征收个人所得税。同时，根据《中华人民共和国企业所得税法》第6条的规定，企业的收入总额包括接受捐赠收入，控股公司可能还会被税务机关以接受捐赠所得来征收企业所得税。

方案3中，控股公司作为被投资公司，不承担纳税义务。《财政部 国家税务总局关于个人非货币性资产投资有关个人所得税政策的通知》（财税〔2015〕41号）第2条规定：“个人以非货币性资产投资，应按评估后的公允价值确认非货币性资产转让收入。非货币性资产转让收入减除该资产原值及合理税费后的余额为应纳税所得额。个人以非货币性资产投资，应于非货币性资产转让、取得被投资企业股权时，确认非货币性资产转让收入的实现。”第3条规定：“……纳税人一次性缴税有困难的，可合理确定分期缴纳计划并报主管税务机关备案后，自发生上述应税行为之日起不超过5个公历年度内（含）分期缴纳个人所得税。”据此，甲某需要对股权评估后的公允价值与成本价值之间的差额按照财产转让所得征收个人所得税。同时，如果现金规模不足，可以向税务机关申请五年内分期缴纳个人所得税，实现递延纳税的目的。

【结论分析】

综上所述，三个方案中，无偿赠送股权风险最大，税负最重。方案3的操作较为复杂，但是属于最为合理的税收筹划方案。

（三）房产转让的税收筹划

纳税人在转让房产时，可以利用直系亲属之间赠与五年以上住房的方式，来享受个人所得税的免税优惠。

案例

甲某2016年以300万元购买了家庭第一套住房且当月缴纳了契税；2024年计划购买家庭第二套住房并出售第一套住房。关于家庭住房的换购，甲某有两套方案可供选择：

方案1：先购置第二套住房，待搬家以后，再以500万元转让第一套住房。

方案2：先以500万元转让第一套住房，临时租房安置家具，再购买第二套住房。

仅考虑个人所得税，不考虑其他税费。请提出税收筹划方案。

【筹划思路与方案】

在转让住房中，应考虑如何利用税收优惠政策，降低税负。

方案1中，甲某转让第一套住房需要缴纳个人所得税（500-300）×20%=40万元。

方案2中，甲某转让第一套住房可以享受免征个人所得税的优惠政策。

【结论分析】

方案2比方案1节税40万元。

案例

甲某计划将名下住房转移给女儿，未来再由其将该套住房转让。该套住房为10年前购置，系甲某名下唯一住房，购买价格为100万元，目前市场价格为500万元。有两个方案可供选择：

方案1：直接将该套住房赠与，三年后，由其女儿再将该套住房以600万元出售。

方案2：将该套住房以500万元的价格卖给女儿，三年后，其女儿再将该套住房以600万元出售。

仅考虑个人所得税，不考虑其他税费。请提出税收筹划方案。

【筹划思路与方案】

税收筹划方案在设计中，应既考虑转让价格，也考虑计税成本。

在方案1下，将该套住房赠与其女儿可以享受免税政策，其女儿出售该套住房需要缴纳个人所得税 =（600-100）×20%=100（万元）。

在方案2下，将该套住房卖给其女儿可以享受免税政策，其女儿出售该套住房需要缴纳个人所得税 =（600-500）×20%=20（万元）。

【结论分析】

方案2比方案1节税80万元（即100-20）。

案例

甲某准备将一套住房赠与其侄子。已知该套住房为甲某 5 年前以 200 万元购买。目前的市场价格为 500 万元。甲某有两套方案可供选择：

方案 1：甲某直接将该套住房赠与其侄子。

方案 2：甲某将该套住房赠与其弟弟，其弟弟再赠与其儿子（甲某的侄子）。

仅考虑个人所得税，不考虑其他税费。请提出税收筹划方案。

【筹划思路与方案】

在方案 1 下，甲某的侄子需要缴纳个人所得税 =（500−200）×20%=60（万元）。

在方案 2 下，甲某将该套住房赠与其弟弟可以享受免税优惠，其弟弟再赠与其儿子（甲某的侄子）也可以享受免税优惠。

【结论分析】

方案 2 比方案 1 节税 60 万元。

三、税收筹划风险及防范

在“合理利用‘正当理由’低价转让”方法下，需要注意税法遵循实质课税原则。在采用该方法时要尽可能地完善相关证明材料，以证明交易的合理性。保留好相关资产会计核算资料和原始凭证及内部证明等证据，并进行归类、汇总，以备税务机关检查。对于留存备查的资料，妥善保管，保管期限可参考享受所得税税收优惠留存备查资料保管期限，即 10 年。

第五节　经营所得的个人所得税筹划

一、相关税收政策

目前，个人可以选择的企业组织形式主要有：作为个体工商户从事生产、经营和对企事业单位实行承包、承租经营业务；成立个人独资企业；组建合伙企业；设立公司制企业（企业所得税纳税人）。在对这些投资方式进行比较时，如果其他因素相同，投资者应承担的税收尤其是所得税便成为决定投资决策的关键。

我国税法规定，个体工商户从事生产、经营活动取得的所得，个人独资企业投资人、合伙企业的个人合伙人来源于境内注册的个人独资企业、合伙企业生产、经营的所得，属于个人所得税征收范围中的经营所得，适用 5%~35% 的五级超额累进税率（见表 5-6）。

表 5-6　经营所得的个人所得税税率表

级数	全年应纳税所得额	税率	速算扣除数
1	不超过 30 000 元的	5%	0
2	超过 30 000 元至 90 000 元的部分	10%	1 500
3	超过 90 000 元至 300 000 元的部分	20%	10 500
4	超过 300 000 元至 500 000 元的部分	30%	40 500
5	超过 500 000 元的部分	35%	65 500

经营所得，以每一纳税年度的收入总额减除成本、费用以及损失后的余额，为应纳税所得额。

（一）收入总额

收入总额是指纳税人从事生产经营以及与生产经营有关的活动（以下简称生产经营）取得的货币形式和非货币形式的各项收入。包括：销售货物收入、提供劳务收入、转让财产收入、利息收入、租金收入、接受捐赠收入、其他收入。其中，其他收入包括个体工商户资产溢余收入、逾期一年以上的未退包装物押金收入、确实无法偿付的应付款项、已作坏账损失处理后又收回的应收款项、债务重组收入、补贴收入、违约金收入、汇兑收益等。

（二）准予扣除项目

成本、费用是指生产、经营活动中发生的各项直接支出和分配计入成本的间接费用以及销售费用、管理费用、财务费用；损失是指生产、经营活动中发生的固定资产和存货的盘亏、毁损、报废损失，转让财产损失，坏账损失，自然灾害等不可抗力因素造成的损失以及其他损失。取得经营所得的个人，没有综合所得的，计算其每一纳税年度的应纳税所得额时，应当减除费用 6 万元、专项扣除、专项附加扣除以及依法确定的其他扣除。专项附加扣除在办理汇算清缴时减除。

从事生产、经营活动，未提供完整、准确的纳税资料，不能正确计算应纳税所得额的，由主管税务机关核定应纳税所得额或者应纳税额。

个体工商户生产经营活动中，应当分别核算生产经营费用和个人、家庭费用。对于生产经营与个人、家庭生活混用难以分清的费用，其 40% 视为与生产经营有关费用，准予扣除。

个人独资企业和合伙企业在费用扣除时，根据《财政部　国家税务总局关于印发〈关于个人独资企业和合伙企业投资者征收个人所得税的规定〉的通知》（财税〔2000〕91 号）附件 1《关于个人独资企业和合伙企业投资者征收个人所得税的规定》第 6 条第 3 项的规定，投资者及其家庭发生的生活费用不允许在税前扣除。投资者及其家庭发生的生活费用与企业生产经营费用混合在一起，并且难以划分的，全部视为投资者个人及其家庭发生的生活费用，不允许在税前扣除。

（三）其他扣除项目及列支标准

1. 工资、薪金支出

纳税人实际支付给从业人员的、合理的工资、薪金支出，准予扣除。

业主的工资、薪金支出不得税前扣除。个体工商户业主的费用扣除标准，依照相关法律、法规和政策规定执行。

2. 保险支出

纳税人按照国务院有关主管部门或者省级人民政府规定的范围和标准为其业主和从业人员缴纳的基本养老保险费、基本医疗保险费、失业保险费、生育保险费、工伤保险费和住房公积金，准予扣除。

纳税人为从业人员缴纳的补充养老保险费、补充医疗保险费，分别在不超过从业人员工资总额5%标准内的部分据实扣除；超过部分，不得扣除。

业主本人缴纳的补充养老保险费、补充医疗保险费，以当地（地级市）上年度社会平均工资的3倍为计算基数，分别在不超过该计算基数5%标准内的部分据实扣除；超过部分，不得扣除。

除纳税人依照国家有关规定为特殊工种从业人员支付的人身安全保险费和财政部、国家税务总局规定可以扣除的其他商业保险费外，业主本人或者为从业人员支付的商业保险费，不得扣除。

纳税人参加财产保险，按照规定缴纳的保险费，准予扣除。

3. 费用支出

纳税人向当地工会组织拨缴的工会经费、实际发生的职工福利费支出、职工教育经费支出分别在工资薪金总额的2%、14%、8%的标准内据实扣除。

纳税人发生的与生产经营活动有关的业务招待费，按照实际发生额的60%扣除，但最高不得超过当年销售（营业）收入的5‰。

纳税人每一纳税年度发生的与其生产经营活动直接相关的广告费和业务宣传费不超过当年销售（营业）收入15%的部分，可以据实扣除；超过部分，准予在以后纳税年度结转扣除。

纳税人在生产经营活动中向金融企业借款发生的利息支出，准予税前扣除；向非金融企业和个人借款发生的利息支出，不超过按照金融企业同期同类贷款利率计算的数额部分，准予税前扣除。

4. 公益性捐赠

纳税人通过公益性社会团体或者县级以上人民政府及其部门，用于《中华人民共和国公益事业捐赠法》规定的公益事业的捐赠，捐赠额不超过其应纳税所得额30%的部分可以据实扣除。

财政部、国家税务总局规定可以全额在税前扣除的捐赠支出项目，按有关规定执行。

直接对受益人的捐赠不得扣除。

5. 其他规定

纳税人取得与生产、经营活动无关的各项应税所得，应分别适用各应税项目的规定计算征收个人所得税。

6. 不得在税前列支的项目

纳税人下列支出不得扣除：

（1）个人所得税税款；

（2）税收滞纳金；

（3）罚金、罚款和被没收财物的损失；

（4）不符合扣除规定的捐赠支出；

（5）赞助支出；

（6）用于个人和家庭的支出；

（7）与取得生产经营收入无关的其他支出；

（8）国家税务总局规定不准扣除的支出。

二、筹划关键点与案例解析

（一）企业形式的选择

个体工商户，是指生产资料属于私人所有，主要以个人劳动为基础，劳动所得归个体劳动者自己支配的一种经济形式。个体工商户不具备法人资格。个体工商户的债务，个人经营的，以个人财产承担；家庭经营的，以家庭财产承担；无法区分的，以家庭财产承担。

个人独资企业，是指依照《中华人民共和国个人独资企业法》在中国境内设立，由一个自然人投资，全部资产为投资人个人所有，投资人以其个人（或者家庭）财产对企业债务承担无限责任的经营实体。个人独资企业不具有独立的法律人格，不具有法人地位，是典型的非法人组织。非法人组织是不具有法人资格，但是能够依法以自己的名义从事民事活动的组织。

合伙企业，是指自然人、法人和其他组织依照《中华人民共和国合伙企业法》在中国境内设立的，由两个或两个以上的自然人通过订立合伙协议，共同出资经营、共负盈亏、共担风险的企业组织形式。合伙企业也是典型的非法人组织。

有限责任公司，是指根据《中华人民共和国公司登记管理条例》的规定登记注册，由 2 个以上、50 个以下的股东共同出资，每个股东以其出资额对公司承担有限责任，公司以其全部资产对其债务承担责任的经济组织。有限责任公司（有限公司）是我国企业实行公司制最重要的一种组织形式，具有独立法人资格。

在责任风险的承担上，合伙企业、个人独资企业、个体工商户不具有法人资格，它们不能独立承担责任，当出现资不抵债情况时，创业者（合伙企业里的有限合伙人除外）需承担无限连带责任。而有限公司是具有法人资格的组织，能独立承担民事责任，因此公司的股东仅以出资额为限承担有限责任。

在税法的适用上，个体工商户、个人独资企业与合伙企业适用个人所得税；有限责任公司适用企业所得税。有限责任公司的股东分得的股息、红利需要承担企业所得税和个人所得税双重税负。

案例

甲某计划创业，经过市场调研，预计年利润总额为10万元。从税收筹划角度出发，什么类型的企业税负水平最低？如果甲某的预计年利润总额为100万元呢？如果甲某的预计年利润总额为500万元呢？

【筹划思路】

如果甲某成立有限责任公司，并且选择税后利润全部分配，则需要先缴纳企业所得税，再按照“利息、股息、红利”缴纳个人所得税。

如果甲某成立个人独资企业，则需要按照“经营所得”缴纳一笔个人所得税。

【筹划方案】

1. 预计年利润总额为10万元

（1）成立有限责任公司：

此时适用小微企业税收优惠，

应缴纳企业所得税=10×5%=0.5（万元）

应缴纳个人所得税=（10-0.5）×20%=1.9（万元）

税负总额=0.5+1.9=2.4（万元）

（2）成立个人独资企业：

应缴纳个人所得税=100 000×20%-10 500=9 500（元）

相比较而言，成立个人独资企业较好。

2. 预计年利润总额为100万元

（1）成立有限责任公司：

此时适用小微企业税收优惠，

应缴纳企业所得税=100×5%=5（万元）

应缴纳个人所得税=（100-5）×20%=19（万元）

税负总额 =5+19=24（万元）

（2）成立个人独资企业：

应缴纳个人所得税 =1 000 000 × 35%−65 500=284 500（元）

相比较而言，成立有限责任公司较好。

3. 预计年利润总额为 500 万元

（1）成立有限责任公司：

此时不适用小微企业税收优惠，

应缴纳企业所得税 =500 × 25%=125（万元）

应缴纳个人所得税 =（500−125）× 20%=75（万元）

税负总额 =125+75=200（万元）

（2）成立个人独资企业：

应缴纳个人所得税 =5 000 000 × 35%−65 500=1 684 500（元）

相比较而言，成立个人独资企业较好。

【筹划拓展】

成立有限责任公司，如果适用小微企业的税收优惠，则股东税负比重为 5%+（1−5%）× 20%=24%；如果是一般的公司，则股东税负比重为 25%+（1−25%）× 20%=40%。

经营所得适用五档税率，分别为 5%、10%、20%、30% 与 35%。

因此，如果企业的规模较小，成立个人独资企业税负水平较低；随着企业规模的扩大，成立有限责任公司较好；当企业规模发展到一定程度，成立个人独资企业又成了税负水平较低的选择。

案例

甲某承包经营了一家公司制企业。合同规定，甲某平时不领取工资，从企业净利润中上缴承包费 100 000 元，其余经营成果全部归甲某个人所有。2024 年，甲某的生产、经营所得为 400 000 元（已扣除相关费用）。甲某应该如何利用不同的企业性质进行税收筹划？

【筹划思路】

在企业性质上，甲某面临两种选择：一是仍使用原企业的营业执照；二是将原企业的工商登记改为个体工商户。

【筹划方案】

方案 1：如果甲某仍使用原企业的营业执照，则按税法的规定，其经营所得应缴纳企业所得税，而且甲某的税后所得还要再按经营所得缴纳个人所得税。在不考虑其他调整因素的情况下，该企业的纳税情况如下：

企业所得税 =400 000 × 25% × 20%=20 000（元）

甲某承包经营所得 =（400 000-20 000）-100 000=280 000（元）

甲某应缴纳的个人所得税 =（280 000-60 000）× 20%-10 500=33 500（元）

甲某实际获得的税后利润 =280 000-33 500=246 500（元）

方案 2：如果甲某将原企业的工商登记改为个体工商户，则其承包经营所得应缴纳个人所得税。在不考虑其他调整因素的情况下，甲某的纳税情况如下：

应纳个人所得税 =（400 000-100 000-60 000）× 20%-10 500=37 500（元）

甲某获得的税后利润 =400 000-100 000-37 500=262 500（元）

【结论分析】

通过比较，甲某采纳方案 2 可以多获利 16 000 元（即 262 500-246 500）。

（二）合理利用自有住宅

如果使用自有住宅和土地经营，可以考虑采取收取租金的方式扩大支出的范围。虽然租金需要缴纳房产税与个人所得税，但是收取租金还是会带来应纳税所得额的下降。租金所适用的房产税的税率为 12%，个人所得税税率为 20%，个体工商户经营所得的最高档次的税率为 35%。随着应纳税所得额的降低，适用税率档次还有可能降低。同时，采用房屋租赁方式进行筹划，该企业还要承担一定的房屋维修费用，这样，不仅可以保证房屋完好无损，而且可以增加一定的费用开支，进一步减少利润总额。

三、税收筹划风险及防范

在具体实践中，很多高净值人士为了减轻税负，都会以个人独资企业或合伙企业的形式注册成立工作室，再与当地税务机关协商适用核定征收的税收政策。2021 年年末，财政部、国家税务总局发布的第 41 号公告即《关于权益性投资经营所得个人所得税征收管理的公告》规定，持有股权、股票、合伙企业财产份额等权益性投资的个人独资企业、合伙企业，一律适用查账征收方式计征个人所得税。这就意味着，个人独资企业和合伙企业的税收合规性大大提升了，很多之前利用核定征收降低税负的方案已经失效了。

需要注意的是，公司制企业的股东虽然需要承担企业所得税与个人所得税双重税负，但是其在非税务方面拥有较大优势。首先，公司制企业比非公司制企业容易进入资本市场。公司制企业规模大、管理规范、信息透明度高。同时，股东也重视在流动市场上取得或出售其资产的权利，所以在有组织的交易所交易通常更便捷，更容易从资本市场上获得权益资本和举借债务。公司制企业在资本市场的这些优势是合伙企业等非公司制企业所不能及的。其次，公司制企业比大型合伙企业节约交易成本和经营成本。大型合伙企业交易成本和经营成本较大，究其原因至少有两个方面：其一，大型合伙企业营运的交易成本本身比公司制企业大；其二，有的情况下不确定的财产权和需要承担无限责任都会增加合伙企业的经营成本。相比而言，独资企业的劣势也较为明显。比如难以筹集大量资金，投资者需承担较大的风险，企业连续性较差等。

综合以上观点，在选择企业组织形式进行税收筹划时，纳税人必须充分考虑企业未来发展规划以及经营成本，利用税法所提供的政策及可选择的条款对企业组织形式进行筹划进而获得节税收益，实现企业管理效益最优及整体价值最大化。

课后思考

1. 在年终奖税收筹划中应避免哪些税收陷阱？

2. 能否运用本章学习的知识，对近年来个人工作室逐渐兴起的现象进行解释？

即测即评

扫描二维码，进行本章在线测试。

第六章

其他税种的税收筹划

导　　言　本章重点讲解了其他税种的税收筹划思路、方法与风险防范，包括关税、土地增值税、资源税、房产税、城镇土地使用税、印花税以及车船税七个税种。通过本章的学习，应熟悉这些税种的相关法律规定；熟悉并掌握这些税种的税收筹划方法，且能结合企业实际情况，熟练运用各种税收筹划方法，同时防范税收风险。

重　　点　资源税的税收筹划；印花税的税收筹划。

难　　点　关税的税收筹划；土地增值税的税收筹划。

思维导图

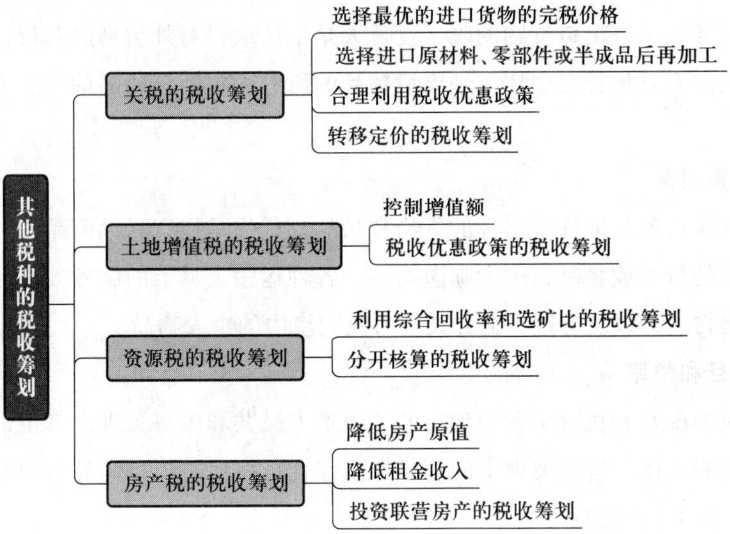

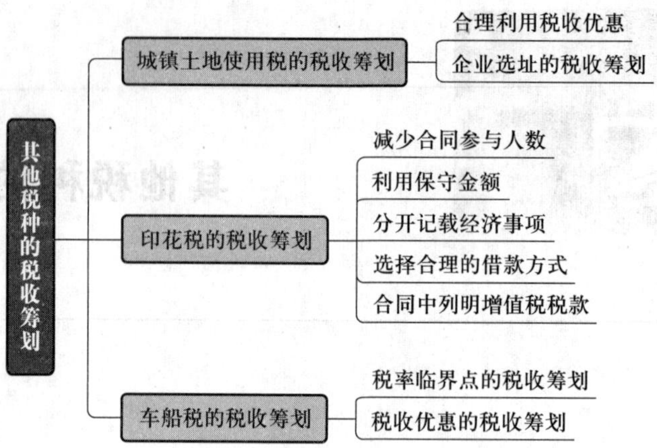

第一节 关税的税收筹划

关税是由海关代表国家依法对进出国境或关境的货物、物品征收的一种税，属于流转课税范畴。关税是涉及我国对外贸易的一个重要税种。它是根据国家的关税政策和对外开放政策的要求，为鼓励出口、扩大必需品进口、调节国民经济和对外贸易以及筹集国家财政收入而开征的税种。

一、相关税收政策

（一）纳税义务人

根据税法的规定，进口货物的收货人、出口货物的发货人、进出境物品的所有人是关税的纳税义务人。进出口货物的收、发货人是依法取得对外贸易经营权，并进口或出口货物的法人或者其他社会团体。进出境物品的所有人包括该物品的所有人和推定为所有人的人。

（二）征税对象

关税的征税对象是准许进出境的货物和物品。货物是指贸易性商品；物品是指入境旅客随身携带的行李或物品，个人邮递物品，各种运输工具上的服务人员携带进口的自用物品、馈赠物品，以及通过其他方式进入我国境内的个人物品。

（三）税目和税率

我国关税的税目和税率由我国现行的《中华人民共和国海关进出口税则》规定。税率表作为税则的主体，将种类繁多的商品加以综合，按照进出口商品不同的特点将其简化为有限的商品类目并编号排列。

根据税则归类的规则和方法，能找到每一种商品对应的最合适的税目及相应的税率。关税的税率为差别比例税率，包括进口关税税率、出口关税税率以及特殊关税税率。

（四）计税依据

我国以货物的关税完税价格作为计税依据征收进出口货物的关税。《中华人民共和国海关法》规定，进出口货物的完税价格，由海关以该货物的成交价格为基础审查确定，成交价格不能确定时，由海关依法估定。自我国加入 WTO 后，我国海关已全面实施《世界贸易组织估价协定》，结合 2014 年实施的《中华人民共和国海关审定进出口货物完税价格办法》来审定进出口货物的完税价格。

（五）应纳税额的计算

关税的计税方法包括从价税、从量税、复合税和滑准税的计税方法。

1. 从价税应纳税额的计税方法

应纳税额 = 应税进（出）口货物数量 × 单位完税价格 × 适用税率

2. 从量税应纳税额的计税方法

应纳税额 = 应税进（出）口货物数量 × 关税单位税额

3. 复合税应纳税额的计税方法

应纳税额 = 应税进（出）口货物数量 × 单位完税价格 × 适用税率 +
应税进（出）口货物数量 × 关税单位税额

4. 滑准税应纳税额的计税方法

应纳税额 = 应税进（出）口货物数量 × 单位完税价格 × 滑准税税率

滑准税税率是由一个与完税价格相关的取整函数得到的。

（六）关税税收优惠

关税税收优惠主要是指关税减免规定。关税减免是指针对特定征税对象和纳税人给予鼓励和照顾的一种调节手段。我国的关税减免分为法定减免税、特定减免税、暂时免税和临时减免税。

1. 法定减免税

（1）关税税额在人民币 50 元以下的一票货物，可免征关税。

（2）无商业价值的广告品和货样，可免征关税。

（3）外国政府、国际组织无偿赠送的物资，可免征关税。

（4）进出境运输工具转载的途中必需的燃料、物料和饮食用品，可予免税。

（5）在海关放行前损失的货物，可以免征关税。

（6）在海关放行前遭受损坏的货物，根据海关认定的受损程度可以减征关税。

（7）我国缔造或者参加的国际条约中规定减免关税的货物、物品，按规定减免关税。

（8）法律规定减免关税的其他货物和物品。

2. 特定减免税

特定减免税又称政策性减免税，主要包括：

（1）科教用品。

（2）残疾人专用品。

（3）扶贫、慈善性捐赠物资。

（4）加工贸易产品，包括加工装配和补偿贸易、进料加工。

（5）边境贸易进口物资。

3. 暂时免税

（1）在展览会、交易会、会议及类似活动中展示或使用的货物。

（2）文化体育交流活动中使用的表演比赛用品。

（3）进行新闻报道或者摄制电影、电视节目使用的仪器、设备和用品。

（4）开展科研、教学、医疗活动使用的仪器和设备等。

（5）以上四项活动中使用的交通工具及特殊车辆。

（6）货样。

（7）供安装、调试、检测设备时使用的仪器和工具。

（8）盛装货物的容器。

（9）其他用于非商业目的的货物。

4. 临时减免税

临时减免税是指除以上减免税规定以外的其他减免税，有国务院根据《中华人民共和国海关法》对特定单位或项目给予特别照顾的规定。

二、筹划关键点与案例解析

（一）选择最优的进口货物的完税价格

进口货物的应纳关税以完税价格为基础，而完税价格由海关以成交价格为基础审定的到岸价格确定。到岸价格包括货物成交价格，货物运抵中国境内前发生的包装费、保险费、运输费和其他劳务费用等。企业应尽量选择同类产品中完税价格较低的进口货物，以降低进口应纳关税额，达到节税的目的。

案例

某公司想要从境外购入一种钢结构产品自动生产线，可选择从德国或日本进口。若从德国进口，境外成交价格为 1 000 万元，入关前运送该设备发生的运费以及保险费为 100 万元，另支付由买方负担的经纪费 5 万元，特许权使用费 35 万元，与该生产线相关的境外开发设计费 20 万元。若从日本进口，境外成交价格为 900 万元，入关前运送该设备发生的运费以及保险费为 120 万元，另支付由买方负担的经纪费 10 万元，特许权使用费 40 万元，与该生产线相关的境外开发设计费 35 万元。已知关税税率为 30%，增值税税率为 13%。

【筹划思路】

在税率已经确定的情况下，关税的轻重将由关税完税价格的高低决定。该公司进口货物时，应主要对比从不同国家进口时关税完税价格的高低，选择完税价格相对较低的进口方法以降低关税。

【筹划方案】

本例中，从德国进口关税完税价格为 1 160 万元（即 1 000+100+5+35+20），应纳关税为 348 万元（即 1 160×30%），应纳增值税 196.04 万元［即（1 160+348）×13%］；从日本进口关税完税价格为 1 105 万元（即 900+120+10+40+35），应纳关税为 331.5 万元（即 1 105×30%），应纳增值税 186.75 万元［即（1 105+331.5）×13%］。

【结论分析】

从日本进口比从德国进口共少缴税为 25.79 万元（即 348+196.04−331.5−186.75），因此应选择从日本进口。

（二）选择进口原材料、零部件或半成品后再加工

一般情况下，各国对于进口原材料和产成品采用不同的税率征收关税，原材料和零部件的关税税率最低，半成品次之，产成品的税率最高。因此，企业可以在条件允许的情况下，选择先进口原材料或零部件，然后在境内进行加工生产得到所需产成品，从而降低应纳关税额。

案例

A 公司为德国一汽车生产跨国公司，欲向中国出口 100 辆小汽车，现有两种方案可供选择。

方案 1：直接向中国某汽车销售公司销售 100 辆整装汽车，每辆完税价格为 30 万元，假设进口关税税率为 60%，消费税税率为 9%，增值税税率为 13%。

方案 2：A 公司在中国设立自己的子公司 B，负责汽车组装兼销售，因此只需向 B 公司出口散装汽车零部件，一套散装零部件的价格为 18 万元，假设该散装零部件的进口关税税率为 30%。

【筹划思路与方案】

方案 1：

应纳关税 =30×100×60%=1 800（万元）

应纳消费税 =（30 × 100+1 800）÷（1−9%）× 9%=474.73（万元）

应纳增值税 =（30 × 100+1 800+474.73）× 13%=685.71（万元）

总应纳税额 =1 800+474.73+685.71=2 960.44（万元）

方案 2：

应纳关税 =18 × 100 × 30%=540（万元）

这种方案下，进口环节不需缴纳消费税。

应纳增值税 =（18 × 100+540）× 13%=304.2（万元）

总应纳税额 =540+304.2=844.2（万元）

【结论分析】

方案 2 比方案 1 在进口环节共少缴税 2 116.24 万元（即 2 960.44−844.2）。虽然方案 2 中，以后需要补交一部分消费税和增值税，但这样延缓了纳税时间，并且单从应纳关税额来看，方案 2 明显优于方案 1。

（三）合理利用税收优惠政策

《中华人民共和国海关法》规定了许多税收优惠政策，包括法定减免税、特定减免税以及临时减免税。企业可以充分利用这些关税优惠政策，最大限度地降低自身应纳关税额，达到节税的目的。

（四）转移定价的税收筹划

企业另一种降低进出口完税价格的方法是在相应国家设立自己的子公司，通过国际转让定价来达到调低价格、节省关税的目的。

案例

我国的甲公司是美国乙公司的一个全资子公司。现乙公司计划向甲公司销售一台设备，设备的生产成本为 100 万元，乙公司正常的销售价格为 250 万元，乙公司以 200 万元的价格将该设备卖给甲公司。不考虑其他因素，假设关税税率为 30%，售价即为完税价格。在此情况下，乙公司能节省多少关税？

【筹划思路与方案】

（1）正常价格下，乙公司应纳关税为：

250 × 30%=75（万元）

（2）转让定价方式下，乙公司应纳关税为：

200 × 30%=60（万元）

由计算可知，通过转让定价，乙公司少缴纳关税 15 万元（即 75−60）。

三、税收筹划风险及防范

关税税收筹划虽能带来税负优化，但其中风险不容小觑。一方面，关税政策的不稳定性使得筹划方案可能因政策变动而失效，企业需时刻关注各国政策动态，以防原本合法的筹划变为违规，引发补缴税款、罚款等风险。另一方面，海关监管的严格性也对税收筹划提出了高要求，任何报关不实或操作失误都可能触发海关稽查，不仅可能导致经济处罚，还可能损害企业声誉，影响后续业务开展。因此，在进行关税税收筹划时，企业必须谨慎行事，确保合规性，以有效规避潜在风险。

第二节　土地增值税的税收筹划

土地增值税是对在我国境内有偿转让国有土地使用权、地上建筑物及其他附着物产权并取得增值收入的个人和单位征收的一种税。征收土地增值税在增加国家财政收入的同时，也加大了国家对房地产开发交易市场的调控力度，有利于抑制通过炒房获取暴利的行为。

一、相关税收政策

（一）纳税义务人

土地增值税的纳税义务人是在我国境内有偿转让国有土地使用权、地上建筑物及其他附着物产权并取得增值收入的个人和单位。个人包括个体经营者。单位包括国家机关、各类企业或事业单位、社会团体或其他组织。

（二）征税范围

土地增值税是对有偿转让国有土地使用权及其地上建筑物和附着物征收。判断是否要征收土地增值税有三个标准：

第一，是否是转让国有土地使用权，对转让非国有土地使用权不征税。另外，国有土地使用权的出让不征税。出让是指国家以土地所有者的身份将一定年限内的土地使用权出让给土地使用者，土地使用者向国家支付出让金的行为，属于在一级市场买卖土地，而土地转让属于土地买卖的二级市场。

第二，是否是有偿转让，即是否取得转让收入。只有取得转让收入时才征收土地增值税。例如，房地产的继承并没有取得转让收入，因此不征收土地增值税。

第三，是否发生了房地产的转让。例如，房地产出租虽然取得了收入，但并没有发生房地产的产权转让，因此也不属于土地增值税的征收范围。

1. 基本征税范围

（1）转让国有土地使用权。

（2）地上建筑物及其附着物连同国有土地使用权一并转让。

（3）存量房地产的买卖。

2. 特殊征税范围

（1）房地产的继承不征税。

（2）房地产的赠与行为。若赠与直系亲属或承担直接赡养义务的人及通过中国境内非营利的社会团体、国家机关将房屋产权、土地使用权赠与教育、民政和其他社会福利、公益事业的，不征土地增值税，其余的均应征税。

（3）房地产的出租不征税。

（4）房地产的抵押。在抵押期间不征收土地增值税，待抵押期满后，视该房地产是否转移占有而确定是否征收土地增值税。对于以房地产抵债而发生房地产权属转让的，应列入土地增值税的征收范围。

（5）房地产的交换。两个单位之间交换房地产的，即发生了产权的转移，双方又取得了实物形态的收入，属于征税范围。但个人之间交换自有住房的，可免征土地增值税。

（6）合作建房。这是指一方出资金，一方出地，双方合作建房，然后建成后按比例分房给双方自用的，暂免征税；如果建成后用于转让的，需要缴纳土地增值税。

（7）房地产的代建房行为。这是指房地产开发公司代客户进行房地产开发，向客户收取代建收入的情形。虽然房地产公司取得了收入，但并没有发生房地产权属转移，此收入属于劳务收入，不属于土地增值税的征收范围。

（8）房地产的重新评估。这一般是指国有企业在清产核资时对房地产进行重新评估导致其增值的情况。虽然房地产有增值，但既没有取得收入，也没有发生房地产权属转移，因此不属于土地增值税的征收范围。

3. 企业改制重组中的土地增值税征收政策

（1）非公司制企业整体改建为有限责任公司或者股份有限公司，有限责任公司（股份有限公司）整体改建为股份有限公司（有限责任公司），对改建前的企业将国有土地、房屋权属转移、变更到改建后企业的行为，暂不征收土地增值税。整体改建是指不改变原企业的投资主体，并承继原企业权利、义务的行为。

（2）按照法律或合同规定，两个或以上企业合并成为一个企业，并且原企业的投资主体存续的，对原企业将国有土地、房屋权属转移、变更到合并后的新企业的行为，暂不征收土地增值税。

（3）按照法律或合同规定，企业分设为两个或两个以上与原企业投资主体相同的企业，对原企业将国有土地、房屋权属转移、变更到分立后企业的行为，暂不征收土地增值税。

（4）单位和个人在改制重组时以国有土地或房屋进行投资，对其将国有土地、房屋权属转移、变更到被投资企业的行为，暂不征收土地增值税。

上述四项政策不适用于房地产开发企业。

（三）税率

土地增值税实行四级超率累进税率，如表6–1所示。

表6–1　土地增值税四级超率累进税率表

级数	增值额与扣除项目金额的比率	税率	速算扣除系数
1	不超过50%的部分	30%	0%
2	超过50%~100%的部分	40%	5%
3	超过100%~200%的部分	50%	15%
4	超过200%的部分	60%	35%

（四）计税依据

征收土地增值税时，并不是直接对转让房地产取得的全部收入征税，而要对收入扣除国家规定的各项扣除项目后的金额征税。因此，土地增值税的计税依据为应税收入减去扣除项目后的金额。

1. 应税收入

纳税人在转让房地产时取得的应税收入，包括转让得到的全部价款和有关的经济收益。从收入形式来看，包括货币收入、实物收入以及其他收入。

2. 扣除项目

对于新建房地产的转让，税法规定的土地增值税扣除项目包括以下五类：

（1）取得土地使用权所支付的金额，包括地价款和取得时按国家规定缴纳的有关费用。

（2）房地产开发成本，指房地产开发项目实际发生的成本，包括土地征用拆迁补偿费、前期工程费、建筑安装工程费、基础设施费、公共配套设施费以及开发间接费用等。

（3）房地产开发费用，指与房地产开发有关的管理费用、销售费用和财务费用。

情形一：纳税人能按房地产转让项目计算分摊利息支出并能够提供金融机构的贷款证明的：

$$\text{允许扣除的房地产开发费用} = \text{利息} + \left(\begin{matrix}\text{取得土地使用权}\\ \text{所支付的金额}\end{matrix} + \begin{matrix}\text{房地产}\\ \text{开发成本}\end{matrix}\right) \times 5\% \text{以内}$$

情形二：纳税人不能按房地产转让项目计算分摊利息支出或不能够提供金融机构的

贷款证明的：

$$允许扣除的房地产开发费用=\left(\begin{matrix}取得土地使用权\\所支付的金额\end{matrix}+\begin{matrix}房地产\\开发成本\end{matrix}\right)\times 10\%以内$$

（4）与转让房地产有关的税金，包括转让房地产时缴纳的城市维护建设税、印花税和教育费附加（视同税金扣除）。[1]

（5）其他扣除项目。

$$\begin{matrix}从事房地产开发的\\纳税人可加计扣除额\end{matrix}=\left(\begin{matrix}取得土地使用权\\所支付的金额\end{matrix}+\begin{matrix}房地产\\开发成本\end{matrix}\right)\times 20\%$$

对于存量房地产的转让，税法规定的土地增值税扣除项目包括以下三类：

① 旧房及建筑物的评估价格。

$$评估价格=重置成本价\times 成新度折扣率$$

② 取得土地使用权时所支付的地价款或出让金。

③ 按国家规定缴纳的有关费用和转让环节缴纳的税金。

（五）应纳税额的计算

1. 增值额的确定

$$增值额=转让房地产取得的收入-扣除项目金额$$

2. 应纳税额的计算方法

$$应纳税额=增值额\times 适用税率-扣除项目金额\times 速算扣除系数$$

（六）土地增值税的税收优惠

（1）纳税人建造普通标准住宅（不包括别墅、高级公寓、度假村等）并出售，增值额未超过扣除项目金额20%的，免征土地增值税。

（2）因国家建设需要依法征用、收回的房地产，免征土地增值税。

（3）对个人转让房地产的一些免税政策：

① 对个人之间互换自有居住用房地产的（无补价），经当地税务机关核实，免征土地增值税。

② 自2008年11月1日起，对居民个人销售住房的，暂免征收土地增值税。

（4）因城市实施规划、国家建设的需要而搬迁，由纳税人自行转让原房地产的，免征土地增值税。

（5）企事业单位、社会团体和其他组织转让旧房作为公共租赁住房房源时，当增值额未超过扣除项目金额20%的，免征土地增值税。

---

① 根据《国家税务总局关于营改增后土地增值税若干征管规定的公告》（国家税务总局公告2016年第70号）的规定，营改增后，计算土地增值税增值额的扣除项目中“与转让房地产有关的税金”不包括增值税。

二、筹划关键点与案例解析

（一）控制增值额

我国的土地增值税税率是以增值率为基础确定的四级超率累进税率，因此，对土地增值税进行税收筹划最主要的就是合理地控制房地产转让时的增值额，尽量降低增值率，使对应的税率尽量在较低的档次。而增值额又等于房地产转让取得的收入减去规定扣除项目金额，所以可以通过控制收入和控制成本费用两个方面来进行筹划。

1. 控制收入

控制收入即通过降低转让收入来降低增值额，进而节省应纳税额。一方面可以通过收入拆分进行筹划，即将可以单独出售的部分从整个房地产中剥离出来，降低转让收入；另一方面是增值率临界点筹划，即当增值率出现在累进税率临界点附近时，可以适当地主动降低收入来降低增值率，使适用的税率下降到较低的档次。

案例

甲企业准备将一栋已使用一段时间的房地产转让给乙企业。估计该房地产总市场价值为 1 000 万元，其中包括一套安装齐全的配套设施，其价格约为 200 万元。如果甲企业与乙企业签订合同时不予区分，将全部金额作为房地产转让价格体现在合同上，则增值额将会增加 200 万元。而增值额越大，土地增值税适用的税率越高，进而应纳税额也会增加。甲企业应该如何进行税收筹划？

【筹划思路】

土地增值税实施超率累进税率，增值率会对税负水平产生较大影响。因此，筹划的重点在于控制其增值额。其中一个筹划重点就在于不属于土地的设备，要即时从土地收入中分离。

【筹划方案】

假如甲企业与乙企业签订房地产转让合同时可以将收入拆分，便可节省税款，具体做法是在合同上仅将 800 万元作为房地产转让价格，与此同时签订一份配套设施销售合同。

【结论分析】

通过将收入拆分，不仅可以降低增值额从而节省应纳土地增值税税额，而且因为购销合同采用 0.03% 的印花税税率，比产权转移书据采用的 0.05% 的税率低 0.02%，所以也节省了印花税。

2. 控制成本费用

控制成本费用即最大限度地提高成本费用列支的比例来降低增值额，从而减少应纳税额。

（1）对房屋装修。对房屋装修后再出售，装修费用也可以列支为成本费用据实扣除甚至加计扣除，从而降低增值额。

案例

甲公司开发的某小区已经竣工，但尚未装修，该房地产可扣除项目的总金额为 18 600 万元（不含税，包括加计扣除的 20%）。甲公司由于不能提供金融机构的贷款证明，因此按规定房地产开发费用的扣除比例为 10%。甲公司应如何进行税收筹划？

【筹划思路】

控制土地增值额的方法，除了控制转让收入，还在于控制可扣除的成本。

【筹划方案】

甲公司有如下两种销售方案。

方案 1：不装修直接销售，每平方米售价为 9 600 元，销售收入总额为 28 800 万元（不含税），则：

增值额 =28 800−18 600=10 200（万元）

增值率 =10 200 ÷ 18 600=54.84%

增值率大于 50%，适用 40% 的税率和 5% 的速算扣除系数，则：

应缴土地增值税 =10 200 × 40%−18 600 × 5%=3 150（万元）

方案 2：装修之后再销售，估计装修费用为 3 600 万元（不含税），装修之后每平方米售价为 10 800 元，销售收入总额为 32 400 万元（不含税），其他条件不变。

根据《国家税务总局关于房地产开发企业土地增值税清算管理有关问题的通知》(国税发〔2006〕187 号）的规定，房地产开发企业销售装修之后的房屋，装修费用可以计入房地产的开发成本，因此：

增值额 =32 400−18 600−3600 ×（1+10%+20%）=32 400−23 280=9 120（万元）

增值率 =9 120 ÷ 23 280=39.18%

增值率小于 50%，适用 30% 的税率，速算扣除系数为 0，则：

应缴土地增值税 =9 120 × 30%−0=2 736（万元）

【结论分析】

可以看到，方案 2 比方案 1 少缴土地增值税 414 万元（即 3 150−2 736）。

（2）合理选择利息支出的扣除方法。在扣除项目中的房地产开发费用扣除上，按照能否按房地产转让项目计算分摊利息支出并提供金融机构的贷款证明，税法规定了两种情形，因此提供了税收筹划的空间。可以先找到两种房地产开发费用扣除方法的平衡点，再根据平衡点选择合适的扣除方法。

假设利息支出为 R，取得土地使用权时所支付的金额为 P，房地产开发成本为 C，则：

$$R+(P+C)\times 5\%=(P+C)\times 10\%$$

$$R=(P+C)\times 5\%$$

因此，如果 $R>(P+C)\times 5\%$，则选择第一种扣除方法更好；反之应该选择第二种扣除方法。

现实情况中，能不能按房地产转让项目计算分摊利息支出并且提供金融机构的贷款证明往往取决于主体本身的行为，但只要事先按照上述方法进行预算，就可以有意识地选择更节税的方法。

案例

甲企业开发一批房地产，为取得土地使用权支付价款 1 000 万元，该房地产开发成本为 1 400 万元，财务费用中的利息支出为 200 万元，不超过按商业银行同类同期贷款利率计算的金额。甲企业应如何进行税收筹划？

【筹划思路】

筹划重点在于可扣除的利息支出规模。

【筹划方案】

方案 1：能够按房地产转让项目计算分摊利息支出并且提供金融机构的贷款证明的情况。

允许扣除的房地产开发费用 =200+（1 000+1 400）×5%=320（万元）

方案 2：不能够按房地产转让项目计算分摊利息支出或者不能提供金融机构的贷款证明的情况。

允许扣除的房地产开发费用 =（1 000+1 400）×10%=240（万元）

【结论分析】

方案 1 相比于方案 2，可以多扣除开发费用 80 万元（即 320−240），因此，甲企业应该选择方案 1。

（二）税收优惠政策的税收筹划

纳税人建造的普通标准住宅增值额未超过扣除项目金额的 20% 时，即增值率未超过 20% 的普通标准住宅，免征土地增值税。因此，纳税人建造普通标准住宅并用于出售的，应综合考虑增值额带来的增值收入和放弃优惠增加的税收负担之间的关系。也就是说，当增值率略高于20%时，可以考虑通过适当减少销售收入将增值率控制在20%以下，来减轻税收负担。

案例

甲房地产开发公司准备销售开发的一批商品房，计划的销售价格为2 500万元，可扣除项目金额为2 000万元。该业务有没有税收筹划的空间？

【筹划思路】

按价格2 500万元销售，可扣除项目金额为2 000万元。

增值额 $=2\,500-2\,000=500$（万元）

增值率 $=500 \div 2\,000=25\%$

增值率 $25\%>20\%$，不能享受优惠政策。因此，筹划重点在于如何将增值率控制在20%以下。

【筹划方案】

将销售价格控制在2 400万元，这样增值率正好为20%。

原方案，应纳土地增值税 $=500 \times 30\%-0=150$（万元）

筹划后，按价格2 400万元销售，可扣除项目金额仍为2 000万元。

增值额 $=2\,400-2\,000=400$（万元）

增值率 $=400 \div 2\,000=20\%$

免征土地增值税。

【结论分析】

由此可见，方案2虽然销售收入减少了100万元（即2 500–2 400），但由于利用了税收优惠少缴纳土地增值税150万元，总体收益多了50万元。并且，由于降低了销售价格，还可以扩大销售。

三、税收筹划风险及防范

土地增值税的税收筹划同样为企业带来了税负优化的可能，但其背后隐藏的风险也需高度重视。首先，税收筹划的合法性边界模糊，部分企业可能为了降低税负而采取边缘性操作，如虚构成本费用、不合理分摊等，这些行为极易触碰法律红线，引发税务稽查和法律诉讼，带来额外的成本和资源消耗。其次，土地增值税的计算复杂且涉及众多环节，如成本扣除、增值额计算等，一旦操作失误或理解偏差，都可能导致筹划失败，甚至引发税务争议。最后，房地产企业选择可扣除成本的分摊方式时，其中最容易筹划又较敏感的就是土地成本，应提前与当地主管税务机关沟通，按照要求分类计算不同子目类型的土增税金额，预防可能的纳税风险。

因此，在进行土地增值税税收筹划时，企业必须保持高度警惕，密切关注政策变化，确保筹划方案的合法性和合理性，同时加强内部税务管理，提升筹划操作的专业性和准确性，以有效防范潜在风险。

第三节 资源税的税收筹划

资源税是对在我国境内从事应税矿产品开采和生产盐的单位以及个人课征的一种税。资源税属于对自然资源的占用课税的范畴。

一、相关税收政策

（一）纳税义务人

资源税的纳税义务人是在中华人民共和国领域和中华人民共和国管辖的其他海域开发应税资源的单位和个人，包括我国境内各类经济性质的企业、机关单位、社团和个人，还包括外国企业和外商投资企业（除国务院另行规定外）。

纳税义务人开采或者生产应税资源产品（简称“应税产品”）自用的，应当依照规定缴纳资源税。但是，自用于连续生产应税产品的，不缴纳资源税。

（二）税目和税率

资源税税目包括五大类，各个税目下又设有若干子税目。具体如下：

（1）能源矿产，包括原油、天然气等。

（2）金属矿产，包括黑色金属与有色金属。

（3）非金属矿产，包括矿物类、岩石类和宝玉石类。

（4）水气矿产，包括二氧化碳气、矿泉水等。

（5）盐。

资源税采取从价定率或者从量定额的办法计征，分别以应税产品的销售额乘以纳税义务人具体适用的比例税率或者以应税产品的销售数量乘以纳税义务人具体适用的定额税率计算。

（三）计税依据

资源税的计税依据为应税产品的销售额或者销售数量。

1. 从价计征的计税依据

采用从价定率的方式征收的计税依据为销售额，指纳税人销售应税产品收取的全部价款和价外费用，但不包括增值税和运杂费用。

其中，原矿销售额和精矿销售额直接可以换算或折算，为了公平原矿和精矿之间的税负，对于同一种应税产品，征税对象为精矿的，纳税人销售的是原矿时，应将原矿销售额换算为精矿销售额进行资源税缴纳；征税对象为原矿时，同样可以换算。折算率或换算比原则上通过原矿与精矿售价以及选矿比来计算。

2. 从量计征的计税依据

采用从量定额的方式征收的计税依据为销售数量。具体规定如下：

（1）销售数量，包括纳税人开采生产的应税产品实际的销售数量或视同销售的自用数量。

（2）不能提供准确的销售数量的，以应税产品的产量或折算比换算而成的数量为应税的销售数量。

（3）对于连续加工前无法确定原煤移送使用量的煤炭，可按照加工产品的综合回收率将实际销量和自用数量折算成原煤数量，并以此作为课税数量。

$$综合回收率 = 实际销量和自用量 \div 耗用原煤数量$$

（4）金属和非金属矿产品原矿，如无法准确掌握纳税人移送使用原煤数量的，可以将其精矿按选矿比折算成原矿数量作为课税数量。

$$选矿比 = 精矿数量 \div 耗用原矿数量$$

（5）纳税人以自产的液体盐加工成固体盐，按固体盐税额征税，以加工成的固体盐数量为课税数量，并且所耗用的液体盐的已纳税额可以抵扣。

（四）应纳税额的计算

1. 从价计征应纳税额的计税方法

$$应纳税额 = 销售额 \times 适用税率$$

2. 从量计征应纳税额的计税方法

$$应纳税额 = 课税数量 \times 单位税额$$

$$代扣代缴应纳税额 = 收购未税矿产品的数量 \times 适用的单位税额$$

（五）资源税税收优惠

（1）有下列情形之一的，免征资源税：

① 开采原油以及在油田范围内运输原油过程中用于加热的原油、天然气。

② 煤炭开采企业因安全生产需要抽采的煤成（层）气。

（2）有下列情形之一的，减征资源税：

① 从低丰度油气田开采的原油、天然气，减征 20% 的资源税。

② 高含硫天然气、三次采油和从深水油气田开采的原油、天然气，减征 30% 的资源税。

③ 稠油、高凝油，减征 40% 的资源税。

④ 从衰竭期矿山开采的矿产品，减征 30% 的资源税。

根据国民经济和社会发展需要，国务院对有利于促进资源节约集约利用、保护环境等情形可以规定免征或者减征资源税，报全国人民代表大会常务委员会备案。

（3）有下列情形之一的，省、自治区、直辖市可以决定免征或者减征资源税：

① 纳税人在开采或者生产应税产品的过程中，因意外事故或者自然灾害等原因遭受重大损失。

② 纳税人开采共伴生矿、低品位矿、尾矿。

纳税人的免税、减税项目应当单独核算销售额或者销售数量；未单独核算或者不能准确提供销售额或者销售数量的，不予免税或者减税。

二、筹划关键点与案例解析

（一）利用综合回收率和选矿比的税收筹划

对于连续加工前无法确定原煤移送使用量的煤炭，可按照加工产品的综合回收率将实际销量和自用数量折算成原煤数量，并以此作为课税数量。对于金属和非金属矿产品原矿，如无法准确掌握纳税人移送使用原煤数量的，可以将其精矿按选矿比折算成原矿数量作为课税数量。这就给税收筹划提供了一定的空间。例如，煤炭企业计算确定的自身煤炭的回收率或选矿比低于同行业平均的综合回收率或平均的选矿比，则可以根据同行业的平均的综合回收率或平均的选矿比来折算，这样计算出来的应税产品数量就会少于实际使用数量，以达到节税的目的；反之，如果企业的加工技术或选矿技术高于平均水平，本企业煤炭的综合回收率或金属矿选矿比高于同行业，则应该准确核算回收率或选矿比后，向税务机关提供准确的应税产品销售数量和移送数量。

案例

某公司生产煤炭并通过连续加工生产某种煤炭制品，10 月份生产得到的最终产品有 3 000 吨。由于其加工生产技术相对落后，企业产品加工生产的综合回收率低于同行业，自身实际综合回收率为 20%，而税务机关确定的同行业综合回收率为 30%。该公司应该如何进行税务筹划？

【筹划思路】

该公司的综合回收率与税务机关核定的差距较大，这就为筹划提供了空间。

【筹划方案】

方案 1：该公司向税务机关提供准确的综合回收率。

该公司实际课税数量 =3 000 ÷ 20%=15 000（吨）

方案 2：该公司按照税务机关确定的综合回收率计算。

该公司实际课税数量 =3 000 ÷ 30%=10 000（吨）

【结论分析】

在煤炭价格不变的情况下，课税数量越少，应纳资源税自然会越少。方案 2 的应纳资源税就会明显低于方案 1。因此，当公司确知自身的综合回收率或选矿比低于同行业平均水平时，可不提供应税资源销售数量或自用数量，而采用税务机关核定的平均综合回收率或平均选矿比来折算，以达到节税的目的。

（二）分开核算的税收筹划

资源税法规定，纳税人的减税、免税项目，应当单独核算销售额或者销售数量，未单独核算或者不能准确提供减免税产品销售额或销售数量的，不予减税或者免税。另外，纳税人开采或者生产不同税目应税产品的，应当分别核算不同税目应税产品的销售额或者销售数量；未分别核算或者不能准确提供不同税目应税产品的销售额或者销售数量的，从高适用税率。

因此，纳税人可以通过分别准确核算各税目的销售额或者销售数量，分清免税产品与征税产品，分清不同税率产品，从而可以充分享受税收优惠，节省应纳资源税额。

案例

甲企业 6 月开采销售原油 1 000 万元，生产销售原煤 500 万元，开采使用天然气 20 万立方米（其中，10 万立方米系开采原油时伴生，10 万立方米系开采煤炭时伴生，该企业未分开核算），已知天然气售价 2.5 元 / 立方米，其适用税率为原油 8%、原煤 3%、天然气 6%。甲企业应如何进行税收筹划？

【筹划思路】

筹划重点在于如何应用煤炭开采时伴生的天然气免税这一优惠政策。

【筹划方案】

如不进行税收筹划，甲企业 6 月应缴纳的资源税为：

1 000 × 8%+500 × 3%+20 × 2.5 × 6%=98（万元）

如果把天然气分开核算，原油伴生部分的天然气就可以适用 6% 的税率，并且根据税法的规定，煤炭开采时伴生的天然气免税。因此，如果该企业分开核算，甲企业 6 月应缴纳的资源税为：

1 000 × 8%+500 × 3%+10 × 2.5 × 6%=96.5（万元）

【结论分析】

通过分开核算可以节约资源税 1.5 万元。

三、税收筹划风险及防范

首先，资源税具有“从量计征”与“从价计征”相结合的特点，这意味着税率的适用和资源价格的波动直接关联。当市场资源价格大幅波动时，若企业未能及时调整其税收筹划策略以适应新的价格水平，可能导致税负预测失误，进而影响企业的资金流和利润状况。特别是在资源价格下跌时，若企业仍按原价进行税收筹划，可能面临税负过重、资金链紧张的风险。

其次，资源税对资源的开采量、储量和销售情况有着严格的监管和报告要求。由于资源开采活动的复杂性和不确定性，企业在报告这些数据时可能面临技术上的挑战和人为的虚报。例如，根据《扩大水资源税改革试点实施办法》，企业若超过水行政主管部门规定的计划取用水量，将面临在原税额基础上加征 1 至 3 倍的水资源税。如果未从高确定税额，未加征超过计划的用水量，面临税务风险。

最后，资源税还往往与环保政策紧密相连，对高污染、高能耗的资源开采行为实施更为严格的税收调控。企业在进行税收筹划时，若未能充分考虑环保因素，如未采取有效的节能减排措施或未申请相关的环保税收优惠，可能不仅无法享受税收减免，还可能因环保不达标而面临更高的税负和更严格的监管。

第四节　房产税的税收筹划

房产税是以房屋作为课税对象，以房屋的计税余值或租金收入为计税依据，向房屋产权所有人征收的一种财产税。房产税的征收既有利于增加地方财政收入，也有利于加强房产的管理。

一、相关税收政策

（一）纳税义务人

房产税的纳税义务人是在征税范围内的房屋产权的所有人。其中：

（1）产权属于国家所有的，由经营管理的单位纳税；产权属于集体和个人所有的，由集体单位和个人纳税。

（2）产权出典的，纳税义务人为承典人。

（3）产权所有人、承典人不在房屋所在地的，或者产权未确定及租典纠纷未解决的，由房产代管人或使用人纳税。

（4）无租使用其他单位房产的应税单位和个人，依照房产余值代为缴纳房产税。

（5）从 2009 年 1 月 1 日起，外商投资企业、外国企业和组织以及外籍个人，依照《中华人民共和国房产税暂行条例》缴纳房产税。

（二）征税范围

房产税以房产为征税对象。房产税的征收范围为城市、县城、建制镇和工矿区（房产税的征收范围并不包括农村，主要为了减轻农民的负担）。

（三）计税依据和税率

房产税的计税方法有从价计征和从租计征两种。

1. 从价计征

从价计征即按照房产原值一次减除 10%~30% 费用后的余值计征房产税，税率为 1.2%。

2. 从租计征

从租计征即以房产出租的租金收入为计税依据计征房产税，税率为 12%。从 2008 年 3 月 1 日起，对于个人出租的住房，不区分用途，均按 4% 的税率征收房产税。

（四）应纳税额的计算

1. 从价计征的计算

$$应纳税额 = 应纳税房产原值 \times（1- 扣除比例）\times 1.2\%$$

2. 从租计征的计算

$$应纳税额 = 租金收入 \times 12\%（或 4\%）$$

（五）房产税税收优惠

（1）国家机关、人民团体、军队自用的房产，免征房产税。

（2）由国家财政部门拨付事业经费的单位自用的房产，免征房产税。

（3）宗教寺庙、公园、名胜古迹自用的房产，免征房产税。

（4）个人所有非营业用的房产，免征房产税。

（5）经财政部批准免税的其他房产，如经营公租房的租金收入可以免征房产税。

（6）对行使国家行政管理职能的中国人民银行（含国家外汇管理局）所属分支机构自用的房产，免征房产税。

二、筹划关键点与案例解析

（一）降低房产原值

房产原值一般是指房屋的造价，包括与房屋不可分割的各种附属设备和一般不单独计价的配套设施。

税法规定，房产指有屋面和围护结构（有墙或两边有柱），能够遮风避雨，可供人们在其中生产、工作、学习、娱乐、居住或储藏物资的场所。独立于房屋之外的建筑物，如围墙、烟囱、水塔、变电塔、油池油柜、酒窖菜窖、酒精池、糖蜜池、室外游泳池、玻璃暖房、砖瓦石灰窑以及各种油气罐等，不属于房产，不征房产税。但是，与房屋不可分割的各种附属设备和一般不单独计价的配套设施需要并入房屋原值计征房产税。在会计核算时，可以将房屋与非房屋建筑物以及各种附属设施、配套设施进行合理划分，进行单独列示、分别核算。

案例

甲企业位于某市市区内，企业除了办公用房和厂房外，还有游泳池和停车场等建筑物。总工程造价20亿元，游泳池和停车场等建筑物造价5 000万元，假设当地政府规定的扣除比例为10%。甲企业应如何进行税收筹划？

【筹划思路】

筹划重点在于考虑不同建筑物与配套设施房产税的征税方式的差异。

【筹划方案】

方案1：把所有建筑物都统一核算计入房产原值。

应纳房产税额=200 000×（1−10%）×1.2%=2 160（万元）

方案2：将游泳池和停车场等都建成室外露天的，并且在会计核算时将它们和办公楼、厂房相关造价进行单独列示、分别核算。

应纳房产税额=（200 000−5 000）×（1−10%）×1.2%=2 106（万元）

【结论分析】

经过方案2的税收筹划，甲企业可以节省房产税54万元（即2 160−2 106）。

另外，自2010年12月21日起，对按照房产原值计税的房产，无论会计上如何核算，房产原值均应包含地价、取得土地使用权支付的价款以及开发土地发生的成本费用等。当房产的宗地容积率低于0.5时，按房产建筑面积的2倍计算土地面积并据此计算计入房产原值的地价。当房产的宗地容积率高于0.5时，则需要按照地价全额计入房产原值计征房产税。因此，企业还可以对现有的房产进行适当的改建，以使该房产的宗地容积率降至0.5以下，进而节省房产税。此外，当宗地容积率低于0.5时，建筑面积越小，宗地容积率越低，应纳房产税也就越少，因此在可能的范围内合理降低宗地容积率，是节省房产税的一个有效方法。

案例

甲企业有一块占地面积为10 000平方米的土地，每平方米平均地价为4万元，土地上的办公楼和厂房的建筑总面积为5 100平方米，这些房产价值总计为30 000万元。甲企业应如何进行税收筹划？

【筹划思路】

该块土地的宗地容积率为0.51（即5 100÷10 000），按税法规定，甲企业应将这块土地的价值总额全部计入房产原值。由于宗地容积率在0.5左右，筹划的重点在于调整容积率。

【筹划方案】

如果甲企业对厂房进行适当改建，使办公楼和厂房的建筑总面积减少至4 600平方米，那么这块土地的宗地容积率降为0.46（即4 600÷10 000），低于0.5。按税法规定，该企业只需按房产建筑面积的2倍计算土地面积并据此计入房产原值。

假设当地房产税原值减除比例为10%，那么甲企业每年应纳房产税为：

（30 000+10 000×4）×（1−10%）×1.2%=756（万元）

筹划后，该企业每年应缴纳的房产税为：

（30 000+4 600×2×4）×（1−10%）×1.2%=721.44（万元）

【结论分析】

与原来相比，甲企业每年可以节省34.56万元（即756−721.44）的房产税。

（二）降低租金收入

按照法律规定，企业出租房屋应按租金收入的12%从租计征房产税。在现实情况中，企业经常在出租房屋的同时将房屋附属的机器设备、生产线、办公用品等一同出租给承租方，或承担部分代收项目。这些附属设备和代收项目并不属于房产税征收范围，因此企业在签订合同时应将这部分金额与实际租金分开核算，分别签订合同，以到达节省房产税的目的。

案例

某公司计划将一栋自有的写字楼出租，该写字楼办公用品配套齐全。出租一年的租金是2 000万元，其中包括代收的物业费200万元。该公司应如何进行税收筹划？

【筹划思路】

筹划重点在于精准界定租金收入，将不属于租金收入的部分从合同中分离出去。

【筹划方案】

企业分开订立合同，将房屋以年租金 1 200 万元的价格单独出租，将配套设施以 600 万元的租金订立合同，另外物业费由承租方与物业公司直接订立合同。

原方案：该公司与承租方签订合同，合同租金为每年 2 000 万元。

应纳房产税 =2 000 × 12%=240（万元）

筹划后：

应纳房产税 =（2 000−600−200）× 12%=144（万元）

【结论分析】

筹划后节省房产税 96 万元（即 240−144）。

（三）投资联营房产的税收筹划

对于投资联营的房产，由于投资方式不同，房产税的计征方式和适用税率也不同，从而为纳税人提供了税收筹划的空间。

对于将房产用于投资联营的，若投资者共担风险、参与投资利润分红的，适用于从价计征，被投资方应将房产余值作为计税依据计征房产税，税率为 1.2%；若投资者不承担联营风险、取得固定收入的，实际上是以投资联营的名义取得房产租金，适用从租计征，应由投资方以租金收入为计税依据计征房产税，税率为 12%。纳税人可以结合这两种不同的征收方式进行成本效益分析，以决定如何选择投资方式来节省税费。

案例

甲公司和乙公司为同一集团公司的子公司（甲、乙公司为联营方），甲、乙均为增值税一般纳税人，采用一般计税方法计税。甲公司以投资联营的方式将一处自有房产提供给乙公司。该房产原账面价值是 2 000 万元。现有以下两套方案。

方案 1：甲公司不承担风险，向乙公司收取固定收入，当年取得固定收入 200 万元（不含税）。

方案 2：甲公司与乙公司共担风险、参与投资利润分红，当年取得分红 200 万元（不含税）。

已知当地政府规定的房产减除比例为 20%。甲公司应如何进行税收筹划？

【筹划思路与方案】

在方案 1 中，甲公司实际上是以投资联营的名义取得房产租金，应由甲公司（投资方）按租金收入计征房产税，税率为 12%。

应缴纳的房产税 =200 × 12%=24（万元）

在方案 2 中，应由乙公司（被投资方）以房产余值作为计税依据计征房产税，税率为 1.2%。

应缴纳的房产税 =2 000 ×（1–20%）× 1.2%=19.2（万元）

【结论分析】

方案 2 比方案 1 节省房产税 4.8 万元（即 24–19.2）。

三、税收筹划风险及防范

首先，应综合考虑市场价值波动对房产税的影响。房产具有价值波动较大的特性，其波动可能受到多种因素的影响，比如经济状况、供需关系、政策调整、地区发展等。这些因素可能导致房产市场价值的上升或下降，直接影响房产的评估价值，进而导致房产税的计税基数发生变化。如果市场价值上升，房产的评估价值也随之增加，房产税的征收基数可能会相应上升，这意味着企业可能需要支付更多的房产税。为防范此类风险，纳税人应建立监测市场价值变化的机制，及时收集并分析房产市场的动态趋势，有效应对可能带来的税收变动。

其次，应注意房产价值评估风险。房产税基于房产的评估价值来征收，而评估过程可能受到多种因素的影响，包括市场波动、评估方法的选择以及评估机构的专业性等。如果评估结果不准确，可能导致纳税人缴纳的房产税过多或过少，进而引发税务风险。为防范此类风险，纳税人应积极参与评估过程，了解评估方法和标准，必要时可聘请专业的评估机构进行复核，确保评估结果的公正性和准确性。

最后，应注意跨地区房产税差异风险。由于不同地区的经济发展水平、房地产市场状况以及税收政策存在差异。如果纳税人在多个地区拥有房产，但未充分了解各地区的房产税政策，可能导致税负不均衡或遗漏某些地区的申报义务。为防范此类风险，纳税人应加强对各地区房产税政策的了解，确保在每个地区都能履行相应的申报和缴纳义务。

第五节　城镇土地使用税的税收筹划

城镇土地使用税是以国有土地为征税对象，对拥有土地使用权的单位和个人计征的一种税。征收城镇土地使用税可以促进土地的合理使用，调节土地级差收入，也有利于筹集地方财政资金。

一、相关税收政策

（一）纳税义务人

在城市、县城、建制镇和工矿区范围内使用土地的单位和个人是城镇土地使用税的纳税义务人。

纳税义务人通常包括以下几类：

（1）拥有土地使用权的单位和个人。

（2）拥有土地使用权的单位和个人不在土地所在地的，由土地的实际使用人和代管人为纳税义务人。

（3）土地使用权未明确或权属纠纷未解决的，其实际使用人为纳税义务人。

（4）土地使用权共有的，共有各方都是纳税义务人，应由共有各方分别纳税。

（5）在城镇土地使用税征收范围内，承租集体所有建设用地的，由直接从集体经济组织承租土地的单位和个人，缴纳城镇土地使用税。

（二）征税范围

城镇土地使用税的征收范围包括在城市、县城、建制镇和工矿区内国家所有及集体所有的土地。

（三）计税依据和税率

城镇土地使用税实行从量定额征收，以纳税义务人实际占用的土地面积为计税依据，土地面积的计量单位为平方米。

采用定额税率，即采用有幅度的差别税额，按大、中、小城市，县城，建制镇和工矿区分别规定每平方米土地使用税年应纳税额。城镇土地使用税税率如表 6-2 所示。

表 6-2　城镇土地使用税税率表

级别	人口（人）	每平方米税额（元）
大城市	50 万以上	1.5~30
中等城市	20 万 ~50 万	1.2~24
小城市	20 万以下	0.9~18
县城、建制镇、工矿区		0.6~12

（四）应纳税额的计算

应纳城镇土地使用税税额为：

全年应纳税额 = 实际占用应税土地面积（平方米）× 适用税额

（五）城镇土地使用税税收优惠

（1）国家机关、人民团体、军队自用的土地，免征城镇土地使用税。

（2）由国家财政部门拨付事业经费的单位自用的土地，免征城镇土地使用税。

（3）宗教寺庙、公园、名胜古迹自用的土地，免征城镇土地使用税。

（4）市政街道、广场、绿化地带等公共用地，免征城镇土地使用税。

（5）直接用于农、林、牧、渔业的生产用地，免征城镇土地使用税。

（6）经批准开山填海整治的土地和改造的废弃土地，从使用的月份起免征城镇土地使用税5~10年。

（7）由财政部另行规定免税的能源、交通、水利设施用地和其他非营利性机构用地。

（8）按照去产能和调结构政策要求停产停业、关闭的企业，自停产停业次月起，免征房产税、城镇土地使用税。企业享受免税政策的期限累计不得超过两年。[①]

二、筹划关键点与案例解析

（一）合理利用税收优惠

根据税法规定，企业办的学校、医院、幼儿园和托儿所，其用地能与其他用地明确区分的，免征城镇土地使用税；对企业的铁路专用线、公路等用地，在厂区外并与社会公用地段未加隔离的，暂免征收城镇土地使用税；对企业厂区以外的公共绿化用地和向全社会开放的公园用地，暂免征收城镇土地使用税。企业可以合理利用这些税收优惠政策来进行税收筹划。

案例

某市区内甲企业全年实际占地共20 000平方米。其中厂房和办公楼占地19 000平方米，医务室占地500平方米，幼儿园占地500平方米。当地城镇土地使用税税额为5元/平方米。甲企业应如何进行税收筹划？

【筹划思路】

企业应尽可能根据不同占地用途，综合考虑城镇土地使用税免税的优惠。

【筹划方案】

方案1：各用地不进行明确区分。

应纳城镇土地使用税=20 000×5=100 000（元）

方案2：将各种用地进行明确区分，并分别核算各自的面积。

应纳城镇土地使用税=（20 000−500−500）×5=95 000（元）

【结论分析】

方案2比方案1节省税费5 000元（即100 000−95 000）。

（二）企业选址的税收筹划

城镇土地使用税采用有幅度的差别税额，大城市、中等城市、小城市、县城、建制

① 根据《财政部 税务总局关于去产能和调结构房产税 城镇土地使用税政策的通知》（财税〔2018〕107号）的规定。

镇、工矿区的税额各不相同。即使在同一地区，由于不同地段的市政建设情况和经济繁荣程度可能有较大的差别，城镇土地使用税的税额规定也可能有很大不同，最大的相差达 20 倍。纳税义务人在投资设厂选址时就可以进行税收筹划，选择最合适的土地设厂。

案例

某公司计划投资建设一个新厂房，占用土地约 10 000 平方米。经过公司考察，现有两个选择：一是在某中等城市的城区，当地城镇土地使用税税额为 15 元 / 平方米；二是在某小城市的城区，当地城镇土地使用税税额为 5 元 / 平方米。两个地区距离并不远，并且小城市交通也较方便，基本不会影响企业的生产经营。该公司应如何选择？

【筹划思路】

在选择新厂房建设地点时，除了考虑城镇土地使用税外，还需要综合考量其他因素，如地理位置、交通便利性、劳动力成本、市场接近度等。根据案例分析，两个地区的地理位置相近，交通条件相当，不会对企业的生产经营造成显著影响。因此，城镇土地使用税成为主要的决策因素之一。

【筹划方案】

选择中等城市，应缴纳的城镇土地使用税 $=10\,000\times15=150\,000$（元）

选择小型城市，应缴纳的城镇土地使用税 $=10\,000\times5=50\,000$（元）

【结论分析】

选择小城市可以节省 100 000 元的城镇土地使用税。在实践中，企业在选址时，还需要考虑运营成本、市场交易机会、企业可以得到的政策支持等多种因素。

三、税收筹划风险及防范

首先，应准确界定土地属性。城镇土地使用税的计算依据之一是土地的使用权属性，包括是否属于划拨、出让、租赁等不同方式取得。不同的使用权属性可能对应不同的税率或优惠政策，若企业对自身土地使用权的界定不清，或未能准确理解相关政策，可能导致税额计算错误，引发税务风险。

其次，应注意土地面积测量与分类风险。土地面积的准确测量和正确分类是计算城镇土地使用税的基础。然而，由于土地形状不规则、边界模糊或存在争议，以及土地用途的多样性和复杂性，实践中往往存在面积测量不准确或分类错误等问题，进而影响税额的正确计算。此外，随着城市规划的变化，土地用途可能发生调整。若企业未能及时更新土地信息，也可能导致税务风险。

最后，应注意税收优惠政策适用风险。城镇土地使用税设有多种税收优惠政策，如用于农、林、牧、渔的生产用地等可以享受减免优惠。然而，这些优惠政策的适用条件往往较为严格，且可能随时间变化而调整。若企业对优惠政策理解不透彻，或未能及时关注政策变化，可能导致无法正确享受优惠，甚至因误用优惠政策而面临税务处罚。

第六节 印花税的税收筹划

印花税是以经济活动和经济交往中，书立和领受应税凭证的行为作为征税对象而征收的一种税。印花税因采用在应税凭证上粘贴印花税票的方法缴纳税款而得名，是一种兼有行为性质的凭证税。印花税具有征收面广、税负轻、由纳税人自行购买并粘贴印花税票完成纳税义务等特点。

一、相关税收政策

（一）纳税义务人

书立在中华人民共和国境内具有法律效力的应税凭证，或者在中华人民共和国境内进行证券交易的单位和个人，为印花税的纳税义务人。单位和个人是指各类企业、事业、机关、团体、部队以及中外合资企业、合作企业、外资企业、外国公司和其他经济组织及其在华机构等单位和个人。按照书立、使用和领受应税凭证不同，印花税的纳税义务人可以分别确定为立合同人、立据人、立账簿人、使用人、各类电子应税凭证的签订人以及证券交易人。

（二）税目和税率

印花税的税率设计遵循税负从轻、共同负担的原则，所以税率比较低（见表 6-3）。凭证的当事人，即对凭证有直接权利与义务关系的单位和个人均应就其所持凭证依法纳税。

表 6-3 印花税税目税率表

税目		税率	备注
合同（书面合同）	借款合同	借款金额的万分之零点五	指银行业金融机构、经国务院银行业监督管理机构批准设立的其他金融机构与借款人的借款（不包括同业拆借）合同
	融资租赁合同	租金的万分之零点五	
	买卖合同	价款的万分之三	指动产买卖合同（不包括个人书立的动产买卖合同）

续表

税目		税率	备注
合同（书面合同）	承揽合同	报酬的万分之三	
	建设工程合同	价款的万分之三	
	运输合同	运输费用的万分之三	指货运合同和多式联运合同（不包括管道运输合同）
	技术合同	价款、报酬或者使用费的万分之三	不包括专利权、专有技术使用权转让书据
	租赁合同	租金的千分之一	
	保管合同	保管费的千分之一	
	仓储合同	仓储费的千分之一	
	财产保险合同	保险费的千分之一	不包括再保险合同
产权转移书据	土地使用权出让书据	价款的万分之五	
	土地使用权、房屋等建筑物和构筑物所有权转让书据（不包括土地承包经营权和土地经营权转移）	价款的万分之五	转让包括买卖（出售）、继承、赠与、互换、分割
	股权转让书据（不包括应缴纳证券交易印花税的）	价款的万分之五	
	商标专用权、著作权、专利权、专有技术使用权转让书据	价款的万分之三	
营业账簿		实收资本（股本）与资本公积金合计金额的万分之二点五	
证券交易		成交金额的千分之一	

（三）计税依据

印花税实行从价计征的征收方法，具体情况如下：

（1）应税合同的计税依据，为合同所列的金额，不包括列明的增值税税款。

（2）应税产权转移书据的计税依据，为产权转移书据所列的金额，不包括列明的增值税税款。

（3）应税营业账簿的计税依据，为账簿记载的实收资本（股本）、资本公积合计金额。

（4）证券交易的计税依据，为成交金额。

应税合同、产权转移书据未列明金额的，印花税的计税依据按照实际结算的金额确定。计税依据仍不能确定的，按照书立合同、产权转移书据时的市场价格确定；依法应当执行政府定价或者政府指导价的，按照国家有关规定确定。

证券交易无转让价格的，按照办理过户登记手续时该证券前一个交易日收盘价计算确定计税依据；无收盘价的，按照证券面值计算确定计税依据。

（四）印花税税收优惠

1. 一般优惠规定

根据《中华人民共和国印花税法》，下列凭证免征印花税。

（1）应税凭证的副本或者抄本。

（2）依照法律规定应当予以免税的外国驻华使馆、领事馆和国际组织驻华代表机构为获得馆舍书立的应税凭证。

（3）中国人民解放军、中国人民武装警察部队书立的应税凭证。

（4）农民、家庭农场、农民专业合作社、农村集体经济组织、村民委员会购买农业生产资料或者销售农产品书立的买卖合同和农业保险合同。

（5）无息或者贴息借款合同、国际金融组织向中国提供优惠贷款书立的借款合同。

（6）财产所有权人将财产赠与政府、学校、社会福利机构、慈善组织书立的产权转移书据。

（7）营利性医疗卫生机构采购药品或者卫生材料书立的买卖合同。

（8）个人与电子商务经营者订立的电子订单。

根据经济和社会发展的需要，国务院对居民住房需求保障、企业改制重组与破产、支持小型微型企业发展等情形可以规定减征或者免征印花税，报全国人民代表大会常务委员会备案。

2. 特殊优惠规定

（1）对个人销售或购买住房暂免征收印花税。

（2）对农民专业合作社与本社成员签订的农业产品和农业生产资料购销合同，免征印花税。

（3）对经济适用住房经营管理单位与经济适用住房相关的印花税以及经济适用住房购买人涉及的印花税予以免征。

（4）对改造安置住房经营管理单位、开发商与改造安置住房相关的印花税以及购买安置住房的个人涉及的印花税予以免征。

（5）对个人出租、承租住房签订的租赁合同，免征印花税。

（6）至 2025 年 12 月 31 日，对易地扶贫搬迁项目实施主体取得用于建设安置住房的土地，免征契税、印花税。

（7）至 2025 年 12 月 31 日，对公租房经营管理单位免征建设、管理公租房涉及的印花税。在其他住房项目中配套建设公租房，按公租房建筑面积占总建筑面积的比例免征建设、管理公租房涉及的印花税。

（8）对铁路、公路、航空、水路承运快件行李、包裹开具的托运单据，暂免征收印花税。

（9）对房地产管理部门与个人订立的租房合同，凡用于生活居住的，暂免征收印花税；用于生产经营的，应按规定征收印花税。

（10）对社保基金会、社保基金投资管理人管理的社保基金转让非上市公司股权，免征社保基金会、社保基金投资管理人应缴纳的印花税。

（11）对社保基金会及养老基金投资管理机构运用养老基金买卖证券应缴纳的印花税实行先征后返；养老基金持有的证券，在养老基金证券账户之间的划拨过户，不属于印花税的征收范围，不征收印花税。对社保基金会及养老基金投资管理机构管理的养老基金转让非上市公司股权，免征社保基金会及养老基金投资管理机构应缴纳的印花税。

（12）在国有股权划转和接收过程中，划转非上市公司股份的，对划出方与划入方签订的产权转移书据免征印花税；划转上市公司股份和全国中小企业股份转让系统挂牌公司股份的，免征证券交易印花税；对划入方因承接划转股权而增加的实收资本和资本公积，免征印花税。

（13）对金融机构与小型企业、微型企业签订的借款合同免征印花税。

（14）股权分置改革过程中因非流通股股东向流通股股东支付对价而发生的股权转让，暂免征收印花税。

（15）贴息贷款合同免纳印花税。

（16）对财产所有人将财产赠给学校所立的书据，免征印花税。

二、筹划关键点与案例解析

（一）减少合同参与人数

税法规定，同一应税凭证由两方以上当事人书立的，按照各自涉及的金额分别计算应纳税额。而减少合同参与人数筹划就是在不影响合同效益的前提条件下，尽量减少书立使用各种凭证的参与人数，减少需缴纳印花税的人数，使总体税负水平下降，以达到税收筹划的目的。

案例

甲、乙、丙、丁四人签订合同，甲、乙、丙三人基本利益是一致的，合同金额为 4 000 万元，适用印花税税率为 0.5‰。应如何进行税收筹划？

【筹划思路】

筹划重点在于明确合同主体，确定合同的签订方，分析各签订方的权益关系，找出可以优化的空间。由于甲、乙、丙三人基本利益一致，可以考虑由其中一人代表三人签订合同，以减少合同的签订方数量。

【筹划方案】

方案 1：甲、乙、丙、丁四人签订合同。

各方共需缴纳印花税 =4 000 × 0.5‰ × 4=8（万元）

方案 2：因为甲、乙、丙三人基本利益是一致的，可以选派甲作为代表与丁签订合同。

各方共需缴纳印花税 =4 000 × 0.5‰ × 2=4（万元）

【结论分析】

方案 2 比方案 1 节省印花税 4 万元（即 8–4）。

（二）利用保守金额

税法规定，纳税人应当按照签订合同时合同所记载的金额计算缴纳印花税。已经贴印花税票的凭证，实际结算金额与合同所记载金额不一致的，增加的部分应该补贴印花税票；减少部分可以向税务机关申请退还或者抵缴印花税，但是会增加时间成本。因此，在设计合同时，合同双方就应该充分考虑以后经济交往中可能遇到的种种情况，确定比较合理、比较保守的金额，以达到节税的目的。

案例

甲与乙签订一份货物运输合同，涉及金额约为 1 000 万元。现有两套方案供选择。

方案 1：签订合同时将合同确定为 1000 万元。

方案 2：签订时先将合同确定为 500 万元，实际履行过程中如果增加了履行金额，就补贴印花税票。

甲与乙应当如何进行税收筹划？

【筹划思路与方案】

筹划重点在于合同的金额。可以通过灵活调整合同金额，减少初期的税负，争取资金的时间价值。

方案 1 的纳税情况为：

甲、乙共需缴纳印花税 =1 000 × 0.3‰ × 2=0.6（万元）

方案 2 的纳税情况为：

甲、乙签订合同时共需缴纳印花税 =500 × 0.3‰ × 2=0.3（万元）

【结论分析】

方案2现阶段比方案1少纳印花税0.3万元（即0.6–0.3）。即使实际结算时要补贴印花税票，也为公司争取了资金的时间价值，因此达到了节税的目的。

（三）分开记载经济事项

如果一个合同涉及了多种不同的经济业务，应当分别核算各项业务的金额，不同的业务类型适用不同的印花税税率。税法明确规定，同一凭证记载有两个或两个以上经济业务，但适用不同税目、税率时，如果分开记载金额的，应分开核算应纳税额，然后把总额贴印花税票；如果未分开记载金额的，按税率较高的计税贴印花税票。

案例

甲公司是一家仓储物流企业，与乙公司签订一份合同，甲公司受托运输一批原材料，并负责保管。运输费用为10万元，保管费用为5万元。甲企业应如何进行税收筹划？

【筹划思路】

筹划重点在于运输合同与保管合同的差异化税率，运输合同的税率为0.3‰，保管合同的税率为1‰。

【筹划方案】

方案1：按总价值签订合同。

甲公司需纳印花税=150 000×1‰=150（元）

方案2：将运输业务和保管业务分开，签订两份合同。

甲公司需纳印花税=100 000×0.3‰+50 000×1‰=80（元）

【结论分析】

方案2比方案1少纳印花税70元（即150–80）。

（四）选择合理的借款方式

根据印花税法的规定，借款人与银行及其他金融机构所签订的合同（不包括银行同业拆借的合同）或者只填写借据并且作为合同使用以及取得银行借款时的借据，均应按照“借款合同”税目计征印花税。但非银行企业之间的借款合同不需要缴纳印花税。因此，如果两种借款方式的利率是相同的，那么向非银行企业借款更能节省印花税。

（五）合同中列明增值税税款

应税合同及产权转移书据的计税依据，为合同及产权转移书据所列的金额，不包括列明的增值税税款。因此，签订合同时列明的增值税税款，可以按不含税金额缴纳印花税。需要注意的是，如果未列明增值税税款，则需按总金额申报缴纳印花税。

三、税收筹划风险及防范

第一，凭证识别与分类问题。印花税是针对特定凭证征税的，不同种类的凭证可能适用不同的税率或免税规定。企业在进行税收筹划时，如果未能准确识别和分类凭证，可能导致适用错误的税率或遗漏某些应征税的凭证，从而面临税务风险。企业应加强对印花税征税范围和相关政策的学习，对于复杂的凭证或交易，可以咨询税务专家或专业机构，确保凭证的正确识别和分类。

第二，企业对合同拆分与合并也往往存在风险。在某些情况下，企业可能通过拆分或合并合同的方式，试图降低印花税税负。然而，这种操作如果处理不当，可能被视为偷税漏税行为，从而面临税务处罚。在进行合同拆分或合并前，企业应进行充分的税务评估，确保这种操作符合税收法规和商业逻辑。

第七节 车船税的税收筹划

车船税是以车船为征税对象，对我国境内拥有车船的单位和个人征收的一种税。

一、相关税收政策

（一）纳税义务人

车船税的纳税义务人，是指在我国境内符合《中华人民共和国车船税法》规定的车辆、船舶的所有人或管理人。

（二）征税范围

车船税的征收范围是指在我国境内符合《中华人民共和国车船税法》规定的车辆、船舶。包括：

（1）依法应当在车船登记管理部门登记的机动车辆或船舶。

（2）依法不需要在车船登记管理部门登记但在单位内部场所行驶或作业的机动车辆和船舶。

（三）税目和税率

车船税实行定额税率。其中，乘用车、客车和摩托车以“辆”为计税单位；机动船舶以“净吨位”为计税单位；货车、专用作业车和轮式专用机械车以“整备质量吨位”为计税单位；游艇以“艇身长度”为计税单位。分别采用规定的税率征税。

（四）车船税税收优惠

（1）捕捞、养殖渔船，免征车船税。

（2）军队、武装警察部队专用的车船，免征车船税。

（3）警用车船，免征车船税。

（4）依照法律规定予以免税的外国驻华使领馆、国际组织驻华代表机构以及其有关人员的车船，免征车船税。

（5）对节约能源车船减半征收车船税；对使用新能源车船免征车船税。

（6）省、自治区、直辖市人民政府按照当地的实际情况，可以对公共交通车船，农村居民拥有并且主要在农村地区使用的摩托车、三轮汽车和低速载货汽车定期减征或免征车船税。

（7）经批准临时入境的外国车船和香港特别行政区、澳门特别行政区、台湾地区的车船，不征收车船税。

二、筹划关键点与案例解析

（一）税率临界点的税收筹划

《中华人民共和国车船税法》规定对乘用车按发动机汽缸容量（排气量分档）规定税率，对机动船舶以“净吨位”为单位分级规定税率等，因此，车船税税率实质上是一种全额累进的定额税率，因而产生了应纳车船税税额相对排气量或吨位数变化的临界点。在临界点上下，排气量或吨位数虽然只相差一个单位，但临界点两边的应纳税额却有很大变化，因此，在临界点进行税收筹划十分必要。

案例

某公司准备购买一艘机动船舶，现有净吨位分别为 10 000 吨和 10 010 吨的两种型号的船舶可供选择。从节省车船税的角度，该公司应该如何进行税收筹划？

【筹划思路与方案】

《中华人民共和国车船税法》规定，对于机动船舶，净吨位为 2 001~10 000 吨的，每吨税额 5 元；净吨位在 10 001 吨及以上的，每吨税额 6 元。因此，选择 10 000 吨型号的船舶时仅仅小了 10 吨位，但却可以少纳很多车船税。

少纳车船税 =10 010 × 6−10 000 × 5=10 060（元）

（二）税收优惠的税收筹划

企业可以充分利用我国税法中规定的针对车船税的税收优惠政策，来达到节省税费的目的。比如《财政部　税务总局　工业和信息化部　交通运输部关于节能　新能源车船享受车船税优惠政策的通知》（财税〔2018〕74 号）规定，对节能汽车减半征收车船税，对新能源车船免征车船税，以鼓励企业选择节能汽车或新能源车船。

很多企业和个人使用车船一开始并没有具备享受税收优惠政策的条件，因此需要企业和个人为自己创造条件，达到利用税收优惠政策合理进行税收筹划的目的。同时，对于已享有税收优惠的纳税人来说，应明确区分应税项目和免税项目，以求最大限度地节省税费。

三、税收筹划风险及防范

车船税税收筹划面临的风险主要在于车辆船舶信息的准确性。车船税的税额计算通常基于车辆或船舶的类型、排量、吨位等信息。如果企业或个人在申报车船税时提供的信息不准确或存在遗漏，就会导致税额计算错误，进而引发税务争议或处罚。针对这一问题，企业应建立完善的车辆船舶信息管理系统，确保相关信息的准确性和完整性。在申报车船税前，应对车辆船舶信息进行仔细核对，确保与实际情况一致。同时，加强与税务机关的沟通协作，及时了解申报要求和流程变化，避免因信息不准确而导致的税务风险。

课后思考

1. 土地增值税的税收筹划，你还能想到哪些其他筹划空间？

2. 请系统总结房产转让过程中可能涉及的税收政策与相关优惠，并设计筹划方案。

即测即评

扫描二维码，进行本章在线测试。

第七章

国际税收筹划

导　言　本章重点讲解了国际税收筹划的思路与风险防范，涉及跨国企业投资、融资、经营三个典型阶段。通过本章的学习，应熟悉国际税收筹划涉及的主要法律规定；熟悉并掌握企业不同阶段国际税收筹划的基本思路，熟练运用国际税收和外国税制的基本理论开展国际税收筹划，同时防范税收风险。

重　点　经营阶段的国际税收筹划；融资阶段的国际税收筹划。

难　点　投资阶段的国际税收筹划。

思维导图

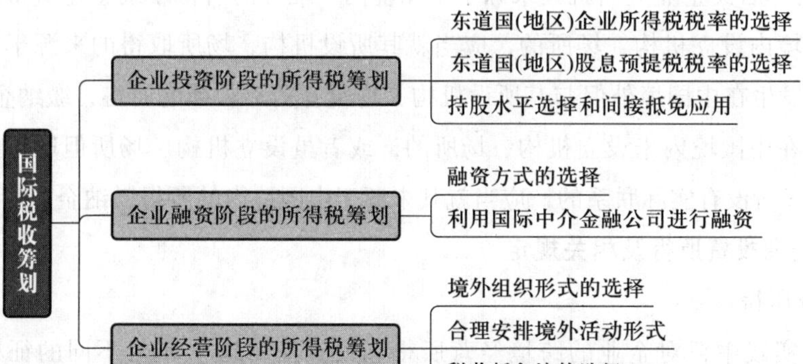

第一节 企业投资阶段的所得税筹划

一、相关税收政策

（一）企业税收居民身份相关规定

1. 税收居民身份

企业在投资阶段进行国际税收筹划时，税收居民身份认定是不可回避的重要问题。税收居民身份是一国（地区）行使税收管辖权的重要依据。在实践中，各国（地区）关于税收居民身份的规定通常存在于本国（地区）的税法体系中，因此存在一定的国别（地区）差异。对于法人税收居民身份的认定，常见的判定标准有注册地标准、实际管理机构所在地标准、总机构所在地标准、董事会所在地标准等。

在多种情况下，居民企业与非居民企业所面临的所得税义务并不相同。

2. 我国对税收居民身份认定的规定

我国税法将企业分为居民企业和非居民企业。居民企业是指依法在中国境内成立，或者依照外国（地区）法律成立但实际管理机构在中国境内的企业。非居民企业是指依照外国（地区）法律成立且实际管理机构不在中国境内，但在中国境内设立机构、场所的，或者在中国境内未设立机构、场所，但有来源于中国境内所得的企业。

《中华人民共和国企业所得税法》明确了居民企业和非居民企业在我国的纳税义务，具体规定如下："居民企业应当就其来源于中国境内、境外的所得缴纳企业所得税。非居民企业在中国境内设立机构、场所的，应当就其所设机构、场所取得的来源于中国境内的所得，以及发生在中国境外但与其所设机构、场所有实际联系的所得，缴纳企业所得税。非居民企业在中国境内未设立机构、场所的，或者虽设立机构、场所但取得的所得与其所设机构、场所没有实际联系的，应当就其来源于中国境内的所得缴纳企业所得税。"

（二）企业投资所得及相关规定

1. 投资所得

在国际实践中，对企业的跨境经营所得和投资所得通常实行不同的征税规则。股息、利息、特许权使用费、财产所得等是常见的投资所得。在避免所得双重征税和偷逃税的国际税收协定中，针对不同类型的投资所得设置了相应的条款，以协调协定缔约双方的征税权。需要注意的是，关于具体投资所得类型的认定，可能存在国别（地区）税法与国际税收协定规定不一致的情形。

2. 我国对企业投资所得的相关规定

我国税法对不同类型投资所得应纳税所得税的确定，具体规定如下：

（1）股息、红利等权益性投资收益和利息、租金、特许权使用费所得，以收入全额为应纳税所得额。

（2）转让财产所得，以收入全额减除财产净值后的余额为应纳税所得额。

（3）其他所得，参照前两项规定的方法计算应纳税所得额。

对非居民企业在我国取得的投资所得，源泉扣缴企业所得税。例如，非居民企业取得应源泉扣缴的所得为股息、红利等权益性投资收益的，相关应纳税款扣缴义务发生之日为股息、红利等权益性投资收益实际支付之日。

非居民企业采取分期收款方式取得应源泉扣缴所得税的同一项转让财产所得的，其分期收取的款项可先视为收回以前投资财产的成本，待成本全部收回后，再计算并扣缴应扣税款，以支付人为扣缴义务人。税款由扣缴义务人在每次支付或者到期应支付时，从支付或者到期应支付的款项中扣缴。扣缴义务人未依法扣缴或者无法履行扣缴义务的，由纳税人在所得发生地缴纳。纳税人未依法缴纳的，税务机关可以从该纳税人在中国境内其他收入项目的支付人应付的款项中，追缴该纳税人的应纳税款。扣缴义务人每次代扣的税款，应当自代扣之日起七日内缴入国库，并向所在地的税务机关报送扣缴企业所得税报告表。

（三）投资所得来源地相关规定

在企业跨国投资过程中，除了税收居民身份和企业投资所得类型会直接影响所得税的纳税义务之外，所得来源地的认定在判断非居民的纳税义务方面至关重要。类似地，所得来源地的认定规定存在于国别（地区）各自的税法体系。但是从国际实践来看，一国（地区）税法规定对所得来源地的表述可能较为模糊，该类规定通常不如税收居民身份相关规定明晰，判定标准也更加多样化，不同类型投资所得的来源地判定标准也存在差异。

股息来源地的常见判定，标准是依据分配股息公司的居住地，即分配股息公司的居住国为股息所得的来源国。利息来源地的常见判定标准有借款人的居住地或信贷资金的使用地标准、用于支付利息的所得来源地标准、借款合同的签订地标准、贷款的担保物所在地标准等。特许权使用费来源地的常见判定标准有特许权的使用地标准、特许权所有者的居住地标准、特许权使用费支付者的居住地标准、无形资产的开发地标准等。租金来源地的常见判定标准有产生租金的财产使用地或所在地标准、财产租赁合同签订地标准、租金支付者的居住地标准等。不动产转让所得来源地的常见判定标准为不动产的实际所在地。动产转让所得来源地的常见判定标准有动产的销售或转让地标准、动产转让者的居住地标准、被转让动产的实际所在地标准等。①

① 朱青．国际税收．11版．北京：中国人民大学出版社，2023.

在我国，《中华人民共和国企业所得税法实施条例》第 7 条后三项规定："转让财产所得，不动产转让所得按照不动产所在地确定，动产转让所得按照转让动产的企业或者机构、场所所在地确定，权益性投资资产转让所得按照被投资企业所在地确定；股息、红利等权益性投资所得，按照分配所得的企业所在地确定；利息所得、租金所得、特许权使用费所得，按照负担、支付所得的企业或者机构、场所所在地确定，或者按照负担、支付所得的个人的住所地确定。"

（四）境外所得税抵免规定

对于居民企业来说，境外投资所得在境内的纳税义务，直接影响其跨境投资活动的整体税负。实践中，消除国际重复征税的单边措施有免税法和抵免法，我国实行的是境外所得限额抵免法。具体规定如下：

企业应按照规定，准确计算境内应纳税所得额和境外应纳税所得额、分国（地区）别的可抵免境外所得税税额、分国（地区）别的境外所得税的抵免限额，确定当期实际可抵免分国（地区）别的境外所得税税额和抵免限额。

企业可以选择"分国（地区）不分项"或者"不分国（地区）不分项"计算其来源于境外的应纳税所得额，并分别计算其可抵免境外所得税税额和抵免限额。上述方式一经选择，5 年内不得改变。

企业选择采用不同于以前年度的方式（简称新方式）计算可抵免境外所得税税额和抵免限额时，对该企业以前年度按照财政部、国家税务总局下发的《关于企业境外所得税收抵免有关问题的通知》（财税〔2009〕125 号）的规定没有抵免完的余额，可在税法规定结转的剩余年限内，按新方式计算的抵免限额中继续结转抵免。

抵免限额是指企业来源于中国境外的所得，依照企业所得税法及其实施条例的规定计算的应纳税额。除国务院财政、税务主管部门另有规定外，该抵免限额应当分国（地区）不分项计算，计算公式如下：

抵免限额 = 中国境内、境外所得依照企业所得税法及其实施条例的规定计算的应纳税总额 × 来源于某国（地区）的应纳税所得额 ÷ 中国境内、境外应纳税所得总额

居民企业从其直接或者间接控制的外国企业分得的来源于中国境外的股息、红利等权益性投资收益，外国企业在境外实际缴纳的所得税税额中属于该项所得负担的部分，可以作为该居民企业的可抵免境外所得税税额，在抵免限额内抵免。直接控制是指居民企业直接持有外国企业 20% 以上股份，间接控制是指居民企业以间接持股方式持有外国企业 20% 以上股份，具体认定办法由国务院财政、税务主管部门另行制定。

财政部　国家税务总局下发的《关于企业境外所得税收抵免有关问题的通知》（财税〔2009〕125 号）第 5 条和第 6 条对境外所得税间接抵免做出了具体规定：

"居民企业在按照企业所得税法第二十四条规定用境外所得间接负担的税额进行税

收抵免时，其取得的境外投资收益实际间接负担的税额，是指根据直接或者间接持股方式合计持股 20% 以上（含 20%，下同）的规定层级的外国企业股份，由此应分得的股息、红利等权益性投资收益中，从最低一层外国企业起逐层计算的属于由上一层企业负担的税额，其计算公式如下：

本层企业所纳税额属于由一家上一层企业负担的税额 =（本层企业就利润和投资收益所实际缴纳的税额 + 符合本通知规定的由本层企业间接负担的税额）× 本层企业向一家上一层企业分配的股息（红利）÷ 本层企业所得税后利润额。”

“除国务院财政、税务主管部门另有规定外，按照实施条例第八十条规定由居民企业直接或者间接持有 20% 以上股份的外国企业，限于符合以下持股方式的三层外国企业：

第一层：单一居民企业直接持有 20% 以上股份的外国企业；

第二层：单一第一层外国企业直接持有 20% 以上股份，且由单一居民企业直接持有或通过一个或多个符合本条规定持股条件的外国企业间接持有总和达到 20% 以上股份的外国企业；

第三层：单一第二层外国企业直接持有 20% 以上股份，且由单一居民企业直接持有或通过一个或多个符合本条规定持股条件的外国企业间接持有总和达到 20% 以上股份的外国企业。”

关于允许进行境外间接抵免的层级数量，《财政部 税务总局关于完善企业境外所得税收抵免政策问题的通知》（财税〔2017〕84 号）进一步做出调整：

“企业在境外取得的股息所得，在按规定计算该企业境外股息所得的可抵免所得税额和抵免限额时，由该企业直接或者间接持有 20% 以上股份的外国企业，限于按照财税〔2009〕125 号文件第六条规定的持股方式确定的五层外国企业，即：

第一层：企业直接持有 20% 以上股份的外国企业；

第二层至第五层：单一上一层外国企业直接持有 20% 以上股份，且由该企业直接持有或通过一个或多个符合财税〔2009〕125 号文件第六条规定持股方式的外国企业间接持有总和达到 20% 以上股份的外国企业。”

这表明，我国将间接抵免的范围由境外三层拓展到了境外五层。

二、筹划关键点与案例解析

（一）东道国（地区）企业所得税税率的选择

东道国（地区）的税率水平是影响企业投资选址的首要税收因素。东道国（地区）企业所得税名义税率和实际税率，是进行国际税收筹划的关键点。企业在东道国（地区）进行绿地投资，所设立的子公司适用当地企业所得税率。仅就税收因素而言，相较于企业所得税率高于居住国（地区）的辖区，企业在税率低于居住国（地区）的辖区投资可以直接减少在东道国（地区）的税负。需要注意的是，由于税收优惠政策的存在，东道国（地区）的实际税率并不一定等于名义税率。

（二）东道国（地区）股息预提税税率的选择

境外投资收益汇回母公司的主要形式为股息、红利，相应的预提税税率决定了企业在东道国（地区）投资的直接税收负担。如果居住国（地区）对境外所得实施免税法，那么子公司缴纳的企业所得税税额和母公司缴纳的股息预提税税额即为企业国际投资的整体税负。

税收协定中的“股息”条款通常限定了最高税率，而且对于持股比例达到一定标准（如25%）适用于更低的股息预提税率。税收协定对于股息征税权的划分，体现的是协定缔约双方共享征税权的原则。

（三）持股水平选择和间接抵免应用

根据我国税法规定，直接或间接持股比例之和达到20%，境外五层范围内的相关所得即可以进行间接抵免。我国对外签订的税收协定中的“消除双重征税方法”，通常也允许进行间接抵免。因此企业投资过程中持股比例水平的选择，可能也会对税负水平产生影响。

案例

甲公司为我国的居民企业，适用的企业所得税税率为25%，计划收购国外相关产业企业的部分股权。假设A国乙公司每年的税前利润为1 000万美元，B国丙公司每年的税前利润为2 000万美元，税后利润全部用于向股东分配股息。现有两个投资方案可供选择：

方案1：收购A国乙公司20%的股权。乙公司所适用的企业所得税税率为15%，股息预提税税率为15%。我国未与A国签订税收协定。

方案2：收购B国丙公司10%的股权。丙公司所适用的企业所得税税率为20%，股息预提税税率为20%。我国与B国签订了税收协定，本方案所适用的股息预提税税率为10%。

请从税后收益的角度考虑应选用哪个投资方案。

【筹划思路与方案】

筹划的重点在于比较两个国家在企业所得税和国际税收协定方面的差异。具体包括企业所得税税率、股息预提税税率、两国之间是否签订税收协定、税收协定股息限定税率等因素，并比较最终的税后收益。

方案 1：收购 A 国乙公司 20% 的股权。

乙公司向 A 国缴纳的企业所得税 =1 000 × 15%=150（万美元）

税后利润 =1 000–150=850（万美元）

乙公司向甲公司分配股息 =850 × 20%=170（万美元）

甲公司取得的来自乙公司的股息，应向 A 国缴纳 15% 的股息预提税。

甲公司向 A 国缴纳的股息预提税 =170 × 15%=25.5（万美元）

甲公司间接负担的乙公司的企业所得税 =150 × 20%=30（万美元）

甲公司在 A 国直接和间接负担的企业所得税 =25.5+30=55.5（万美元）

甲公司来自乙公司的全部所得为 170+30=200（万美元），抵免限额为 200 × 25%=50（万美元），小于 55.5 万美元，无须向我国补税。

甲公司在 A 国和我国实际缴纳的总税额为 25.5 万美元。

甲公司取得的净收益 =170–25.5=144.5（万美元）

方案 2：收购 B 国丙公司 10% 的股权。

丙公司向 B 国缴纳的企业所得税 =2 000 × 20%=400（万美元）

税后利润 =2 000–400=1 600（万美元）

丙公司向甲公司分配股息 =1 600 × 10%=160（万美元）

甲公司取得的来自丙公司的股息，应向 B 国缴纳 10% 的股息预提税。

甲公司向 B 国缴纳的股息预提税 =160 × 10%=16（万美元）

由于甲公司持有丙公司股份未达到 20% 的比例，因此无法进行间接抵免。

甲公司应就股息所得向我国补缴税款 =160 ×（25%–10%）=24（万美元）

甲公司在 B 国和我国实际缴纳的总税负 =16+24=40（万美元）

甲公司取得的净收益 =160–40=120（万美元）

【结论分析】

对比来看，方案 1 的税后净收益高于方案 2，建议选择方案 1。方案 2 由于持股比例未达到 20%，所以不能进行间接抵免，而协定中的股息限定税率通常低于我国 25% 的企业所得税率，因此企业需要就境外股息所得在我国境内补缴税款。

三、税收筹划风险及防范

（一）居住国（地区）关于境外所得消除重复征税方法的规定

企业在进行国际投资决策时，在利用国别（地区）税率差进行税收筹划时，需要特别关注居住国（地区）关于境外所得的征税规定。目前大多数国家（地区）实施居民管辖权，这意味着企业在境外享受实际低税率的同时，还需要就境内外税率差补缴税款至居住国（地区）的税率水平。如果居住国（地区）仅实施单一地域管辖权，或者对居民企业境外所得实施免税法，跨国企业就可以充分利用境外低税地以降低国际投资的税负水平。在实践中，有一些国家对境外利润实行推迟课税，境外所得只有在汇回本国时才需要缴税。在推迟课税规定下，跨国企业同样可以充分享受境外低税率优势。需要注意的是，我国税法规定，境外利润在做出股息分配（或分红）当日即计入应税所得，无论该笔股息、红利是否汇回境内。

（二）居住国（地区）对受控外国企业的规定

企业的国际投资行为，还需特别注意居住国（地区）的反避税规定，特别是关于受控外国企业的规定。该规定旨在打击跨国企业将利润放置于海外以规避居住国（地区）税负的行为。在满足相关条件下，企业的境外利润即便不做利润分配或者不汇回，也需要向居住国（地区）缴纳税款。

（三）受益所有人的规定

企业适用税收协定中股息预提税的优惠税率，需满足“受益所有人”的条件，否则可能面临补税风险。《国家税务总局关于税收协定中“受益所有人”有关问题的公告》（2018 年第 9 号）指出，“受益所有人”是指对所得或所得据以产生的权利或财产具有所有权和支配权的人。该公告提出了五项不利于对申请人“受益所有人”身份的判定标准。因此，企业应积极防范投资所得适用税收协定时的“受益所有人”认定风险。

此外，企业在设计相关筹划方案时，要充分评估可能面临的风险，税收方面需保证税收方案的合规性也要考虑非税方面如汇率波动、政治稳定等多方面因素。

第二节 企业融资阶段的所得税筹划

一、相关税收政策

（一）税收协定利息条款规定

我国对外签订税收协定中的“利息”条款，限定税率通常为 10%，也有部分协定的利息限定税率低于或高于 10%。特别地，从政策性银行等政府背景金融机构取得的利息，税收协定中的限定税率通常更加优惠（如 0%）。以《新加坡共和国政府和中华人民共和国政府关于对所得避免双重征税和防止偷漏税的协定》（简称《中新税收协定》）为例，其第十一条第三款规定[①]：“虽有第二款的规定，发生于缔约国一方属于付给缔约国另一方政府的利息应在首先提及的缔约国免税。”其中，“政府”是指：

① 需注意，《中新税收协定》第二议定书对该条款内容进行了替换，拓宽了免税范围。

（1）在中国：

① 中华人民共和国政府；

② 中国人民银行；

③ 中国国际信托投资公司；

④ 中国银行总行；

⑤ 缔约国双方主管当局随时可同意的，由中国政府完全或主要拥有的任何机构。

（2）在新加坡：

① 新加坡共和国政府；

② 新加坡金融管理局；

③ 新加坡政府投资有限公司；

④ 新加坡发展银行总行；

⑤ 缔约国双方主管当局随时可同意的，由新加坡政府完全或主要拥有的任何机构。

（二）境内机构向我国银行的境外分行支付利息扣缴企业所得税的相关规定

境外分行是指我国银行在境外设立的不具备所在国家（地区）法人资格的分行。境外分行作为中国居民企业在境外设立的分支机构，与其总机构属于同一法人。境外分行开展境内业务，并从境内机构取得的利息，为该分行的收入，计入分行的营业利润，与总机构汇总缴纳企业所得税。

境内机构向境外分行支付利息时，无须代扣代缴企业所得税。境外分行从境内取得的利息，如果据以产生利息的债权属于境内总行或总行其他境内分行的，该项利息应为总行或其他境内分行的收入。总行或其他境内分行和境外分行之间应严格区分此类收入，不得将本应属于总行或其他境内分行的境内业务及收入转移到境外分行。

境外分行从境内取得的利息如果属于代收性质，据以产生利息的债权属于境外非居民企业，境内机构向境外分行支付利息时，应代扣代缴企业所得税。

二、筹划关键点与案例解析

（一）融资方式的选择

股权融资和债权融资这两种融资方式在税务处理方面具有显著差异，因此存在税收筹划的空间。通常来说，股息支出不允许在税前扣除，而利息支出可以在税前扣除。居民企业之间的股息收入可以部分或全部免税，但是居民企业之间的利息收入通常需要缴税。融资方式的合理选择，可以在一定程度上降低企业税负。

案例

A国甲公司100%控股B国乙公司，某年乙公司计划从甲公司筹集资金1 000万元，现有两项方案可供选择。

方案1：采取股权融资方式。

方案2：采取债权融资方式，年利率为10%。

乙公司取得这笔资金后，预计每年可以产生息税前利润500万元，税后利润全部进行股息分配。A国和B国的企业所得税税率分别为12%、15%。乙公司可以适用A国和B国税收协定的股息限定税率5%（持股比例达到25%以上）、利息限定税率10%，且甲公司符合受益所有人的条件。A国和B国的税收协定允许进行直接抵免和间接抵免。

请从母子公司总税负的角度考虑乙公司应当选择何种方案进行融资。

【筹划思路与方案】

筹划的重点在于比较股权融资与债权融资的税负差异。具体需考虑股息预提税率、利息预提税率、股息所得的直接抵免和间接抵免等因素，并立足母子公司整体角度对比总税负。

方案1：乙公司采取股权融资方式。

乙公司在B国缴纳的企业所得税=500×15%=75（万元）

乙公司向甲公司分配股息=500−75=425（万元）

甲公司向B国缴纳的股息预提税=425×5%=21.25（万元）

甲公司间接负担的乙公司企业所得税=75×100%=75（万元）

甲公司在B国直接和间接负担的企业所得税=21.25+75=96.25（万元）

甲公司来自乙公司的全部所得=425+75=500（万元），抵免限额=500×12%=60（万元），小于96.25万元，甲公司无须在A国补税。

甲乙公司实际缴纳的税款总额=75+21.25=96.25（万元）

方案2：乙公司采取债权融资方式。

乙公司向甲公司支付利息=1 000×10%=100（万元），乙公司可以就该笔利息进行税前扣除。

甲公司向B国缴纳的利息预提税=100×10%=10（万元）

乙公司在B国缴纳的企业所得税=（500−100）×15%=60（万元）

乙公司向甲公司分配股息=400−60=340（万元）

甲公司向B国缴纳的股息预提税=340×5%=17（万元）

甲公司间接负担的乙公司企业所得税=60×100%=60（万元）

甲公司在B国直接和间接负担的企业所得税 =10+17+60=87（万元）

甲公司来自乙公司的全部所得 =100+340+60=500（万元），抵免限额 =500×12%=60（万元），小于87万元，甲公司无须在A国补税。

甲乙公司实际缴纳的税款总额 =60+10+17=87（万元）

【结论分析】

对方案1和方案2的总税负进行对比，方案1股权融资方式的总税负为96.25万元，方案2债权融资方式的总税负为87万元，因此，建议乙公司选择方案2。值得注意的是，如果A国的企业所得税率足够高，使得抵免限额大于两种方案下甲公司在B国直接和间接负担税款之和时，在两种方案下甲公司均需要在A国补缴税款，此时两个方案的总税负相同。

（二）利用国际中介金融公司进行融资

从实践来看，一些国际税收协定规定利息的限定税率为零。从降低融资环节利息预提税的角度考虑，跨国企业可以构建国际中介金融公司专门从事集团信贷业务，以应对税收协定网络覆盖面有限、相关税收协定利息条款优惠有限等情形。国际中介金融公司应搭建在税收协定网络较为丰富并且协定利息税率较为优惠的国家（地区）。除此之外，如果该国（地区）实施单一地域管辖权，或者对居民企业取得的境外利息收入免税或实施较低税率，将能够进一步降低中介融资环节的税负。

案例

甲公司为A国的居民企业，B国乙公司、C国丙公司均为甲公司的境外子公司。乙公司为了拓展在B国的生产经营活动，需要一定资金支持。甲公司的资金较为充足，丙公司在半年前从甲公司取得较大金额的贷款，其中部分资金仍未安排具体用途。目前，有两项融资方案可供选择。

方案1：乙公司向甲公司借款。

方案2：乙公司向丙公司借款。

假定两个方案下的贷款利率相同，丙公司与甲公司之间的贷款利率也是同一利率。A国、B国、C国的企业所得税税率分别为20%、25%、10%，并且对非居民取得的股息征收相同的税率。A国和C国仅实施单一地域管辖权，B国同时实施居民管辖权和地域管辖权。A国与B国未签订国际税收协定，C国与A国签订的税收协定中利息限定税率为0，C国与B国签订的税收协定中利息限定税率为10%。

暂不考虑母子公司之间的股息分配问题，请为乙公司的融资方案选择提供建议。

【筹划思路与方案】

筹划重点在于如何降低跨国企业融资活动的税收成本，在整个集团内部进行筹划安排。

方案 1：乙公司向甲公司借款。

乙公司向甲公司支付利息，需要在B国缴纳利息预提税，由于A国和B国之间未签订税收协定，所以该笔利息适用于25%的预提税率。由于A国实施单一地域管辖权，因此甲公司收到这笔利息收入免税。

方案 2：乙公司向丙公司借款。

乙公司向丙公司支付利息，需要在B国缴纳利息预提税，可适用于B国和C国之间税收协定的利息限定税率，所以这笔利息适用于10%的预提税率。由于C国实施单一地域管辖权，因此丙公司收到这笔利息收入免税。

丙公司向甲公司支付利息，需要在C国缴纳利息预提税，可适用于A国和C国之间税收协定的利息限定税率，所以这笔利息适用于0%的预提税率。由于A国实施单一地域管辖权，因此甲公司收到相关利息收入免税。

【结论分析】

方案1直接融资的整体税率为25%，方案2间接融资的整体税率为10%。对比而言，建议采用方案2。在本案例下，C国单一地域管辖权和税收协定利息优惠税率两项规定的结合，使其成为理想的国际中介金融公司选址地。

三、税收筹划风险及防范

不少国家（地区）都有资本弱化这一反避税法规，以限制企业过多采取债权融资方式侵蚀税基。因此，企业在进行融资决策或者进行国际中介金融公司选址时，应关注所在国家（地区）是否实施资本弱化法规。值得注意的是，2016年欧盟《反避税指令》出台之前，欧洲很多国家并未实施资本弱化法规，跨国企业在欧洲进行国际中介金融公司选址较为常见。2016年之后，欧盟成员国相继在国内税法体系引入《反避税指令》的相关内容，目前欧盟成员国均制定了资本弱化法规。

企业融资阶段的所得税筹划，在充分利用国际税收协定相关优惠的同时，也需要重视“受益所有人”的规定。只有符合受益所有人规定，相应的利息才可以享受协定优惠税率。还需要留意《实施税收协定相关措施以防止税基侵蚀和利润转移的多边公约》（简称《BEPS多边公约》）的现实影响，《BEPS多边公约》第七条“防止协定滥用”指出：“虽有被涵盖税收协定的任何规定，如果在考虑所有相关事实和情况的基础上，可以合理认定任何直接或间接带来被涵盖税收协定待遇的安排或交易的主要目的之一是获得该待遇，则不应将该待遇给予相关所得或财产，除非可以确认，在这些情形下给予该待遇符合被涵盖税收协定相关规定的宗旨和目的。”在这一条款下，如果一笔安排或交易单纯是为了享受税收协定优惠，那么将不能享受该优惠。

第三节 企业经营阶段的所得税筹划

一、相关税收政策

（一）常设机构相关规定

我国企业所得税法中并未有“常设机构”的表述，而是采用“机构、场所”的表述，两个概念并不相同。税收协定有专门的“常设机构”条款，常设机构的认定决定了相关经营利润在东道国（地区）是否需要缴纳企业所得税。

1. 常设机构的认定

根据《OECD 范本》的表述，“常设机构”是指企业进行其全部或部分经营活动的固定场所。通常认为常设机构具有三个特点：固定性、长期性、经营性。以《中新税收协定》第五条第二款的规定为例，常设机构的形式包括：管理场所，分支机构，办事处，工厂，作业场所，以及矿场、油井或气井、采石场或者其他开采自然资源的场所。除此之外，还有一些特殊形式的常设机构，如建筑工地型常设机构、代理型常设机构、劳务型常设机构。

2. 常设机构的否定目录

《OECD 范本》和《联合国范本》均列出了不构成常设机构的特殊情形，如果属于常设机构的否定目录范围，企业无须就相应的经营利润在当地缴纳企业所得税。两个范本的规定基本相似，略有差异。这里以《中新税收协定》第五条第四款为例，具体规定如下：

“虽有本条上述规定，‘常设机构’一语应认为不包括：

（一）专为储存、陈列或者交付本企业货物或者商品的目的而使用的设施；

（二）专为储存、陈列或者交付的目的而保存本企业货物或者商品的库存；

（三）专为另一企业加工的目的而保存本企业货物或者商品的库存；

（四）专为本企业采购货物或者商品，或者搜集情报的目的所设的固定营业场所；

（五）专为本企业进行其他准备性或辅助性活动的目的所设的固定营业场所；

（六）专为本款第（一）项至第（五）项活动的结合所设的固定营业场所，如果由于这种结合使该固定营业场所的全部活动属于准备性质或辅助性质。”

（二）我国对外国企业常驻代表机构的税收管理

外国企业常驻代表机构，是指按照国务院有关规定，在工商行政管理部门登记或经有关部门批准，设立在中国境内的外国企业（包括港澳台企业）及其他组织的常驻代表机构（简称“代表机构”）。代表机构应当就其归属所得依法申报缴纳企业所得税，就其应税收入依法申报缴纳增值税。

对账簿不健全、不能准确核算收入或成本费用，以及无法据实申报的代表机构，税务机关有权采取以下两种方式核定其应纳税所得额：一是按经费支出换算收入；二是按收入总额核定应纳税所得额。

二、筹划关键点与案例解析

（一）境外组织形式的选择

跨国企业在进行投资时，在组织形式方面有分公司和子公司两种选择。企业利用分公司和子公司在税务待遇方面的差异，在一些情境下可以实现一定程度的节税。从实践来看，多数国家对分公司利润汇回总公司不征税，但是对于子公司向母公司分配股息征收预提税。一些国家为了消除这一差异，单独对分公司利润汇回总公司征收分支机构利润汇回税。

从分公司的角度来看，亏损处理、总分公司之间费用的分摊安排等政策，可以为跨国企业提供一定的筹划空间。

从子公司的角度来看，子公司可以通过对税后利润暂不做分配以实现递延纳税。另外，在欧盟范围内，《母子公司指令》《利息与特许权使用费指令》《企业并购指令》等区域性税收协调法律，为欧盟跨国企业母子公司之间、子公司之间的交易提供了相应的税收优惠。

案例

甲公司为我国一家居民企业，适用的企业所得税税率为25%，计划向国外开拓业务。现有两个方案可供选择：

方案1：甲公司在A国设立一家分公司。

方案2：甲公司在A国设立一家全资子公司。

预计在两种方案下每年均可以在A国产生利润1 000万元。已知A国的企业所得税税率为25%，对外国分公司同样适用该税率。我国与A国签订的税收协定允许进行直接抵免和间接抵免，甲公司所适用的协定股息限定税率为5%。

请从甲公司税收负担的角度出发，提出方案选择建议。

【筹划思路与方案】

筹划重点在于对比分公司和子公司的税务处理差异。

方案1：甲公司在A国设立一家分公司。

分公司在A国缴纳企业所得税=1 000×25%=250（万元）

由于境内外税率相同，境外分公司取得的利润无须在我国境内补税。

方案1的实际总税负为250万元。

方案2：甲公司在A国设立一家全资子公司。

全资子公司在A国缴纳企业所得税=1 000×25%=250（万元）

子公司的税后利润=1 000-250=750（万元）

如果税后利润全部向甲公司分配股息，则：

甲公司需要在A国缴纳股息预提税=750×5%=37.5（万元）

甲公司间接负担的子公司企业所得税为250万元。

甲公司直接和间接负担的A国税负=37.5+250=287.5（万元）

甲公司来自全资子公司的全部所得=750+250=1 000（万元）

抵免限额=1 000×25%=250（万元），小于287.5万元，无须在我国补缴税款。

方案2的实际总税负为287.5万元（即250+37.5）。

【结论分析】

对比两个方案的实际总税负，方案1的税负更低，方案2由于多了一笔股息预提税因而税负更高。但是需要注意的是，如果全资子公司的税后利润继续用于甲公司在A国的再投资，暂不做股息分配，那么两个方案的税负则相同。

（二）合理安排境外活动形式

企业在境外开展经营活动，可以结合东道国（地区）关于非居民经营所得征税的相关规定以及税收协定的“常设机构”“营业利润”条款等合理安排活动形式。在两国签订有税收协定的情况下，如果东道国税率高于居住国，企业可以通过避免在东道国构成常设机构而规避相应的高税率，可以考虑采用常设机构否定目录所示的设施或活动形式。如果是实施建筑工程项目，可以通过缩短工期的方式以避免构成建筑工地型常设机构。如果是劳务派遣项目，可以通过缩短提供劳务的天数以避免构成劳务型常设机构。如果是到境外签订合同，可以选择独立代理人开展相关活动。

（三）税收抵免法的选择

相较于分国别（地区）抵免法，不分国别（地区）抵免法（理论上称为综合抵免法）能够在特定情境下实现节税结果。例如，在企业的境外经营均盈利，境外税率有的高于境内、有的低于境内的情况下，采用综合抵免法，就可以充分进行税收抵免，用高税地高于抵免限额的部分抵减低税地低于抵免限额的部分，从而降低境外所得在境内的整体税负。再如，在居住国（地区）允许企业在境外不同国家（地区）的亏损盈利相抵减的情况下，综合抵免法可以通过降低境外所得总额从而降低境外所得在居住国（地区）的税负。

三、税收筹划风险及防范

（一）东道国（地区）税收政策变化风险

企业在跨境经营过程中，需要密切关注东道国（地区）税收政策变化，以及由此带来的企业所得税税负变化。主要涉及的企业所得税因素有：名义税率、减免税优惠政策、税前扣除政策、税收管辖权等。

（二）反避税相关风险

第一，企业需留意居住国（地区）的受控外国企业法规，该法规将对跨国企业在全球经营利润的分配安排产生重要影响。第二，经营阶段关联企业之间的转让定价风险不容忽视，企业需重视独立交易原则，以避免转让定价调整风险。值得注意的是，转让定价调整带来的国际重复征税问题，在实践中解决难度较大，需要应用税收协定中的相互协商程序。

课后思考

1. 除了本章提到的国际税收筹划思路，你是否能提出其他筹划思路？

2. 请结合跨国企业不同阶段的税收筹划思路，尝试形成一套综合型的国际税收筹划逻辑。

即测即评

扫描二维码，进行本章在线测试。

参考文献

[1] 翟纯垲.新收入准则税会差异实务与案例精解.北京：中国市场出版社，2021.

[2] 李利威.一本书看透股权架构.北京：机械工业出版社，2019.

[3] 李利威.一本书看透股权节税.北京：机械工业出版社，2022.

[4] 朱青.国际税收.11版.北京：中国人民大学出版社，2023.

[5] 梁俊娇.税法.11版.北京：中国人民大学出版社，2024.

[6] 梁俊娇.税收筹划.11版.北京：中国人民大学出版社，2023.

[7] 马泽方.企业所得税实务与风险防控.5版.北京：中国市场出版社，2023.

[8] 迈伦·S.斯科尔斯，马克·A.沃尔夫森，默尔，等.税收与企业经营战略：筹划方法.张云华，等，译.5版.北京：中国人民大学出版社，2018.

[9] 瑞华会计师事务所.上市公司税收筹划与案例解析.北京：中国财政经济出版社，2019.

[10] 中国注册会计师协会.税法.北京：中国财政经济出版社，2024.

[11] 王怡璞，张玄，鞠铭.增值税改革与企业税收遵从.中央财经大学学报，2021(07):13-24.

[12] 王跃堂，王亮亮，彭洋.产权性质、债务税盾与资本结构.经济研究，2010，45(09):122-136.

为收集对教材的意见建议，进一步完善教材编写和做好服务工作，读者可将对本教材的意见建议通过如下渠道反馈至我社。

咨询电话　400-810-0598

读者服务邮箱　gjdzfwb@pub.hep.cn

通信地址　北京市朝阳区惠新东街 4 号富盛大厦 1 座
　　　　　高等教育出版社总编辑办公室

邮政编码　100029

教学支持服务说明

本书有配套教学课件，供教师免费下载使用，请访问 xuanshu.hep.com.cn，经注册认证后，搜索书名进入具体图书页面，即可下载。